·专业珍藏版·

The Alchemy of Finance

金融炼金术

索罗斯的“反身性理论”及其投资模型

［美国］乔治·索罗斯◎著
孙忠　侯纯◎译
丰伟杰　汪芹◎审校

海南出版社
·海口·

版权合同登记号：图字：30-2021-064 号

图书在版编目 (CIP) 数据

金融炼金术 / (美) 索罗斯 (Soros,G.) 著；孙忠，侯纯译 . -- 海口：海南出版社，2016. 8 (2025. 10 重印).
ISBN 978-7-5443-6500-0

Ⅰ . ①金… Ⅱ . ①索… ②孙… ③侯… Ⅲ . ①证券投资－经验－美国 Ⅳ . ① F837.125

中国版本图书馆 CIP 数据核字 (2016) 第 086779 号

金融炼金术

JINRONG LIANJIN SHU

作　　者：［美国］乔治・索罗斯
译　　者：孙　忠　侯　纯
审　　校：丰伟杰　汪　芹
责任编辑：张　雪
装帧设计：黎花莉
责任印制：郄亚喃
印刷装订：三河市祥达印刷包装有限公司
读者服务：张西贝佳
出版发行：海南出版社
总社地址：海口市金盘开发区建设三横路 2 号 邮编：570216
北京地址：北京市朝阳区黄厂路 3 号院 7 号楼 101 室
电　　话：0898-66812392　010-87336670
电子邮箱：hnbook@263.net
经　　销：全国新华书店
出版日期：2016 年 8 月第 1 版　2025 年 10 月第 14 次印刷
开　　本：787 mm × 1092 mm　1/16
印　　张：21.25
字　　数：320 千
书　　号：ISBN 978-7-5443-6500-0
定　　价：55.00 元

目录 | Contents

第 3 部分：实时实验

第 4 部分：评述

第 5 部分：前瞻

新版序言 | New Foreword

几年前，在我的一次国际金融研讨会上，学生们希望能一睹现实生活中投资者的风采。于是，乔治·索罗斯爽快地同意在普林斯顿花一晚上的时间与一个学习小组进行交流，其中包括许多经济系的教员。

此次交流我们都收益过望。发言伊始，乔治就表明了平衡理论与资本市场的运作方式之间没有联系，如果利用那些基础理论来进行投资往往会适得其反，因为投资者们其实是通过自己对于市场走向的直觉来赚钱的。市场会根据投资者的期望而作出反应，投资者的感觉又会导致价格的变化，这种趋势就是通过反复自我强化的过程来验证自己，直到某个突发事件动摇了投资者们的预期。

全场鸦雀无声，所有在场的教授都在仔细聆听。这时，虽然没有太大把握，但我还是鼓起勇气陈述了一个有效市场理论的典型案例——基本原理对汇率的影响。听了我的发言，乔治并没有作出让步，他始终坚信自己的观点：瞬息万变的市场价格的经验事实是无法被经济学基本原理或任何可被理解的有效市场理论所调和的。正如他在他的《金融炼金术》一书的前言中所提出的："资本市场会最终趋向平衡的观点似乎是与事实证据相悖的。"

于我而言，那天晚上值得铭记的是，一位年轻的教授终于鼓起勇气去挑战我们的嘉宾。"索罗斯先生，"他说道，"你低估了专业的经济学者们对外汇市场的影响。如今'混沌理论'出现了一些有趣且有前景的发展。"

“好吧，我承认我并不熟悉‘混沌理论’。”乔治·索罗斯回应说，而且当乔治·索罗斯在详细地阐述反身性概念时，我有时甚至难以及时理解他观点中的微妙之处。但是我非常乐于听他重申（或者简化）他对于继续努力去找到一个关于市场、投资者以及行为的新范式的观点。

在我看来，乔治·索罗斯毫不客气地揭穿了课本上关于有效市场与合理预期的标准模型所存在的问题，他认为“市场原教旨主义”只会带来“虚假的索赔和一些误导性的后果”。

这并不意味着市场参与者们在日常生活中是失去理性的或者效率低下的，也不意味着市场预期不重要，任何熟悉资产市场的人都知道预期会影响价格。但是索罗斯超越了那些强调预期永远不会恰好处于一个平衡状态的观点，因为市场参与者的思想和思想导致的行为将会影响市场走势；市场将会反过来影响“基础理论”并在持续的反身性过程中塑造新的预期。更广泛一点来说，当索罗斯回归到他最初热爱的哲学时，他将反身性过程看作是生活中固有的一部分，而“思想是人们必须考虑的现实生活的一部分”。

乔治·索罗斯作为投资者所获得的巨大成功是不可磨灭的，他极具智慧，表现在他会在市场预期仍旧良好的时候进行大规模撤资。如今他重要的成就体现在他致力于鼓励处于新兴加转型的国家转变为“开放社会”，这种开放不仅限于商业自由，更重要的是，它能包容新的观点和不同的思想行为模式。

同时，乔治·索罗斯热情地运用自己的见识描绘了伴随着经济市场全球化而产生的有利结果——应变性和不稳定性。他一次次地回忆沃尔特·白芝霍特在 19 世纪的格言“钱不会自己管理自己”。在索罗斯看来，“那种相信经济市场会自动趋向平衡，同时通过政府干预来确保资源的最佳分配的观念是错误并具有误导性的”。在这番评述中，他运用他的智慧努力在国际金融市场的政策和实践里寻找适用情况。

索罗斯本人一直致力于根据敏锐的观察和理性的分析基础来建立一个具有可操作性并且被广泛支持的市场结构，从而更好地保证新兴市场的稳定与繁荣。这一直是他创作的目的，毫无疑问，他会继续努力创作出更多著作。

到目前为止，有一件事情是我能完全确定的，那就是索罗斯通过他独特的视角阐明了一个深藏在国际金融中的问题，这个问题很少被学术界或决策者提及。在我看来，那种没有系统解读索罗斯观点的理论模型，是无法全面发掘出全球化金融对于同等的发达或不发达经济体的全部潜能的。

在《金融炼金术》这本书原版以及新版的导论中都曾表明这不是一本简单易读的作品，但是你读了就会有收获。一个独立思考并不断探索的思想者，不断挣扎着试图用他新颖且意味深长的观点在经济学乃至人类行为的领域打破陈旧的传统观念。在你读书中的每一页时，你的既有观念都有可能突然被一个段落、一个句子或一个短语中的新颖视角所挑战。接下来的就是，索罗斯抑或我们中的任何人，努力去建立更能反映出他所描述的真实情况的新理论和新政策。

保罗·沃尔克

新版前言 | New Preface

过去几年发生了很多事，金融市场曾陷入混乱，使这本书中介绍的反身性理论更有意义并更容易被大众接受。1997 年 8 月，泰国汇率制度的打破引发了一场金融危机，这场金融危机像个大铁球一样从一个国家滚到另一个国家。1998 年 8 月，俄罗斯人反对将长期资本管理公司——一种基于有效市场理论运行的对冲基金，置于危险的境地，并表示只有纽约联邦储备银行适时地干预才能阻止暴跌。随后，互联网及其他信息技术的革新触发了一系列的经济兴衰，这是本书中分析的企业繁荣的可怕回忆。这些现象无法用合理预期理论和有效市场理论来解释。一些学院派经济学家们认识到主流范式的失败并开始使用更加实际的方法。尽管现在正在用不正确的方式来处理反身性理论，但是多重均衡的观念已经开始承认反身性这一现象。因此，反身性理论不应该如这本书第一次出版时学院派经济学家认为的那样不可思议。

然而，令人惊讶的是，反身性理论在公共话语这点上毫无进展。主流的观点依然是金融市场自身将确保资源的优化配置。的确，市场原教旨主义变得比它 15 年前更具影响力。

毋庸置疑，我必须对未能有效阐释我的想法负责。中心论，也就是在金融市场里主流偏向能影响所谓市场应该反映的基础行为这一理论，似乎并没有被大家领会。我觉得我有责任再试着去阐述一次我所看到的世界。在过去 15 年里，我个人的想法也得到了进步，并且我应该有能力将我自己的观点表达得更好。

于是，我写了新的导论来替换原来的导论及第一章，其余的所有文字我都没有再做丝毫改动。在首次印刷 15 年后，这本书的一些优点经受了时间的考验，我相信它能成功地通过考验。

因为综合了高度抽象的哲学思想，新的导论相当晦涩难懂，但是我别无他法。我的目标非常的雄伟：我试图为一个不仅适用于金融市场，还能适用于社会现象的新范式奠定基础。

我的论证主要总结为三个主题。首先，我试图以完整的和确定的金融市场以及建立范式转移的案例来批判盛行的平衡理论。关于这一点，我也检查了我原有论据中的薄弱之处。其次，我为一个基于人类对事物的理解从来与事实不相符的共识，以及不同人、不同情况之间的分歧的新范式奠定了基础，这是塑造案例的一个重要但非决定性的因素。这个范式对金融市场的影响深远。最后，我继续探寻与科学炼金术不同的金融炼金术。在这本书中我进行了一个实时的实验，对于我在一段特定时期内的投资决策给出了极其详细的解释，但我并没有深入探究自己投资决策的产生过程，在这一点上我会试图去揭露我“成功的秘诀”。

乔治·索罗斯

新版导论 | New Introduction

对流行范式的批判

在旧版导论的开头，我确定地写道："这本书代表了我一生的奋斗。"这句话直到今天都没有改变。尽管我的活动范畴已经从金融行业扩大到了社会学和政治领域，但我在这些领域中依然沿用了我在金融市场里使用的理论模型。这就是我为什么如此热衷于将这本书再版，并将我过去15年间所学到的新知识融入其中的原因。对现实情况的理解，尤其是对金融市场的理解，是一个永无止境的过程。借事后之明，我看到了很多之前对于现实阐述的不足；不过相比修改之前的版本，我更倾向于尽可能简洁地阐述我现在对于这些主题的看法。

首先，我需要将这些主题具体化。这本书是有关经济市场的，但是我一生的努力并不局限于这一个舞台。我对哲学的兴趣远在我涉足金融市场之前。正如我在旧版导论中写道的："抽象的概念最先产生。自从我意识到了自己的存在后，我一直很想理解我自己，对我而言理解自我是一个必须弄明白的核心问题。"我创立的理论框架建立在反身性理论对思想与现实间关系的解释上，而我将金融市场当作实验室去验证我的理论。这就是我为什么说这本书包含了我一生的奋斗的原因，我希望这句话最终能够得以实现。

近年来，我的注意力从金融市场转到了其他方向。首先，因为苏联的解体让我有机会从事关于封闭型社会向开放型社会转变的研究。然而最近我则是全神贯注于全球化的问题。在这本书中具体讨论这些问题可能有些不合时宜，并且我也已经在其他的书籍中表达过关于这些问题的看法。但是我觉得我可能必须要讲述我是如何在以上两个领域应用我的理论体系的。

◎ 反身性理论的概念

反身性的概念其实很简单：在任何包含有思维参与者的情景中，参与者的思想和现实情况之间存在着一种相互影响的关系。一方面，思考者试图去了解真实的情况；另一方面，他们试图获得一个他们想象中的结果。这两种过程起到的作用相反：在求知的过程中现实是已知量，然而在参与的过程中，参与者的思想成了已知量。在提出哪些是已知的而哪些是未知的时候，这两种作用会相互干涉。我将这种两个作用间的相互干涉称为“反身性”。我也将反身性想象成参与者的思想和参与者所参与的情景间的反馈循环，我认为反身性对于研究有思想者参与的情景是至关重要的。反身性导致参与者对于现实的理解是不完美的，同时参与者的行为也会产生他们无法预知的后果。

这种求知过程与参与过程之间的相互作用的机理并不简单，而对于它可能带来的结果也还没有明确的解释。那种坚持声称我们存在的世界是不完美的观点是老调重弹，这点几乎无须赘述。我们感知事物的方式，以及我们语言的构建方式，许多的因素最终导致我们的认识是不完美的；但是反身性理论中所提出的不完美更为具体，这点需要进一步阐明。我所讲的不完美是因为我们身为参与者而产生的。当我们作为局外的旁观者时，我们自我的主张可以有选择性地影响或不影响事实情况；而当我们身为参与者时，哪怕仅仅是去试图理解事实情况的行为就已经改变了现实情况。基于这种因果关系，我们所做的决策是不能以书本知识为依据的。我们可以拓宽自己的知识面，我们懂得越多就越有可能做更好的决策，但是知识本身是不足以成为做决策的依据的。我们面对的情况具有不可知性，而知识只能解释真实存在的事物，事实上，这些都是根据参与者对现实情况的认识而决定的。如果参与者的认识是符合事实的，那事实就不会是不可知的，这样参与者就可以根据知识来做出行动。但是这不是真实情况。事实是不可知的，因为参与者的认识往往不对应事实。如果你觉得这听起来像是循环逻辑，那么你就理解对了。参与者面对的是一种循环反馈的情况，这就是我所说的反身性，试图去理解这种情况所做的一切只会导致参与者——以及我们这些试图去理解包含有思维参与者的情景的观察者——陷入循环逻辑，这就是我想要进一步阐明的部分。

传统的符合真理的理论认为，知识是用真命题表达的：当且仅当 X 所描述的事实会真实发生时，X 命题才是真的。这样的事实必须独立于该命题，才能构成真实可信的判断。但是参与者的意识决定了未来的走向，而未来是根据不同个体当前抉择的不同而不同的。因此，未来的事实不能作为独立的真实依据，也就不能被现在的参与者当作知识来使用。虽然这些结果可能符合某些参与者的预期，但是这种预期也不能够被称为知识，因为这种符合的关系是众多参与者决策的结果。认为预期是基于知识就意味着否定了反身性在事情发展中发挥的全部作用。

◎ 反身性与经济学理论

那种认为未来的结果完全是现在预期的反馈的观点看起来是荒谬的，要知道时至今日这种观点依然存在，它扎根于金融经济学流行范式中。市场价格被认为是在被动地反馈基本供需关系，有效市场理论认为市场价格能完全反映所有的外在因素。而相关的合理预期理论认为，在没有外界刺激时，金融市场会趋向一种能准确反映参与者预期的平衡。综合来看，这些理论的支持者们对金融市场的认识是，他们认为金融市场能在不被管理的情况下，自行完成资源的最优分配。

这种既有的观念深陷困境：金融市场会趋于平衡的观点似乎与很多证据相左。大部分经济学家现在意识到，金融市场可以产生多重均衡。目前来说，认为市场在自由的无人调控的情况下能够保证资源最优分配的观念还没有被大家抛弃。很多人都在试图调节实际情况和有效市场理论间的分歧，他们运用更加灵活的定义来描述合理性，或用更宽松的标准去定义有效性。这些改动其实都是不够的，最重要的是现在应该换一套新理论了。

《金融炼金术》这本书一开始被当作攻击流行范式的先锋，但是它撞到了一面石墙——经济学专家们无视了这个由外行根据金融市场上的成功提炼出的反身性理论。我被指责无视经济学理论最新的发展或是仅仅在重复明显的事实。毫无疑问，对于一些批评我需要负责。我给了批评我的人们一个很大的空子，因为我承认我对有效市场和合理预期理论不熟悉，我是一个实践家，这些理论我知道得越少越好。我的文字同样受到其他条件的约束，在此我不会多做说明，因为读者会有自己的判断。尽管如此，反身性理论还是吸引了一大批实践家，而《金融炼金术》这本书尽管有许多不足之处，但它还是在商学院的阅读书目上找到了自己的位置，而商学也是经济学的一个分支。

我想借此机会来表达我对于陈旧的既有观念的批判。我现在所做的也许是徒劳，但是这样的努力是必要的，因为流行范式在大众观念中根深蒂固。尽管专家们已经转变了他们的观念，但是包括美国和其他地区的官方政策依然是被那种认为市场可以自行趋近平衡并完成资源最优分配的观念所引导的。我称这种观念为“市场原教旨主义”，并且它现在依旧是很有影响力的。

首先让我来处理一下合理预期理论。根据我的理解，这个理论主张市场参与者遵循他们自己的需求，他们假定其他参与者也会作出同样的选择而进行决策。这听起来合理，但实则不然，因为参与者并不是遵从他们最大的需求，而是他们认为的最大的需求，这两点是完全不同的。参与者对于事实认知的不完善导致他们的行为可能造成无法预期的后果。在这种情况下，预期和实际结果之间——事前（ex ante）与事后（ex post）之间——缺乏足够的对应关系，所以人们假设两者间没有分歧而发生的行为不能被认为是合理的。

合理预期理论尝试解决这个矛盾的方法是，认定市场本身作为一个整体永远比任何参与者个体包含更多的信息——多到足以保证其自身永远作出最正确的分配。参与者有可能会理解错误，这种错误的分析可能会造成随机的干扰；但是从长远来看，所有的参与者都是以现实世界的运行规律作为理论模型的，当他们不能准确地掌握世界运行规律时，他们会从经验中学习，最终他们全都会用几乎相同的运行规律模型。而我应用了一个不同的运行规律模型，我也成功地将这种模型运用在了市场中，这让合理预期模型显得毫无意义。

我认为金融市场永远不是被流行倾向所支配的，但是这些倾向会不断地在市场价格以及所谓的市价所反映的基本原理中证明自己的有效性。这就是为什么那些埋头寻找流行范式的人会觉得很难掌握它的原因。

这本书中会详细地列举很多具体实例来讨论流行倾向是如何证明其自身的有效性的。一旦超过了某一个极限，这种不断自我证明的反馈循环就变得难以维持了。这就是反身性导致的初期自我加强但最终自我削弱的过程。大多数投机投资者都是在以繁荣/萧条序列为特征的金融市场中崭露头角的。反身性理论可以解释这些泡沫现象，然而有效市场理论则不能。反身性理论的横空出世解释并消除了流行范式中的泡沫现象，然而解释泡沫现象并不是反身性理论的唯一体现。本书中还列举了一些精妙的例子来证明反身性理论，比如里根的“大循环”，以及20世纪80年代的“兼并潮”。如果不抛弃有效市场理论，这些问题就无法解释。

现在，我们可以看出有效市场理论和反身性理论是针对金融市场行为的两种不同的理论。有效市场理论与事实不相符，同时在理论根基上它也存在可质疑的地方：那种觉得市场永远能够作出正确决定的幻觉是建立在参与过程和认知过程间的反身性互动上的。事实上，市场总是错误的，它的趋势体现在膨胀期的自我满足以及衰退期的自我瓦解。因此只有处在转折点时流行倾向才会被证明是错的。

为什么有效市场理论对金融市场如此不合实际的解读会受到这么广泛的认同？这是一个有趣的问题。这问题的答案应该与经济学理论的科学追求有关。科学理论往往被假定为能有一定的预测价值，有效市场理论在试图满足这种需求，但反身性理论并没有这么做。反身性理论不但没有这么做，相反的，它还主张这些实际过程是无法被预测的。因此，前一种理论被认为是科学的理论（尽管它是错误的），然而后者没有。我了解这一点，所以我将我的书命名为《金融炼金术》，以示有别于科学。

如果没有将科学方法应用于宽泛到如人类行为上或具体到如金融市场中的长远且完整的考量，用一个非科学的理论去证伪一个科学理论是很难的。我在《金融炼金术》中试图这样重新评估，但是我不敢断言给读者留下了深刻的印象。我觉得这个问题对于理解金融市场甚至是广义的人类行为都有重要意义，所以我不得不再次尝试阐述一次。

◎ 人类不确定性原则

我们生活在一个真实的世界中，但是我们对世界的看法并不是完全符合真实的世界。合理预期理论提供了一个明显的例子，用以说明我们的预期会偏离现实很远。我们对于世界的看法是真实世界的一部分——我们是参与者。我们对现实的解读与现实的差别是在真实世界中加入了不确定性的元素。这听起来又像循环推理，但是这准确地表达了现实情况和有思维的参与者之间的关系。

相比起我在第一版《金融炼金术》中写到的不确定性原则，现在我能更好地定义这个概念了。通过调用真理符合论和融贯论，我可以确定地称之为"人类不确定性原则"。此原则认为，人们对于他们生活的世界的认识是不可能同时满足真实性、完整性和连贯性的。在人们的思维受到现实限制的情况下，思维是不足以作出完美的决策的；而在思维干扰了决策的情况下，思维就无法控制现实的走向。人类不确定性原则对于现实和思维都有影响。它在保证了思维有时的不连贯性和永远的不完整性的同时，在事件过程中加入了与随机性不同的实实在在的未知元素。

人类不确定性原则与海森堡测不准原理有很多相似之处，海森堡测不准原理认为，量子粒子的位置和动量不可能同时被测出。但是两者之间又有着很重要的区别。海森堡测不准原理本身一点都不会影响量子粒子行为，如果这个原理没有被发现，量子依然会遵循它本身的运动规则。这一点对于人类不确定性原则而言有些不同，关于人类行为的理论有可能会影响人的行为。马克思主义对于人类历史有着巨大的影响，市场原教旨主义则在今天依然有相当大的影响力。甚至一些短语，例如"邪恶轴心"，都能够改变历史的进程，将"遗产税"称为"死亡税"同样改变了国家政策。如果我不是根据人类不确定性原则（尽管我当时还没有将其命名）行动，那么我自己的行为（以及我在金融市场中的表现）会变得完全不同。

就像量子物理学得接受选择性解释（量子可以被描述为粒子或者光波）那样，人类不确定性原则也是这样。我们可能会将其描述为不完美的理解，但称其为人类的创造性也许更为合适：不完美的理解听起来有负面的态度；创造性听起来则更鼓舞人心。如果完美的理解是可以达到的，那就没有想象的空间留下了。因此我们生活的这个世界，在某种程度上，就是我们想象出来的。

人类的思维塑造现实的程度需要得到更多的检验。将现实分解为人们对现实的感知是最近的一个趋势，这种趋势有一个过激的分支，它们将现实解释成被无情的科学法则所控制的，这种想法明显是不符合流行倾向的。现实是更复杂的，要想很好地理解它，我们必须区分开超越人类思想而存在的自然规律，以及包含了有思维参与者的社会现象。

作用于自然现象的法则与任何人类的想法都是相独立的——尽管这些法则的公式和选择使用的范畴很大程度上是由它们所在领域的主流思想所决定的。一个评判标准的可行性，要通过科学假说的有效性是否可以根据科学方法评判来确定。事实上，自然科学领域获得的成果远多于巫术、迷信或是宗教信仰。

对于处理包含有思维参与者的问题时，科学知识往往更难以获得，思维无论在理解过程还是塑造过程中都起到了更为活跃和有创造性的作用。据我们所知，人不是根据现实采取行动的，而是根据他们对世界的认识，不过这两者并不相同。结果就连发生过的历史也无法被当作自然现象来处理，因为它不仅仅是由国王的出生和死亡这样确定的事实所构成的。社会情境（比如革命或政治中的妥协）对不同参与者来说有着不同的意义，哪怕是在事件发生之后仍然存在很多不同的解释。关于过去的传说对于未来是有影响的，1389 年科索沃战役的影响在最近南斯拉夫的解体中显得很突出。这些都彰显着科学方法的漏洞，但同时又致使科学知识在理解人类行为的形成中没有那么重要。历史是故事，它为巫术、迷信、宗教或其他信仰留有很大空间。

因为人们的决策并不是完全根据自己掌握的知识而作出的，所以结果就很容易偏离预期。在包含有思维参与者的事件中，若忽略这些分歧事件，就是无法被理解的。因此对于自然现象来说，事件的展开与其他人的想法并不相关——尽管人们选择注意什么会受到主流范式的影响。对于社会活动，思维的影响就更加普遍：它可以影响事件的进程。这些对于科学方法有深远的意义。

◎ 社会与自然科学

科学方法的标准流程是基于自然科学的成就的。卡尔·波普尔——一个对我的思想有深远影响的人——宣布了统一科学的原则：对于自然和社会科学应使用同样的标准条件。无独有偶，自然科学有了不可磨灭的成就，社会科学便会去试图模仿。不是所有的社会科学都是如此（比如人类学一直致力于讲故事而不是建立普适的理论），但是经济学理论作为一个个体，非常勇敢地模仿了自然科学。

我不认同我的导师卡尔·波普尔在关于科学统一性问题上的看法，社会科学和自然科学有两个方面是完全不相同的。一方面是研究主题，另一方面是科学家所处的角色。首先，反身性理论和人类不确定性原则与人类行为的可预知性是相违背的；其次，有关人类行为的理论能够且一定会影响人类的行为。

有了这些障碍，为社会科学强加自然科学的标准流程会造成一个伪命题和有误导性的结果。这会鼓励诸如合理预期理论这样的不符合实际情况的理论，同时也褫夺了反身性理论的资格，因为反身性理论没有满足对于科学理论预测性的期待。因此，如果在潜在的现象中加入不确定性的因素，就应该有理论反馈并处理其间的问题。

海森堡测不准原理没有破坏自然科学的地位，因为在量子力学不确定性的固有性质进入大家的视线之前，自然科学确实有过很多很优秀的成果。根据这些发现，海森堡测不准原理就成了科学方法的一项冠绝当代的成果。人文科学则处在一个极为不被接受的位置，因为它们从一开始面对的就是来自参与者思想中固有的不确定性因素，而不是在它们的成果已经十分丰硕的时候才去面对。它们可以推迟清算的时间就好像经济学做的那样，将理论建立在许多假设的基本条件之上，严谨地排除不确定性的影响，但是这样他们其实正在歪曲他们研究的对象。

为什么波普尔会没有意识到人类不确定性原则，而是选择了科学统一原则呢？我相信他这么做是因为他想证明马克思主义是不科学的，而他需要科学统一原则作为论点支撑。但是这不能掩盖他引用了一个错误论点的事实。社会科学之所以不能满足自然科学的标准和要求，是因为前面我提出的两个障碍，因此，那些基于要求它们拥有正确科学状态的社会学理论提出了一个错误的要求。这不是在说社会学理论是无效的，而是它们的有效性必须建立在它们自身的优点上，而不是在自然科学错误的羽翼下学步。

这不是神秘晦涩的理论辩论，现在这是有很大的实际相关性的。波普尔针对马克思主义的批判在主流经济学中依然适用。很多经济学理论（例如完全竞争理论）是无法被证伪的，因为它们建立在一些具体的假设之上，同时它们的结论是由这些假设通过逻辑推理得出的。很多有想法的经济学家都已经非常清楚地阐明了这件事，但是市场原教旨主义似乎钻了空子，使大家忽视了建立在假设上的人造世界和真实世界间的区别。

现在的市场原教旨主义的意识形态在 19 世纪被称为自由主义。它又一次凭借美国国家政策而变得十分有影响力，它被称为“华盛顿共识”。因为美国是一个民主的国家，市场原教旨主义的主导地位并不能与马克思主义在苏联享有的至高无上的地位相提并论。但是这两种意识形态有一个相同点：它们都声称自己的有效性是基于科学权威之上的，而不是坚持经济理论应该对市场原教旨主义的过失负责，对此我必须提出质疑。

我认为市场原教旨主义是一个危险的意识形态，市场原教旨主义是隐藏在金融市场全球化之下的一种意识形态。我一直在尽力指出全球化的缺点和无节制性，但是每一次我批判市场原教旨主义，我就不得不重申我刚刚写到的观点来阐明金融市场是不会趋向合理预期的平衡态的。如果反身性理论和人类不确定性原则已经被广泛接受，我就不必一次次地这样重申了。

自我批判

从已发表的评论看，在《金融炼金术》中提出的反身性理论还没有被广泛认可，我要借这个机会修正几个我在旧版表述中存在的问题。很多评论通过“主流观点极大地影响市场价格”这样的说法来描述反身性，如果那就是反身性的全部，我就真的只是在重申明显的事情。使反身性变得有趣的是主流偏差会使用不同的方法，通过市场价格，去影响所谓的市场价格应该反映的供求关系。只有在供求关系受到影响时，反身性才会变得重要到改变事情的走向。这种事不会一直发生，但是当它发生的时候，它会引起繁荣 / 萧条序列以及其他与平衡状态无关的金融市场中的常见现象。

◎ 术语

凭借后事之明我必须承认，我在阐释反身性理论时所使用的术语有点令人困惑。我用“反身性”这个词来形容一种求知和参与过程与市场繁荣 / 萧条过程的双向反馈机制。两种用法都是成立的：市场繁荣 / 萧条过程是一个广义的关系的特殊表现形式。但是它不仅仅是表现形式，它只是最引人注目的一个。还有许多其他的更微妙的反身性关系，有时候反身性关系会微弱到被完全忽略。

让我来试着澄清这个事件：认知和参与的功能是普遍条件；但是参与者的偏见与供求关系之间的双向交互作用只是间断出现的，而且它会在不同的时期以不同的形式出现。在书中，我确定了这种关系，但是并没有找到合适的词语来形容它。讲反身性显得语境太弱了，因为它会被当作在描述一个普遍条件；而将其描述为一个先自我强化但最终自我毁灭的过程又显得太过累赘了；所以我用“繁荣 / 萧条”这个严格来说并不是很贴切的词，这就是令大家困惑的起源。

我还没有准备好解决的方案。自从着手写这本书起，我就将“远离平衡态”的状态作为“接近平衡态”的对立面。但是这个名词也不是很符合要求，因为繁荣 / 萧条过程的特点不是准确地从接近平衡态过渡到远离平衡态，而且转变在何时发生很难界定。虽然如此，我还是希望我当时写书的时候能够想起来这些术语。缺少合适的术语不仅影响了我的陈述，还影响了相关分析。回顾之前，我觉得我过度强调了繁荣 / 萧条模型。我确认了一些纯案例（见第一章），它们很有说服力，但是接下来我提出了一个不那么符合要求的信贷与管制周期（第三章）。

后者的潜在想法是有效的。借贷行为和担保价值之间是存在反身性联系的，并且信贷的清算给予了繁荣 / 萧条模型不对称的形态：缓慢增长然后急速衰败。类似的监管机构和它们监管的经济体之间也有这样的反身性关系，金融危机经常导致监管收紧。这些都能体现在繁荣 / 萧条模型中，但是它们能形成一个庞大的信用和监管循环的模式。在寻找这种模式的过程中，我弱化了我的论证。

反身性是一种规则，而不是特例。如果情况不是这样，那些偶然发生的壮观的随机事件就变得很难解释了。不过，反身性也体现在其他形式上。我在这本书中讨论过不符合繁荣 / 萧条模型的情况：自由浮动的汇率（第二章）往往会产生波形的模式；里根的“大循环”（第六章）就是一开始自我强化但最终无法维持的过程，这些事件并没有遵循繁荣 / 萧条的模型。还有从 20 世纪 80 年代中叶开始横扫美国企业圈的并购热潮（第八章）与第一章中描述的企业的繁荣有着不同的特征。我在第三部分中记录的实时实验中没有出现繁盛 / 萧条循环，所以我还在继续寻找。这是一个不仅出现在本书中，还出现在我的投资决策中的缺陷。我本来打算使用不同的术语来避开它，这只是一个误解概念对现实的影响。

◎ 权力

在最近读过曼瑟尔・奥尔森的《权力与繁荣》这本书后，我发现了我书中的另一个短板：我没有给权力关系足够的重要性。《金融炼金术》的首要目标是证明流行范式和金融市场均衡模型是错误的。出于这个目的，我接受了经济学家们对于金融市场根据参与者的意志自由交换的描述。借此作为出发点，我成功地阐明了金融市场自己走上了自我强化但最终自我毁灭的过程，而不是趋于合理预期平衡。政治、机构和监管中的变化在这些过程中，尤其是在转折点上，起到了决定性的作用。例如，在20世纪60年代后期的企业兼并浪潮，在索尔·斯坦伯格试图接管化学银行而当权者团结起来反对他时达到最高点；1929年的破产导致了格拉斯－斯蒂格尔法案的颁布；从2000年3月开始的破产导致了萨班斯－奥克斯利法案的颁布。这些都是政策的发展，他们不能被描述成一个意识参与的自由交换行为。当我在对个体的繁荣/萧条过程进行描述时，我意识到了这些问题，比起自由交换在市场扮演的角色，权力和政策显得更重要。这是书中对偏离金融市场理论的漏洞的严谨分析。

忽略权力的影响在本书处理全球金融体系的进化中起到了显著的作用："国际债务问题"和"借款的集团体制"（第四、五章）。一本我最近写的《论全球化》（公共事务，2002年）中的主要原则是中央与外围间与生俱来的差异性。中央包括那些在金融市场中可用其自身货币进行借款的国家；外围则是由那些无法这么做的国家构成。这种差异的产生来源于中央的国家控制着国际金融市场的惯例：当面对萧条的威胁时，他们自身可以遵循反周期条款；但那些依靠国际金融货币经费支持的国家则无法迁就这样的奢侈行为。IMF的主要兴趣是保护全球金融体系；维持外围国家的经济活力是次要的。当中央国家和外围国家之间的差异被归入讨论时，他们从来无法解释清楚。结果是，《金融炼金术》并不能提供对全球化的连贯分析。这与"第2部分：历史的回顾"极为相关。

金融市场全球化是一个市场原教旨主义项目。它的目标是通过金融中心的全球转移来抑制国家政府对于经济的影响能力。金融中心是生产中很重要的元素，然而金融中心会流向回报最优的地方。因此，各国政府必定会争相吸引和留住国际资本。

作为一个市场原教旨主义项目，全球化已获得相当高的成就。金融资产的税收和监管事实上已经大幅减少了，资本的回报也已经显著增加了。这产生了一个持续的全球牛市——在少量的外界影响下——从 20 世纪 80 年代早期到 2000 年。在新兴市场中，它则结束得早一点，在 1997 年。最大的受利者是开创这个牛市的国家：美国和英国。它们通过对其他国家提供金融服务赚取了大量的利益。它们也吸引了世界上大部分的储蓄，见证了美国大量且不断增加的长期账户赤字：现在总计为每年 5000 亿美元，这个数字很惊人。

将权力关系纳入考量，可能会比宣布金融市场内在的不稳定性更加破坏市场原教旨主义者的根基。市场原教旨主义者暗示说市场是有高尚品质的，他们会允许更加勤奋和有创造力的参与者占上风。这种论断总是受挫于忽略社会不公平与不平等的本性；但是如果金融市场不仅不允许自由交流而且还会促进掌权者的统治力，那对这种论断的影响将会是毁灭性的。正如我在其他地方指出的，金融市场的显著特点是，它们都是不道德的。正是因为有这样的特点才使它们如此有效率，但是社会如果没有了道德就将不复存在，所以它不能完全依赖市场纪律。市场原教旨主义是一个为有钱人和掌权者服务的意识形态。

忽略权力关系同样让我们很难理解当下的历史。布什政府中的一个权力集团相信，国际关系就是权力关系而不是法律，美国作为最强大的国家，可以将自己的意志强加于世界上的其他地方。他们在 2001 年 9 月 11 日之前一直坚信这点，并且在某种程度上，他们的行为也正是基于这点。他们放弃了国际条约并试图利用太空军事化使美国军事力量绝对强大。但是他们受制于没有十分明确的政治需求的选民。2001 年 9 月 11 日的恐怖袭击改变了这一点。布什政府现在可以用自卫为借口展开军事行动并且拉上整个国家垫背。

这个权力集团的信仰也被并入了布什主义。它是建立在两块基石上的：第一，美国必须尽其所能来保持无可匹敌的军事力量；第二，美国保留优先打击权。我相信这是一个危险的主义。根据他的逻辑结论，布什主义确立了世界上有两种国家：一是美国，不可侵犯也不受国际法限制；二其他国家，都受到布什主义控制。这就像乔治·奥威尔的回音一样，他在《动物庄园》写道：所有的动物都是平等的，但是猪比其他动物高出一等。尽管如此，在“9·11”的影响下，美国公众还是想要支持布什主义，但世界上的其他地方是永远不会接受它的。因此，布什主义的推行不得不动用军事力量。

这个权力集团的态度可以被形容为原始形态的社会达尔文主义：在一个为生存而挣扎的世界中幸存的是最适者。在市场中，斗争是存在于个人和企业之间的；在地缘政治中，它是存在于国家之间的。这是一个被扭曲的世界观，它强调竞争的排斥合作性。然而，没有合作就不会有法律、市场和文明了。直到最近，我仍然在猛烈抨击市场原教旨主义，我认为当今它比马克思主义更具威胁性。现在，我认为美国霸权的空想家们是比市场原教旨主义者们更危险的人。我害怕的是推行美国霸权主义可以在短时期内保持成功，因为美国的确在今天正处于世界霸主的地位。但是长远来看，它必将失败，因为它的理论是不完备的。如果布什主义在初期能够一帆风顺，它势必会导致一个繁荣 / 萧条的过程并造成比金融危机更具毁灭性的后果。

◎ 负面处理方式

目前为止，旧版书最大的缺点就是它包含了太多负面的名词：不完美的理解、人类的不可知性、无法匹敌自然科学的成就等。如此写的原因其实显而易见：我在试图用一种思维方式产生的范畴来质疑这种思维方式。所以无疑我会对这些范畴有负面看法。我觉得我别无选择，因为我想替换的概念性框架太平凡了，以至于没有其他可用的能使读者容易理解的范畴。

当我提及范畴时，我不可避免地去使用我脑海中的陈述与事实、思维与现实之间的二分法。使用这样的二分法对自然现象而言是合适的，自然现象的发生独立于任何言论和思考，但对于参与者的思维发挥主要作用的社会现象来说并不合适。然而这种二分法已经在我们的思维方式中根深蒂固，我们很难避免不使用它们。

分开陈述和事实的二分法是成果丰硕的，它是逻辑学的根基，因为它可以创造一个能够评价陈述真伪的独立评价标准。它同样是获得科学知识的重要途径，尽管这个角色有些被夸大了。这种区分仅仅适用于陈述与事实确实存在于不同世界中的自然科学；而对于社会科学来说，它扭曲了实际情况。

在自然科学中，思维应该是一个完全被动的角色，真实的世界应该被普遍有效的定律控制，而科学的意义在于去发现它们。卡尔·波普尔已经证明了这是错误的。严格地说，这不是真的，因为科学定理具有假说的属性，而假说的结构中包含了直觉和虚构的元素。虽然如此，准确来说自然科学中思维的作用还是完全被动的，因为陈述只能反映（或不成功地反映）现实，而无法改变现实。

形成社会科学研究主体的世界是不同的，它包含了既能反映现实又能改变现实的参与者。思维和现实无法被当作不同的范畴来处理，因为它们是存在反身性的内在联系的：思维是人们需要考虑的现实中的一部分。主体同时也是客体，用一个确定的法语词汇来描述，就是反身性（il selave）。

反身性在经济学理论中被严重忽略了。将供需曲线当作已知条件，经济学理论就可以把市场价格当作是隐藏的供求关系（供给）和参与者偏好（需求）的反映。这就没有考虑到参与者不完美观点导致的活跃性、创造性和曲解性的影响。它给出了一个极具误导性的金融市场景象。举个例子，它暗示投资者根据供需关系作出决策，然而市场中参与者的目标是赚钱。只有当市场价格能够准确地反映供需关系时，他们才能够被供需关系正确引导——然而在这种情况下，没有人能够比其他人赚更多钱并且每个人都应该投资指数基金。这是一个荒谬的结论，但它依然广泛地被人接受。

仅仅批判流行范式是不够的。想要成为一个新范式的基础，反身性理论应该对金融市场的运作提出一些有积极意义的观点。

新范式

我已经使用反身性这个词来指出理解和参与之间是有内在联系的。到目前为止我都着重于反身性的否定意义，现在我必须正面探索这两个过程如何能在这种干扰中最好地执行。这就意味着找到一个正确的社会情景的研究方法（更为重要的是，参与到其中），而不仅仅是解释为什么它们不能使用与对待自然现象相同的方式。这样做需要在承认思维和现实之间的界限不如自然科学中那样无懈可击的情况下，建立一个不一样的新范式。

新范式认为的事实不是完全由真实事件构成，同样不能认为陈述完全由思维构成。不同于用二分法区别思维和现实，我们必须意识到思维是构成事实的不可分割的一部分。这表明真实世界不能被分离且独立的陈述所表达。这些陈述会立刻去支撑主题，扩张主题并要求更多相关的陈述。这种区分思维与现实的二分法从本质上说不是被发现的，而是在我们试图理解真实情况时想象出来的；就其本身而言，它成为现实的一部分，致使现实更难以被理解。换句话说，现实永远超出我们的理解能力范畴。哥德尔不完备定理在运算学中为这一点提供了证据。哥德尔运用的方法是将所有的运算学真值分配给所谓的哥德尔数字，之后它能够证明运算学真值的数值总是大于证据显示的数值。运算学的真值超过了我们理解能力的范畴，这是一个多么工整的定理啊！

现在，我们必须来理解这一点，我们需要创造一种新的方法来处理实际情况，更精确地说是包含有思维参与者的那部分实际情况。陈述和事实之间的二分法在研究自然现象中成果丰硕，因为自然现象由事实组成。我们必须用一个不同的方法来研究包括陈述和事实的反身性现象。由于思维和现实之间是存在内在联系的，因此采取一个集成的方法而不是分析的方法似乎更为明智。我的意思是，比起寻找一个永久的普遍有效的法则来认知社会的情况，我们必须承认，我们自己以及我们不完美的理解，在管理社会中发挥着作用。我们的参与赋予我们一个与自然科学中熟知的现实不同的性质。

我可以采取两种途径来建立新范式：一种是通过一个独立观察者的角度接近真实；另一种是作为一个市场参与者从内部接近。两个途径我都将会探寻。第一种途径可以被解释成将无限复杂的现实简化成可理解的东西的尝试。因为这种尝试本身就是现实的一部分，所以这种尝试变得困难，并使现实无限复杂。第二种途径会揭露一些关于对冲基金的管理的趣事，并且这很容易被理解。

在我已经用哲学的深思法去测试了读者们的耐心后，我宁愿先为你们提供金融市场的内部消息。但是站在一个独立观察者的立场，我有更多的东西可以与大家分享，所以请准备好接受新一轮的哲学轰炸。如果你觉得跟不上，请翻到正文第 35 页，在那里我将重新回到金融市场。

◎“鞋带”和“拉链”理论

很明显，新范式必须以反身性理论和人类不确定性原则为基础。要是这些原则能够被当作基础，则必须将消极的语句转换为积极的论断。这一点可以通过将“人们的想象和实际状况之间缺乏一致”替换成“二者之间存在分歧的主张”来解决。这使主张有了可操作性：它给了我们两个变量——事前预期和事后结果，这将指导我们研究它们之间的关系。预期与结果之间的差别给我们提供了看清历史的钥匙——我将金融市场解读为一个历史过程。有多少个参与者就有多少种预期，但是结果只有一个。这个唯一的结果构成了现实，而需要被了解的就是这个现实。然而，如果不将预期纳入考虑就无法理解现实，无论是在导致结果出现时还是成为结果的一部分时。

这种方式的好处是，它让我们更多地关注结果与预期之间的差别。结果会受到预期的影响，但是不会被预期所决定。它们之间存在一个双向的反馈循环：认知过程是从结果到预期，而参与过程是从预期到结果。两个过程持续地向不同方向起作用。因果关系的方向并不是从一个结果传到下一个，它交叉往复于结果和预期之间，反之亦然。我称之为“历史的鞋带理论”。

我必须要细化我在这一语境中所讲的“结果”的概念。一般来说，结果应该是可以被观察到的，这就意味着客观性和事实。如果一个人接受了这个定义，这些“鞋带”就会将现实中的主观因素和客观因素连接起来。我不觉得这能为思想和现实之间的关系给出一个准确的描述，因为它过度强调了客观因素。思维不仅限于我们看得到的现实。人们会思考现实中的所有元素，除了那些客观事实，他们还更为关心其他人的想法。为了给出更为准确的画面，结果不仅需要包括看得到的现实，还要包括所有现实中包含的元素，包括参与者的思维。

我们可以通过验证所有已经发生的事实来达到这个效果，无论它是否能够被直接观测得到，这意味着事实中包括了参与者的思维。我相信用事后回溯来验证的表达是合理的表达方式。我们可能无法知道人们在想什么，只要它属于事后回溯，它就是唯一确定的：在那一刻，脑袋里不可能想的是其他事情。这就意味着差别不是在于现实的主观因素和客观因素之间，而应该在事前和事后之间。事前是存在可能性的，因为人们的考虑各不相同；事后就只有一个主导情况。“历史的鞋带理论”暗示这两个有关联的方面从某种程度上是对称的，所以“历史的拉链理论”也许会更好：过去已经盖棺定论，而未来是自由的。不用多说，两个理论都没提过历史可以被完全理解。将它们称为理论是一个特例。

这种看待现实的方式很难让人适应，因为我们习惯于使用不同的方式。我们已经学会了区分事实和陈述，现实和观念。现在我们需要将真实看作包含着思维和现实这些元素的集合体，要弄清楚这种现实的意思，我们还需要在事实与其相关的陈述之间划一个界限。思维扮演着现实以及现实的解读（也可被称为解读）这样的双重身份，因此它会给我们造成困扰。

根据我个人的经验，在我早期定义反身性的概念时，我最终得到了一个我现在已经推翻了的理论，也就是客观与主观方面的现实之间的联系。就是它指引我走向了“历史的鞋带理论”。“历史的拉链理论”是为了通过关注暂时性的因素来矫正这种失真的理论。值得强调的是，拉链理论其实就是“现实由过程决定”的另一个说法。若是换成这个说法，这个理论就显得熟悉多了。但是，一种特定的过程依赖机制——反身性反馈循环，相比而言就较少被人注意到了。

◎ 理解现实

拉链理论对于我们理解现实的能力有重要影响。让我们来调用波普尔的科学方法模型，这种模型对通过能够被反复实验进行测试的广义的假想特性普遍有效。因为这些普遍性是永恒的，所以解释和预测也是对称且可相互转换的。由于事前和事后的不对称性，因此这个模型对于反身性情况显然并不适用。实验将是不可重复的，因为就算所有的可被观察的因素是一样的，主流的观点和个人的观点都很可能会在重复实验时变得不同。一个实验的实际进行，很容易改变参与者的想法。因此在没有测试的情况下，普遍性无法被篡改。进一步来说，普遍性无法逆向使用去提供解释和预测，因为历史是由过程决定的：事后情况是唯一确定的，而事前的可能性更多。解释应当比预测容易。

我又一次陷入了消极的思维框架。抛开将其具体化，我什么都做不了，我必须探索我能做什么。这种情况是可以被理解的，因为事后回溯是唯一确定的。只要无法确保未来是早已决定的，我们就还有预测的余地。这种未知性的范围其实是被现实所限制的，它是有唯一确定性的。还有就是参与者的决策，我们知道它是建立在有偏见的视角上的。不同于经济学理论从随机漫步中寻找平衡，我们只用探索随机的范畴。最重要的是，历史的拉链理论对于改变我们所存在的世界拥有无限的可能性。社会炼金术士可能在传统炼金术士跌倒的地方爬起来，这种可能性对科学方法构成了威胁，但是它为人类带来了希望。

思维和现实间的分歧已成了决定事件过程的重要因素。这种分歧因时而异，因人而异，因事而异，在有些情况下它小到可以忽略。这就是一个单调的例子，每天的情况都像上班或逛超市一样，没有什么特别的。在其他的情况下，这些分歧有更大的重要性，不仅是参与者的观点远离了实际情况，而且他们试图把思维推向与现实没有分歧的方向。举个例子，布什总统为了反对韩国总统金大中的"阳光政策"，在朝鲜引发了危机，这让韩国觉得美国比朝鲜更像侵略者——这比布什总统的"邪恶轴心"评述更加远离现实。

这样我们也许可以根据参与者的错觉对事件过程的影响，在单调和历史性事件之间划分出界限。在单调情况下，日常事件的影响可以忽略不计；在历史性事件中，影响大到能够改变参与者的感知力。我称这些改变历史进程的误解为"创造性谬误"。这样我们就能坚持创造新谬误，并为其他的误解提供改变历史的钥匙。不用说，这是一个同义反复：首先，我们发现单调情况和历史性事件都是由参与者的误解引发的，然后我们声明这些误解是历史改变的源动力。尽管如此，同义反复还是有益于将我们的注意力集中在误解和创造性谬误的功能上。

新范式的建立可以用纯粹抽象的术语声称"人类所有的结构都是不可靠的"。"建立"这个词包含了思维和现实：机构及其概念框架、理论和观点。"不可靠"这个词意味着我们的构想有一些比可能性更严重的缺陷，它主张我们大部分的构想都是有瑕疵的。

现实是充满瑕疵的。某种思维方式成为主流并不意味着它是有效的；这种制度的存在其实并不意味着它建立得很完善。这就是将政府或宗教这样的社会构建与桥梁或汽车这样的现实构建区分开来的地方。一辆设计拙劣的汽车开不动，但是社会建构或意识形态哪怕很有缺陷但还会存留。

新范式应该保护我们免受“原教旨主义谬论”的干扰：这个理论只是因为另一个理论被证明不完备，就认为它的反面是完备的。原教旨主义谬论结合了有效市场理论，正在提出市场原教旨主义。为了让一切显得正确，同样的原教旨主义谬论可以在共产主义和反全球化激进分子中看到。

◎ 将金融市场当作实验场所

这种提出新范式的方式存在着太过抽象的问题，这就是为什么我现在必须回到金融市场做一个实用性的证明的原因。《金融炼金术》探索了许多具体的案例，现在我想关注缺陷和误解在一般情况下的功能，不过我用金融市场来开始这个讨论似乎不那么抽象。

我认为平衡理论适用于金融市场本身就是一种错觉。这个理论来源于它在自然科学中的成功，所以经济学理论试图模仿牛顿力学。它试图在平衡状态下建立普遍有效的范式，只要确保其分析是限定在物质世界，没有其他的干扰参与，它在广义上就是成功的。供应和需求曲线都可以单独求得，并且这种平衡状态是由两个曲线的相互影响所决定的。随着信贷引入分析，这种干扰变得越来越显著。

信贷不能仅仅被看作是反映底层的供求关系，因为它是塑造供求关系的活跃因素。当我们考虑到借贷行为和担保价值之间的关系时，就能发现这一点。银行根据担保价值决定贷款的数额，借贷行为同样也能影响价值。当人们急着要借钱而银行愿意贷款的时候，担保价值以自我强化的方式增加，反之亦然。因此，借贷产生了纯交换中没有的反身性现象。这一点在20世纪70年代的主权信贷爆发中格外显著，这些内容在第四章和第五章中进行了详细描述。

在纯交换中，平衡有着确定的定义，即明确的市场价格。当它运用于金融市场时，平衡更加变成了一个理论中的概念：如果市价没有对参与者的态度或供求关系产生任何影响，那么应该是价格使市场变清晰。但是，它们造成的这些影响是存在于金融市场的本质中的。因此，金融市场经常进入远离平衡状态的繁荣 / 萧条序列。

缺陷和误解在独立的繁荣 / 萧条序列中起到了决定性的作用。它们通常都不能意识到反身性关系的问题。在 20 世纪 70 年代，主权信贷爆发，一个很大的错误就是没有意识到银行乐于放贷的行为会促使多种负债比率的增长，而银行只是根据借款人的信用等级来确定负债比率的。（在兼并潮中，这种错误来源于投资者们希望通过收购来提高溢价，从而实现收益增长。）这种误解在最近的技术爆炸中变得更惊人了。投资者只关注线上收入的增长而无视了这种商业模型只有在公司股价飞涨时才能适用。在其他的远离平衡的情况中，缺陷取代了形式。里根的大循环（第六章）起于经济学货币主义和经济学供给学派的内部纠纷；货币主义（第八章）促进了企业贷款利息和中介佣金提成的削减。

如果没有这些缺陷和误解，市场剩余额应该能在短期内自我调节；但是当所谓的供求关系易受这些波动影响时，这个市场的自我调节机制会被损坏，并变成起初自我强化但最终自我瓦解的过程。自我调节的市场是单调的，像日常事件一样；繁荣 / 萧条序列是历史事件，因此供求关系和参与者的看法都无法与它们最初的状态保持一致。在这些案例中谈平衡都没什么意义，这就是为什么"远离平衡状态"这个词如此合适的原因。

没有了平衡，掌权者想要防止或修正市场溢价就很有挑战性了。但它们也是不可靠的，尽管它们应该是高于竞争的存在，但它们还是属于参与者，只是有着制度上的兴趣和偏好。结果就变成监控者和市场之间的一种反身性互动关系，就像猫和老鼠的游戏，如果监控者没能阻止其发生，有时候它就会变成一个繁荣 / 萧条序列。

我在这本书中试图建立一个监管和信贷周期，然而这个理论还不够成熟，这也没什么不好。在回顾之前所讲的内容时，我觉得我太过于想将循环模式强加于历史了。我们已经看到了，繁荣 / 萧条模式只是许多可能性中的一种，还有很多其他的远离平衡状态的情况；而且也存在长期保持单调性的情况，以及日常时间和误解的自我修正。繁荣 / 萧条模式提供了一个非常戏剧化的景象，而且给人留下深刻印象。我很后悔我在书中写得太过分了，而不是用监管和信贷周期的方式来解读历史。我本应该强化缺陷和误解作为理解历史进程之钥匙的重要作用，这也是我现在正在做的。

我的出发点是金融业务肯定不会仅仅根据一些永恒的规律而凭空出现，随着时间的推移，肯定会有一些真正有用的规律和法则能提供一个允许永恒的泛化过程发生的历史性环境。当我们把不确定性这一永恒不变的真理应用在制度框架下，我们就会遇到这个命题：任何主流政权或计划，最终都一定会是有缺陷的。

我已经在书中用货币市场证明了这个命题，而且此后的事件也使之更具说服力。我用幽默的方式比较了汇率政策和婚姻政策：无论什么政策占主流，与之相反的情况仿佛都更有吸引力。修正过的汇率是很死板的，自由浮动的汇率则适合那个持久的、自我证实的、最终将变得不可持续的趋势。我们现在（2003 年 3 月）正处于一个关键点，美元的坚挺可能没有办法维持住了。1997—1998 年出现的市场危机导致货币挂钩名誉扫地，并且在一段时间内我们相信只能在极端情况下找到答案：货币委员会或公众持股。这种观点没有维持很长时间，它因为阿根廷的违约而终止了。不自由浮动是不受欢迎的，然而我相信这对巴西是有好处的（不自由浮动是一个汇率浮动政策，它包括政府临时干预来影响货币的流向）。

我们可以发现的是，无论什么货币政策占主导，它都是有纰漏的。事实上，政策的纰漏让它的对立面显得更吸引人，但是这不会使它的对立面完美。当对立面的政策占主导时，这些纰漏会变得日益明显。这听起来令人沮丧，但是它同样可以被积极的解读：它拥有无限的改进空间。既然完美不可得，未来的一代就不会被剥夺改善世界的机会。但是没有放之四海而皆准的解决方式，所有的进步都必须被当作主流政策来考量。有些政策在某些情况下可能合适，而在其他情况下不合适。那些认为掌握了永恒不变的真理的说法都是假命题。这不是说我们不能做普遍的均一化——人类不确定性原则本身就是一种均一化——不过即使是这样的均一化也不应该去主宰现实。

在我的投资生涯中，我是根据“所有的投资都是有瑕疵的”这个假设来操作的。这个想法本身也是有瑕疵的：它不遵循人类不确定性原则。所有的理论都是有瑕疵的。但它是一个很有用的假设，一个命题是有缺陷的并不代表我们不应该根据它来进行投资，只要还有其他人相信它，它就还能说服更多的人。这个观点是约翰·梅纳德·凯恩斯提出的，他将股票市场比作一场选美比赛：胜出的不意味着是最美的，而是最多人觉得她美的。关于这点，我有一些很重要的补充：找到缺陷是需要代价的。如果我们找到了，我们就有优势，因为当市场也发现了这些问题，我们就可以将损失最小化。当我们无法找出哪里将会出错的时候，才是我们最着急的时候。

几乎不需要强调的是，这个假设与有效市场理论和合理预期理论相冲突。合理预期理论几乎永远是错的，但它们总能自圆其说。随着实时实验不断展示，这种在金融市场中如何运作的解读会比合理预期理论更有利可图。

这个假设在金融市场之外是否有效是另一个问题。我的主张是，只要它能有助于理解情况的重要性，它就是有效的。我在预测苏联解体的相关事件中运用到了它，而且有了一定成果。我现在用它来解读布什的政策。但对于影响一个批判性思维的事件过程，可能会有点阻碍多于帮助的感觉。人们不喜欢听到他们什么时候犯错，他们会选择跟随看起来知道自己在做什么的领袖。那些承认自己的错误或自己的疑问的人不会当领袖很久。这也许就是为什么市场比政策更有效的原因。

什么是成功和什么是真实之间是有差别的。这是反身性理论带给大家的一个伟大的观点，它对于金融市场和政策都有效。这是一个仍然需要学习的教训。我们的社会崇尚成功，好像它连接着真实和美好。但这种当今在美国流行的思想是错误的。

◎ 寻找次优方案

我们应该如何研究普遍的社会现象及具体的经济学理论之间的关系？一个

强有力的案例表明，对于自然科学的盲从和模仿已将经济学理论引入歧途。在他们寻找普遍有效的通则时，经济学家在很大程度上无视了现实世界的复杂和不确定性，并在不实际的假设上建立了一个优美的公理体系。这些被当作完美体系基石的假设包含了完美的信息、单一的商品、大量从事利益最大化行为的参与者，并且还没有交易成本。这种不受监管的金融市场最终将实现资源最优分配的讨论，是基于参与者都根据合理预期来做决定而提出假设的，但这些假设都不适用于现实世界。

建立在这些不牢靠的基础上的大厦是极为脆弱的。广义的平衡只有在最优条件（即所有假设都成立）的情况下才能盛行。就算只是削减极少数的假设，这座大厦也会崩塌。只有部分参与者按照合理预期来行动是不够的，他们必须全都照做，否则他们所有人的行为都是不合理的。如果这个最优条件无法维持，就无法确定不受监管的市场会得出次优方案。举个例子，抑制“非理性繁荣”在伴随着融资融券增长的信息技术爆炸中可能是个不错的国家政策；或者，增加公共物品的供给可能更为可取。既然最优条件是根据不确定性原则且只有可能得到次优方案，那么流行范式不仅是不真实的，而且是有误导性的，因为它是用于支持市场原教旨主义政策的。

我当然不是提倡拆除经济学分析的这栋大厦。那将会是另一个原教旨主义谬论：仅仅因为结果不理想，就要完全抛弃得出这种结果的方法。事实上，提出平衡理论的方法同样也指引着我们怀疑这个理论，并探索不一样的解决方式。关于《金融炼金术》，有人指责我没有引入最新的经济学理论，他们的批评是合乎情理的。虽然我还不能说是完全熟悉文献，但我看到了一些行为经济学的优点，并且我觉得进化博弈理论有更多的优点。我觉得后者能成为反身性的一个实践性的探索。

◎ 适应行为

一个新范式看上去正在逐渐成型，它包括用适应行为的概念来取代理性行为的假设。这两个概念的特征很不一样。理性行为是赋予它自己演绎逻辑和一个公理系统；适应行为是一个经验概念，它不预设任何的结论。实事求是是探索的主题。这种探索引出了进化博弈理论和进化系统理论——两种理论都将行为当作是过程决定的，并且不一定内部一致。两种理论都能产生决定性的结果。举个例子，在一个重复囚徒困境的博弈中，以牙还牙被证明是最好的策略。但是不是所有的结果都是决定性的。比如说，在大部分捕食者与被捕食者的关系中，结果是稳定波动的，只有极少情况能达到稳定平衡。

这是否意味着新范式取代了旧范式，同时反身性理论以其他的名字被接受了呢？不尽然，旧范式还远没有被抛弃。事实上，在政策上它更史无前例的有影响力了。而且新的范式还没能对社会现象有连贯和全面的解释。比如，在最近的技术爆炸中，适应行为应该比理性行为更容易调节，但是它并没能充分地解释事件的过程。这就是对反身性的理解的缺失以及结果和预期间的分歧带来的后果。

反身性比适应性人类行为更进一步说明了适应性人类参与的情况。它声称适应性人类行为有助于建立一个被称为“适应性的环境”，这两者间存在反身性内部联系。这意味着参与者必须适应持续改变的情况以及永不完成的过程。捕食者与被捕食者的关系暗示了这种想法：一方是另一方的环境。反身性使这个想法更明确了。如果这个声明有效，流行范式就不可能有效：平衡可能永远不能达成，因为试图达到平衡的尝试都会让目标改变。

适应行为理论对于生物学和社会科学是同样适用的。可以让人放心的是，因为它使我模糊了在自然科学和社会科学间划下的明确界线。二分法是我们对现实的理解的重要特征，而不是现实本身的样子。有这样一条跨过分界线的桥梁是很让人安慰的。不过适应行为理论有一个漏洞：它没能成功地分辨生物学和人类事物间的区别。这种缺陷在引入反身性的概念后被修正了。结果和预期之间的分歧可以具体到人类行为。当我们只扮演研究者的角色时，分配期望和意图对于某些动物来说也许是适用的。

适应行为表达的机制在生物学和社会科学中都是不同的。在生物学中它是由变异来表达的，即某些特定基因在种群内的传播。在人类事物中，缺陷和误解起到了和生物学中变异类似的效果，但它传播的是思想和行为模式，而不是基因。我在金融市场中的成功不会改变未来对冲基金管理者的基因库，但是金融市场中成功的追踪趋势行为可以增加追踪趋势的投机投资者的人数。

行为经济学和进化博弈理论在我写《金融炼金术》时还远没有发展到现在的规模。这些理论都有潜力与反身性相容，而且我希望它们能让这个概念更易被接受。虽然如此，我认为反身性理论在建立新范式时是被需要的。它被大家需要，一是因为，它的目的是揭穿合理预期和有效市场理论；二是因为，它是行为经济学和进化博弈理论合适的基石。

我们是否需要新范式这一点也许会被怀疑。为什么不能百花齐放、新旧范式共存呢？我对这种想法惺惺相惜。对于不确定性，最好的解决方案是多元主义。市场经济学的主流价值观不是这样，它是确保最优的资源分配，但它存在一定的让参与者从错误中学习的选择性。但是不确定性无法被用于证明错误的理论。反身性和合理预期是不相容的，所以我们必须作出选择。

我相信，我已经说了足够多来证明我的选择的正确性。合理预期理论只有在不适宜人类生存的极端条件下才是可持续的。相反，反身性理论不提供我们期望从科学理论中得到的严格的结果，但它确实能更好地符合金融市场的真实情况。这点毋庸置疑。

◎ 繁荣 / 萧条模型

第 2 部分的范式转移怎么处理呢？建立一个新范式？让我们看看繁荣 / 萧条模型是如何对抗批判性检验的。罗伯特・索洛批评它包含太多例外条款，因此没法被证伪。他既是对的又是错的。对于繁荣 / 萧条模型无法被证伪这点，他是对的。但是，他错误地认为这不是一个被提出的可被检验的理论，而更像是一个说明反身性理论如何在金融市场中起作用的模型。反身性理论是一个元理论，一个范式，就像新古典经济学的效用最大化理论一样都是无法直接测试的。

作为一个标准，繁荣 / 萧条模型相比它原来被发表的时候与现实更加相关了。我们刚刚经历了第二次世界大战以来最大的繁荣 / 萧条循环，这与我原版《金融炼金术》中描写的 1960 年的兼并潮很像，两者的异同我会在书中解释。

相同处是加强的趋势可能在两个方向上左右股价，它将导致进一步加速的预期或矫正的预期。如果是后者，经过股票价格变化的矫正，这个基本趋势可能继续，也可能终止；如果是前者，则意味着一个积极的偏向发展起来，它将引起股票价格的进一步上涨和基本趋势的加速发展。只要偏向是自我加强的，预期甚至比股票价格还要升得快，基本趋势就越容易受到股票价格的影响；与此同时，股票价格的上涨则越容易依赖主流偏见的支撑，从而造成基本趋势与主流偏见两者同时滑入极其脆弱的状态。最后，价格的变化无法维持主流偏见的预期，于是进入了矫正过程。

最终，转折点到了！在兼并潮中，转折点是索尔·斯坦因伯格没能成功接管化学银行。在技术爆炸中，其转折点是 3G 牌照的竞拍。失望的预期对股票价格有一种消极的影响，股票价格的变化削弱了基本趋势。如果基本趋势过度依赖股票价格的变化，那么自我毁灭就可能成为彻底的逆转。在这种情况下，股票价格下跌，基本趋势反转，预期则跌落得还要快一些。这样，自我增强的过程就朝相反的方向启动了。最终，衰落也会达到极限并使自己重新反转过来。典型的情况是，一个自我增强的过程在早期会进行适度的自我毁灭，如果在自我毁灭之后趋势仍然得以持续，这一偏向将有机会得到增强和巩固，且不易动摇。当这一过程继续下去时，自我毁灭行为就会逐渐减少，而在趋势顶点逆转的危险则增大了。

事件的这一走向没什么好大惊小怪的，这在以前已经发生过很多遍了。奇怪的是，从参与者的偏向出发，它们依然十分新鲜。我们可以试着建立起参与者的观点和他所参与的情境之间相互作用的模型，难点在于，参与者的观点是所参与的情境的一部分。研究如此复杂的情境，我们必须采取简化的方法，参与者的偏向就是这样一个简化的概念，现在我想更进一步，引入主流偏见的概念。

两者间主要的不同点是繁荣 / 萧条模型的保守性。这两个因素如何相互作用呢？请读者回忆一下前边提到的两种函数关系：参与函数和认识函数。基本趋势通过认识函数影响参与者的认知，认知所引起的变化又通过参与函数影响情境。在股票市场中，首当其冲受到影响的就是股票价格，股票价格的变化又反过来对参与者的偏向和基本趋势同时产生影响。

存在着一种反身性的关系，其中股票价格取决于两个因素——基本趋势和主流偏见，这两者又反过来受股票价格的影响。股票价格和这两个因素之间的相互作用不存在常数关系：在一个函数中的自变量到了另一个函数中就成为因变量。常数关系不存在，均衡的趋势也就无从谈起。市场事件的序列只能解释为历史性的变化过程，其中没有一个变量——股票价格、基本趋势、主流偏见——可以保持不变。在一个典型的市场事件序列中，三个变量先是在一个方向上，接着又在另一个方向上彼此加强，繁荣与萧条的交替，就是一个最简单而又最熟悉的模式。

最近大部分的繁荣的罪行都陷入两种情况。大兼并只影响了一部分股票市场，其他因素各有不同，我们需要对“其他因素”了解得更多些以建立我们的模型。在此我将引入第二个简化概念。假定存在着一个无论投资者是否意识到都将影响股票价格变化的“基本趋势”，其对于股票价格的影响程度，视市场参与者的偏向而定，绝非一成不变。以这两个概念作为基础，就可以把股票价格的变化趋势拟想成“基本趋势”和“主流偏见”的合成。

只有少部分参与者的行为会被认为是有罪的，更多人是因为误解或被误导了。市场中存在着为数众多的参与者，他们的偏向必定是各不相同的，其中许多偏向彼此抵消了，剩下的就是我所谓的“主流偏见”。这个假设并非对所有的历史过程都合适，但的确适用于股票市场和其他市场，把诸多偏向进行汇总之所以可能，是因为它们相交于一个共同点——股票的价格。在其他历史过程中，参与者的偏向过于分散，无法汇总，主流偏见只能是一个象征性的概念，可能不得不引入其他模型，但在股票市场中，参与者的偏向在股票买进和卖出交易中找到了表达形式。其他条件相同时，正的偏向导致价格上涨，负的偏向导致价格下跌，因此，主流偏见是一种可观察的现象。

首先，市场原教旨主义是一种错误的、危险的理想主义结果。如果股票价格的变化增强了基本趋势，我们称这个趋势为自我增强的；当它们作用于相反的方向时，则称之为自我毁灭的。同样的术语也适用于主流偏见，可能自我增强，也可能自我毁灭。理解这些术语的意义是很重要的，当趋势增强时，它就会加速，当偏向增强时，预期和未来股票价格的实际变化之间的差异就会扩大；反之，当它自我毁灭时，差异就缩小。至于股票价格的变化，我们将它们简单地描述为上升的和下降的。当主流偏见推动价格上涨时，我们称其为积极的；当它作用于相反的方向时，则称其为消极的。上升的价格变化被积极的偏向增强，而下降的价格变化被消极的偏向增强，在一个繁荣 / 萧条的序列中，我们可以指望至少找到一个上升的价格变化被积极偏向增强的阶段，以及一个下跌的价格变化被消极偏向增强的阶段。同时一定还存在着某一点，在这一点上基本趋势和主流偏见联合起来，扭转了股票价格的变化方向。

现在已经可以建立一个初步的繁荣和萧条的交替模型了。首先，假设存在着尚未被意识到的基本趋势——尽管不能排除未反映在股票价格中的主流偏见存在的可能性。这意味着，主流偏见在开始时是消极的。起初是市场参与者意识到了基本趋势，认识上的变化将影响股票的市场价格，股票价格的变化可能影响也可能影响不了基本趋势。在后一种情况中，问题到此为止，无须进一步讨论；在前一种情况里，我们进入了自我增强过程的起点。我在《开放社会：重塑全球资本主义》（*Open Societly : Reforming Global Capitalism, PubicAffairs, 2000*）中提到了这些。

◎ 致新范式

事实上，繁荣 / 萧条模型不能像科学理论一样被认可，因为它无法被认定真伪。反身性可能会也可能不会带来繁荣 / 萧条序列，这个过程可能在任何时候夭折。每一个情况都有独一无二的现象。这个模型有一定的预测能力（比如说，萧条不会出现在繁荣之前，而且萧条的规模和它之前的繁荣成正比），但它是最小值。这个模型几乎可以被用于预测任何事，并且如果它是错的，误差就能被归因于特定的预言，而不是模型本身。大家会记住我在《全球资本主义危机：开放社会濒危》（BBS/PublichAffairs，1998）中预言了即将发生的灾难。

合理预期理论也不能直接被证伪。它的假定条件永远没法达到，任何预期结果的偏差都能归因于外来影响。但是它的主要结论——不可能稳定地优于平均值，已经被包括我在内的很多杰出操盘手证伪了，而且我甚至都不熟悉这个理论。这些表现结果不能被当成随机游走生成的，这个理论至今为止也还没被抛弃。

正如我之前提过的，反身性理论是一个元理论，一个概念框架。考虑到它本身作为范式在金融市场中乃至更大的人类事物中的适用性，缺少可证伪性就不那么要紧了。由于主观事物的不可预知性，我倾向于认为它是不可避免的，但是我在这个问题上还不是很站得住脚，这可能是因为我还没找到好的方法论。

我被迫总结说反身性理论目前还不能被当作一个新范式。这是一个哲学理论，不是一个科学理论。它能和经济学研究的新学派相联系，并能与之相容，就像行为经济学和进化博弈理论。意识到反身性的存在能启发新的发现，将它们汇总就能形成一个新的范式：反身性理论破坏老的范式，同时新的学科帮助建立新的范式。

比起我现在做的，关于繁荣 / 萧条序列以及其他远离平衡状态的情况的研究将会有更多的发现。如果承认每个序列都是唯一的，那么从每个序列中就能引证出更多具体事例，也有更多的共同特征可以通过比较研究建立起来。反身性理论对于什么是可以完成的施加了一定的限制，但是我还远没有做到能推动这些限制。进一步学习繁荣 / 萧条序列，能产生一些可测试的均一化结果，就像重复囚徒困境中以牙还牙的解决方案一样。

这些都能做到，但不是我一个人能做到的。我已经把这个论证应用到我力所能及的领域了。现在我的注意力已经从金融市场转向了其他的工作中，我没有精力也没有兴趣让这个理论更进一步了。（我也没有资格这么做；我对数学不擅长。求学时，我就怀疑经济学理论的假设，因为我不会演算它们。）我信任这些我已经提到过的新兴的理论。它们从方法学上看更满足新范式的需求：非线性规划和经验测试。旧范式依赖于解方程；新范式则更依赖于电脑程序中的脚本运行以及在生活中的实践。

很多专业经济学家已经意识到需要新范式。15 年前他们可以无视我对旧范式的攻击，因为他们觉得我不懂这些理论；现在他们会声称反身性理论已经和最新的分析经济学结合了。反身性理论的确在这些领域中有了一些进展，但是大多是在其边缘。更重要的是，大众评论还是被老范式所主导，而这就阻碍了一些迫切需要改进的国家政策的进程。承认反身性绝对可以改进国家政策。当主流制度的缺陷变得明显时，货币管理会更愿意从修改现行汇率中受益。而且更好地理解繁荣 / 萧条序列，能够帮助执政者防止事情脱离掌控。

同时，我必须承认繁荣 / 萧条模型在当下对市场参与者来说用处不大，它甚至不能经常帮我赚到钱。举个例子，我在技术爆炸中亏钱了，因为我太早抛售了空头股票。如何将这个理论应用于实践中是下一个需要讨论的主题。

一个成功投机商的秘诀

关于金融市场的很多理论是以外界观察者的视角来看待问题的。现在我应该去改变这个视角，并且告诉大家一个积极的市场参与者是什么样的。这不会改变到目前为止我得到的所有结论，因为反身性理论旨在阐明积极的市场参与者的角色，但它也将揭示一些额外的问题。这本书里包含了一个实时的实验，一系列的投资决策在作出时被记录了下来。在这里，我将更进一步地对我的决策过程做一个主观的描述。换言之，我将尝试去揭露“我成功的秘诀”。不用说，我脱掉了一切科学客观性的虚伪。

作为一个短期基金管理者，我一直都是很有激情地致力于管理我的基金。实际上，说我管理它不如说我依赖于它。我依赖我的本能和直觉，以及我的概念框架来引导我走出迷茫。许多因素共同作用增加了我对自己情绪的依赖性。在基金处置上，我与其他大多数基金管理人相比，欠缺相关知识和信息。我从未学习过证券分析，不属于任何团队，并且我准备致力于与其他大多数人相比更为广泛的活动。如果我只试图通过一套特定的规则来操纵市场，那么我并不会比其他人做得好，我的竞争优势在于我认识到游戏规则的改变。开始时，我的假设只与个别公司有关；随着时间的流逝，我的兴趣转向了宏观经济的主题。一部分是由于资金的增长，一部分是因为日益不稳定的宏观经济环境。例如，汇率在 1973 年以前是固定的；随后，它们成了投机行为的肥田。

专注于反身性的变化让我承受着巨大的时间压力。我不得不让自己在短时间内熟悉一些特定的产业和国家，我必须去完成，也因此失去了赶时髦的那份奢侈。我曾经半开玩笑地声称，在任何专业上，我只要花 48 小时就能成为专家；如果我花更多的时间在上面，我的判断将会被事实影响。专家们通常在他们的专业上发展既定的兴趣，他们收集的信息对他们来说是远远不够的。我仅仅对于足以作出决策的信息感兴趣，剩下的只会混淆问题，我称之为“切入要害”。

我还制定了“先投资后研究”的实践方法。这个方法运行得很好，因为如果一个想法足够动人，以至能够在我第一次听说时就吸引我，它也必将对其他人有同样的作用。如果经过进一步的研究，我发现它是有缺陷的，那么我也总能在得到利润时及时转变方向并进行资产清算。如果这个想法通过了考核，我就能侧身较为有利于增仓的位置，因为我已经在更低价位买入或者在更高价位抛空了。

事实上，我在管理对冲基金的同时也有助于我感情的投入。杠杆比率的使用给投资组合增加了一个额外维度的风险。一个没有杠杆比率的投资组合是单调的，正如它的名字（portfolio）表明的那样。它可以变得更大或更小，但它不服从追加保证金的要求，也不能完全消失。信贷的使用，无论是对市场看涨还是看跌，都使一个对冲基金变成三维的。股本基数能或多或少地支撑杠杆比率，如果结构不是大致平衡的，它就会崩溃。这使得所有的基金管理人都不得不为不确定性的存在主义作斗争。该基金的生存依赖于我，与此同时，我的报酬是直接和基金的业绩挂钩的。

在处理存在主义的不确定性上我是完全胜任的。如果不得不将我的资格进行概括，我将会用一个词：生存。在我的青少年时期，第二次世界大战给了我一个绝不会忘记的关于生存的教训。我很幸运有一个堪为生存艺术大师的父亲，他作为逃生的战俘活过了俄国革命。在年轻的他的指导下，匈牙利大屠杀就成了我青少年时期的一门高级课程。我毫不怀疑我青少年时期的经历在我接下来作为对冲基金经理的成功中扮演着主要的角色。我的概念框架也发挥了同样重要的作用。

那些想要贬低反身性理论的人，否认它对我在金融市场中取得的成功上起了重要的作用，他们将我的表现归功于一种神秘的直觉，并且他们将反身性理论作为一个成功投机商的自我放纵。我的传记作者引用我儿子罗伯特的话说道：

我的父亲会坐下给你说一些理论来解释为什么他这样或那样做。但是我记得小时候听到这些并思考，我的天，这些至少有一半都是在胡扯。我的意思是，你知道为什么他改变了自己在市场里的地位或诸如此类吗？因为他的背痛得快死了。这与任何理由无关。他经常性地抽搐，并且这就是早期的预警信号。

关于背痛，我儿子说得没错。我曾把它作为一个投资组合出问题的预警信号。它曾在我每次知道出了什么问题之前就会发作，有时甚至经常在基金开始贬值前发作。这就是为什么它作为一个信号是如此的有价值的原因。然而，以此为由抛弃理论是错误的，因为正是基于理论才让我认真地接收了信号。我知道我在按照知识基础行事，我清醒地看到不确定性，而且我一直对错误保持警惕。像我之前提到过的那样，在我还未意识到自己财务状况中的破绽时，才是我应该担心的时候。当我最后发现哪里出问题了，我的背痛也就不治而愈了。

我从反身性理论和人类的不确定性原则中获得的主要洞见，就是所有的人类构建（概念、商业规划或制度安排）都是有缺陷的。这些缺陷可能只有在构造进入生活时才会暴露，这是理解反身性过程的关键。当一个假说成为现实时，意识到可能出现的缺陷会让你处于领先地位。

现实存在的不确定性与我自己的命运联系紧密，并且基金的三维结构使我将它看作一个像连体婴一样绑在我身上的生物体。这不仅仅是打比方，它是强烈的感觉。基金消耗着我的同时又供养着我。相反地，我赋予了基金一个生物体的属性。

思考一个生物体的轨迹与思考合理预期的展望迥然不同。后者类似于一个外部观察者的想法，它包含自身利益最大化的假定性目标的信息处理；前者包含情感和理性。的确，由于时间因素，情感常常优先于理性：决策常常不得不在匆忙之间作出，并且较少有时间去权衡所有相关的考虑，直觉和最初的情感所扮演的角色更为重要。也许当我在讲认知功能时我没有将这点阐述得足够清楚，讲预感可能会更好，因为它们与理性思维相比，是由大脑和皮层中不同的部分控制的。预感早于理性的演变，它更像是动物的行为。确实，对于金融市场的描述充满了动物意象：牛市、熊市、羊群效应。而且，科学理论在实践者中显然只有很小的吸引力，但那不意味着没有理性的余地。理性与情感复杂地交织在一起，而且人类行为无法被完全理性地理解。我依赖理性的程度超过了大部分的实践者，并且我以认清了情感的作用和理性的局限性的概念框架而自豪。

积极的市场参与者的思想与外界观察者的思想是非常不同的，我们大概可以称之为“有机的”来区别于理性。科学家对永恒的泛化和统计概率有兴趣，市场参与者则需要专注于他们正在参与的一个特定情况。概率和泛化可能很有用，但是如果它们是基于外部观察者的观点就会有误导性。这就是经济理论里发生的一切。

古典经济学给市场参与者的思想分配了一个纯粹的被动角色。这使其有可能把完备的知识视为理所当然，而完备的知识又转而成为完全竞争的基础。这个概念在完备知识的假设被完备信息的假设的取代上，经历了一个复杂的进化过程，而且它被一个所谓的方法论的公约所补充，把供给和需求曲线看成是独立给定的。这个公约设法排除反身性的回馈机制，并借助市场价格来影响那些曲线。近来，均衡位置的偏差现象被归因于信息不对称。理论框架看似在逐步靠近现实，事实上，因为积极的参与函数被考虑了，理论框架变得比以往更为远离现实。相比之下，反身性理论把积极的市场参与者看作是它的起点。因此，它能为他们提供一个更有用的概念框架，而且我曾在这个范围内使用过反身性理论。它做不到的就是使市场参与者占据超脱的观察者的位置。

事实上，我曾试图将我自己放进一个外部观察者的位置中，并尽可能保持超然。我意识到使自己摆脱情感是不可能的，为了有一个对外部世界的变化进行评估的稳固平台，使自己的情感状态尽可能地保持稳定是十分重要的。如果平台自身是对不同的情感而非市场作出反应，就很难在市场中观察改变了。如果市场参与者被相同的情感感染，任务会更容易。那就是我希望通过鉴定自己的基金来达到的目标。它应该被识别，然而，这个过程包含了一些不同于理性思维的东西，将它描述为移情作用会更好。参与者进入市场思维并试图从内部来理解它。我发现这个任务对我来说比大部分其他投资者容易，一部分是因为我的概念框架，一部分是因为我详细地鉴定了我的对冲基金。我假设市场与我的感受相同，并通过让我自己保持超脱于其他个人情感，使我能在市场的情感中感受变化。这是一项严格的训练，这意味着使我自己的情感服从于市场的情感，这使其他情感的涉入难以维系。我的家人有很好的理由去憎恶它。我将自己看作是一个正在接受训练的运动员或拳击手，为了赢得成功不得不牺牲很多其他东西。管理一个对冲基金需要专注的投入。当我忙于建立一个基础网络时，我发现我的慈善事业与对冲基金并不能兼顾得很好。问题不仅仅是它花费的时间总量，甚至还有矛盾的情感信号。这让我很迷惑，当我应该对我在市场中的处境感觉不好时，我对于自己在慈善事业中做的一些事情感觉很好，反之亦然。通过放弃对基金的积极管理，我解决了这个冲突。我不再是一个训练中的拳击手，而是变成了教练。

我需要澄清当我说我跟市场有同样感受时我想表达的意思。我谈及了市场的情感而不是我构想的假设的内容。正相反，我清醒地看到我正操纵着一个与主流观点不符的概念框架。我刻意去发现一些与主流观点不符的投资想法，因为在这些想法里能找到最佳的获利机会。我对自己目标的定义是在自己的判断和主流观点之间完成套利。我的概念框架和动物本能都构成了我所谓的“有机思维”的一部分。当我确定自我加强过程的产生时，我几乎可以感觉到我的口水直流，就像一只巴普洛夫的狗。

当我是一个积极的市场参与者时，我是否将一直享受竞争优势呢？这是一个有趣的问题。我的概念框架已经成为常识。过去担任机构投资者很容易，但是现在变得复杂了许多；对冲基金快速繁衍，并且风险控制的方法得到了大力改善。虽然如此，我暗自认为我仍然有能力去发现能够被利用的缺陷。例如，流行的风险控制方法是建立在旧范式上的，并且它们注定会时常瓦解，但是利用缺陷我将可以学习风险控制系统是怎样运行的。这就像是学习怎样同一个机器进行国际象棋比赛：移情作用不会有什么用，而且一些并非我的长处的数学知识，可能是不可避免的。我曾享受于忽略合理预期理论，但我不能忽略现代风险和绩效管理技术，即使我认为它们是有缺陷的。我必须理解它们是怎样运作的，因为，与合理预期理论相比，它们能影响投资者的投资行为。

在我看来，风险管理技术不能说明提高技术带来的真正的不确定性因素，尽管通过所谓的压力测试是有可能将它考虑进去的。但是过去并不能成为未来的可靠向导。我曾用一种更原始和有机的视角去看待风险和不确定性。两天——一天和下一天——就足够告诉我我的基金是否涨势良好。通常这会给我及时的通知以便去做一些调整。我只愿意为我的利润冒险，而不是为我的资金。这赋予了基金自带的惯性：当风在我们身后时我们抓紧撒网，而当暴风雨来临时我们调整风帆。我最爱的一句话是这样说的："逃跑的人才能活下来对抗新的一天。"我不愿在决定利润和本金时被日历所束缚。在经历一轮增长后，我愿意退还部分利润，即使这使我的资本在新的一年进入负值。因此，我们拥有了多年市场。我发现当今大部分对冲基金并没有使用这些简单的指导方针，这挺有趣的。在这些方针的指导下，唯一的例外是我通过每天计算将跌幅控制在资金达到的最高点的 20% 以内，在上涨时则没有类似的限制。

我有疑问的是，我是否能够在货币市场中表现得和过去一样好，特别是在欧元市场。货币曾像有几条河流流入其中的湖泊，往上游走常可预测水位。现在河流是连通的，并且有太多的支流而难以预测汇率的变动趋势。

我和基金的共生关系引起了一些严重的认知问题。当我初次管理基金时，我完全认同它。我是从贸易和销售出道的，我已经努力做到使自己严谨地脱离我的工作。在进入证券市场以前，我有一些做销售员的经历。在英国读完大学后，我作为管理培训生加入了一家生产和销售手袋、服装首饰、新奇商品的公司，最后我作为销售员结束了这段经历。我还根据"一个人不得以任何理由将自己等同于他所销售的商品"这个原则，发展了推销理论。销售是一种评估自己销售行为的游戏。如果你让你的自我意识进入，顾客将不愿理睬你，那样你就失败了；但是如果你不将自己与你的工作关联起来，你就能在自己被拒绝时加倍努力，并且如果你成功销售了一次你就胜利了。我将这个原则带入到证券市场中，它帮助我在买与卖之间转换，并最终认同自己的商品。

我很快发现经营一个对冲基金是一个严肃的游戏：一旦你认同证券投资组合，你的生存就岌岌可危了。就是它使金融市场成为一个如此适合的实验室来测试你的想法：测试不通过是非常惨痛的；测试通过则能带来解脱。客观证据是被情感强化的。知识的缺乏使我十分倚重疼痛机制，对此也有积极的一面：自我掌控感伴随着成功。我记得一个瞬间，我退后并带着敬畏看着自己：我看见了一台打磨完美的机器。无论这世上发生什么——经济学家称之为外生冲击——我都能立即将它们代入我的视角并将它们与其他所有事物关联起来。我工作于一种高度意识状态。

基金表现良好，但是它规模越壮大我就要管理越多的钱，同时我的压力也会越大。我记得有一次，我迫切地需要找到新的银行信用额度。我沿着伦敦市利德贺街走着，我甚至觉得我即将要心脏病发作。这使我意识到如果我死了我就是一个失败者，并且这个想法削弱了我对基金的兴趣。我决定花更多精力在我自己身上，少些在基金上。我放松了对基金的控制。令人惊讶的是，基金表现得甚至更好了。显然，我之前太谨慎而且控制得太紧了，过快地使一个投资理念被另一个取代。当我松开我的缰绳，基金在两年的时间里几乎上涨了 4 倍。我沉浸在自我和基金的成功里，但是认知问题还未得到解决。我意识到基金的潜在行情是逐渐恶化的，因为我正在不断消耗自己的投资理念的储备，早晚我将陷入困境。

最终，内部冲突到达了紧要关头。我问我自己谁更重要：是我还是基金？我是自己命运的主宰还是我个人创作的奴隶？我对这个问题给出了有利于自己的答案：我赢了，但我的基金亏损了——这是唯一一次它的亏损超过 20%；精确地说，在 1981 年亏损达到了 22.9%。我向我的股东告知了这种认知危机，他们中的大部分赎回了自己的份额。基金规模被消减为原来的一半。我从主动管理中退出，并思考什么是我真正在乎的。这次深刻的自我反省带来了《开放社会》和本书。因为参与了这次实时的实验，我不得不重回主动管理基金的状态。这个实验吸引了我的注意力，而且基金的表现超越了以前。这是写这本书带来的丰厚的回报。

由此可知，我在乎我的概念框架超过了赚钱。（这个框架也包括开放社会的概念和基础网络的贡献，这些我在这里没有讨论细节。）事实是，我对于真理有强烈的兴趣，但是我不是很在乎钱，否则我不会放弃这么多赚钱的机会。老实说，我对真理的兴趣远远超过我对人性的兴趣——通过哲学我完成了我的慈善事业。我很高兴我做到了，因为我的慈善事业将我从追求利益而产生的孤立状态中解救出来。比起让自己融入对冲基金，我更高兴融入我的基础网络，但是对真理的追求远超于这两者，就像这番坦白展示的那样。

我注意到这是事实，不像我可以解释的事情那样，我大胆猜测，但是这会太过深入地将我代入到我个人经历中。不言而喻，我对真理的追求将远高于其他的想法。我对真理的爱是我个人的事，我不用为它牺牲一切，就如我作为一个销售员证明的，但是我沉浸其中时我感到很开心。

以我对真理的热忱为起点，我能据此构建两个有趣的观点。一个将展示金融市场作为一个追求真理的实验室的优势，另一个将赞美哲学的功绩。

◎ 将金融市场作为实验室

首先，金融市场对于寻求真理而言提供了一个优秀的实验环境。其原因不只在于数据的量化或名人效应，而更多的在于资本市场中情感的现实情况。这点会让很多人吃惊地认为金融市场偏离了现实情况，但其实是他们对现实的理解偏离了。玩转金融市场靠的是尽可能地贴合现实情况。当然，实际结果和预期之间肯定存在差异，但是实际结果就是这么残忍。在大多数现实情况中——无论对于政治学、个人还是业务关系——都有自欺欺人的可能。在金融市场中，实际结果是没有多大的空间容我们幻想的。金融市场对于自我意识来说是很不友好的：那些总沉浸在自己的幻想中的人，需要付出非常沉重的代价。事实证明，对于真理的兴趣是在金融市场成功的重要品质。

怎样把实际事件与真理关联起来？这种关联并不像乍看之下那么直截了

当。投资决策会带来一些意外后果，因此，一个成功的结局不会假设最初的决策是基于正确的理解的。

◎ 哲学案例

最后，我想真诚地重申哲学是所有知识和智慧的源泉。很明显我对于追逐真理有着狂热的兴趣，我想我已经陈述了这件事。现在我要举一个例子。

哲学渐渐失宠了。脱离了科学方法的限制，19 世纪的哲学家就会与现实世界脱轨，并醉心于他们创造的形而上学。受到自然科学功绩的鼓舞，逻辑实证主义率先向形而上学发起攻击。逻辑实证主义没能活跃多久——路德维希·维特根斯坦就因为对语言分析感兴趣而放弃了他的逻辑哲学论——但是，认为真正的问题反映在语言中的传统哲学流派从未从这种冲击中恢复过来。随后，统治哲学领域的语言分析学派认为，语言是知识的一种来源，但不是全部。这还不够，我们的认知还无法作为让我们能够停止思考一些永恒的问题的基础。关于思想和现实，关于一些意图的意义，以及其他许多，我们无法找到满意的答案，更准确地说，这些答案总是引发新的问题。我们已经受够了哲学，因为问题永无止境。但是这些问题是人类不确定性原则中的固有因素，只要这个原则有效，我们就不能停止疑问。一个批判性的思维模式对于更好地理解和改造世界是必不可少的，这是一个开放社会的基础。

我认为人类不确定性原则在对人类存在状态的理解中前进了一步。它告诉我们，包括哲学在内的所有的人类创作都是有瑕疵的。但这不是我们抛弃哲学的理由，我们需要时刻注意，不要因为无限的疑问而让答案远离现实。反身性理论是一个哲学理论，而不是一个科学理论。正因如此，它更不该被忽略，但它应该准备接受现实的检验。难道我们还能找到一个比金融市场这个容不下任何借口的实验室更适合检验这个理论的场所吗？

卡尔·波普尔和路德维希·维特根斯坦在英国剑桥时曾有过一段著名的讨论，这后来成了一本畅销书《维特根斯坦的扑克》（*Wittgenstein's Poker*）的主题。波普尔觉得哲学应该解决实际问题，而维特根斯坦认为哲学只能解决字面上的问题。我的论证支持波普尔。

第 1 部分

理　论

第一章 | Chapter 1

股票市场中的反身性

为了发展反身性理论，我将从股票市场开始谈起。原因有下：一，我是拥有近25年资历的投资者，对股票市场最为熟悉；二，股票市场中的变化由定量分析领域专用语言表达且金融数据易获取，甚至参与者的观点在非农业报告中也一目了然，因此股票市场为检验金融理论提供了一个优越的实践场所。最为重要的一点是，我已经在股票市场中实地检验了我的理论，至少可以提供一些有趣的研究案例。

诚如我在导论中所提到的，反身性思想的发展最初并未同我在股票市场中的活动联系起来，反身性理论始于抽象的哲学思辨，后来我逐渐地发现了它同股票价格行为的相关性。在我所构思的抽象层面中，我的理论表述还是极不成熟的，因为与本人成功的投资职业生涯相比，我的哲学造诣便相形见绌。我将从我所得出的结论开始，通过逆向追溯思想发展的方式来对我的观点进行论述，或许这样便能够避免自身迷失在晦涩难懂的抽象探讨之中。

从股票市场谈起的另一个原因是，股票市场能够提供研究反身性现象的最佳切入点，与其他任何市场一样，股票市场满足充分竞争理论的标准：一个中央市场，同质的产品，低廉的交易和运输成本，便捷的通信系统，足够数量的参与者以保证没有人能够在日常的交易过程中左右市场价格，内部交易的控制规则，以及向所有参与者开放有关信息的特殊保障。除上述条件外，还能要求什么更好的条件呢？因此在股票市场对充分竞争理论进行实践最合适不过了。

问题在于，我们未能发现任何可以证明价格会均衡的经验证据，哪怕是价格朝向均衡方向发展的趋势的经验证据，因此，均衡概念往好了说是不相干，往坏了说是误导人。无论选择多大的时间跨度作为观察的周期，经验证据均表现出持续性的价格涨落。当然，被假定为反映在股票价格中的基本状况也在不断地变化，但是，在股票价格的变化和基本状况的变化之间，难以建立起任何稳定的相关关系，而勉强建立起来的无论何种关系都是人为的而非观察的成果。如果我打算应用反身性理论批判古典经济学执迷于均衡观念这一错误，那么，股票市场就是最好的例证。

关于股票价格的波动，现行的理论多似是而非，它们对场内的交易者谈不上有什么帮助，我甚至并不很了解这些理论，没有它们我也照样过得去，仅此一点即足以说明问题。

大致上，有关理论可以归入两个类型：基础性的和技术性的。最近，随机漫步理论开始流行起来，这个理论坚持认为市场将一切未来的发展充分地作了贴现，以至于个别参与者超越或低于市场（平均获利能力）的机会是均等的。这一观点为日益增多的投资于指数基金的机构作了理论证明，但它显然是错的——本人在 12 年的时间里持续取得超出市场平均水平的业绩，仅此一点即足以证明其荒谬。投资机构可能是经过慎重考虑后才对指数基金进行投资，这样可以不用做出具体的投资决策，但他们之所以如此是因为他们自身的业绩表现不佳，而不是市场平均水平无法超越。

技术分析派研究市场变化和股票的需求与供给模式。它的优点在于判断事件的概率而不是作出实际的预言，就本书讨论的主题而言，它并没有特别的价值。这一派谈论的无非是股票价格由供求决定、过去的经验同未来的市场表现具有相关性之类的老生常谈。

相比之下，基础性分析要有趣得多，它是均衡理论的产物。股票应该具有真实的基本价值，这一价值不一定等于其市场价格。股票的基本价值可以根据潜在资产的收益能力来定义，也可根据其他股票的基本价值来定义。在任何一种情况下，股票的价格在一个时段里都应趋向于其基本价值，从而为基本价值的分析提供一个有用的投资决策的指标。

值得关注的一点是，该方法假设股票价格和该公司的经营状况之间的联系是正相关的。公司的经营状况决定了——尽管可能存在滞后——各种股票在股票市场交易的相对价值，但是股票市场的行情变化左右公司经营状况的可能性在这一方法中却未予以考虑。这一点同价格理论很相近，无差别曲线形状确定了消费的相对总量，但市场影响无差别曲线形状的可能性却被忽略了。这种相似当然不是偶然的，因为基础性分析是以价格理论为基础的。但是忽略上述情况而给股票市场带来的影响要比其他市场大得多，股票市场上的估价会直接影响股票的潜在价值，而股票市场则可以通过股票、期权的发行和回购，各种公司交易——兼并、收购、上市、私有化等方式带来这种直接影响。股票价格甚至可以影响一家公司的地位及信用评级、消费者接受程度、管理者信誉等，这些因素对股票价格的影响当然得到场内人士的充分承认，奇怪的是，股票价格对这些因素的影响却没有在基础性分析法中体现。

交易价格和基本价值之间的差别，可以归因于尚未认清的、但已经为股票市场所正确预见了的该公司的未来变化。基础分析派认为，股票价格的变动准确地预报了公司未来经营状况的变化。关于如何利用这一点对公司（市场、股票价格等）的未来发展进行贴现的问题，目前尚在争论中，尽管理论上还有待于证明，但这并不妨碍他们假定市场可以准确地作出这类预报，我们可以将这种想法简化为一个口号：市场永远是正确的。这个主张深入人心，连反对基础分析派的人士也点头称是。

对于上述问题，我的观点刚好相反。我不相信股票价格是潜在价值的被动反映，更不相信这种反映往往与潜在价值相对应。我认为市场的估价总是失真的，不仅如此——这是对均衡理论的决定性背离——这种失真会影响潜在价值。股票价格不是单纯的被动的反应，它在决定股票价格和公司经营状况的过程中发挥着积极的作用；换言之，我将股票价格的变化看成是历史过程的一部分，并且我关注的是参与者的期望和事件的实际过程之间的差异，以及这种差异在这一过程中所起的作用。

为了解释这一过程，我将以上述差异为出发点。我不排除事件实际上可能与人们的预期一致，但却将这一差异视为特例。用市场术语来说，我认为市场参与者总是有这样或那样的偏向性。我不否认市场时常显示出神奇的预示或预期功能，但这可以解释为参与者的偏向给事件过程带来的影响，例如，人们普遍相信股票市场能够预测经济衰退，实际上应该说它促成了预期中的萧条成为现实。这样，我就用另外两个主张取代了“市场永远正确”的迷信：

1. 市场总是表现出某种偏向；
2. 市场能够影响它预期的事件。

这两个主张结合起来解释了为什么市场似乎经常能够正确地预期未来事件。

以参与者的偏向作为出发点，我们可以试着建立起参与者的偏向和他所参与的情境之间相互作用的模型；难点在于，参与者的偏向是所参与的情境的一部分。研究如此复杂的情境，我们必须采取简化的方法，参与者的偏向就是这样一个简化的概念，现在我想更进一步：引入主流偏向（Prevailing bias）的概念。

市场中存在着为数众多的参与者，他们的偏向必定是各不相同的，其中许多偏向彼此抵消了，剩下的就是我所谓的“主流偏向”。这个假设并非对所有的历史过程都合适，但的确适用于股票市场和其他市场，能够综合诸多个人偏向进行分析，是因为它们有一个共同点，即股票的价格。在其他历史过程中，参与者的偏向过于分散，无法综合，主流偏向只能是一个象征性的概念，因此可能引入其他模型，但在股票市场中，参与者的偏向在股票买进和卖出交易中得到体现。其他条件相同时，正的偏向导致价格上涨，负的偏向导致下跌，因此，主流偏向是一种可观察的现象。

其他因素个个不同，我们需要对“其他因素”了解得更多些才能建立我们的模型。在此我将引进第二个简化概念。假定存在一个“基本趋势”，无论投资者是否意识到，该趋势都将影响股票价格变化，其对于股票价格的影响及程度，视市场参与者的偏向而定，绝非一成不变。以这两个概念作为基础，就可以把股票价格的运动趋势拟想成“基本趋势”和“主流偏向”的合成。

这两个因素如何相互作用呢？请读者回忆一下前边提到的两种函数关系：参与函数和认识函数。基本趋势通过认识函数影响参与者的认知，认知所引起的变化又通过参与函数影响情境。在股票市场中，首当其冲受到影响的就是股票价格，股票价格的变化又反过来对参与者的偏向和基本趋势同时施加影响。

此时存在着一种反身性的关系，其中股票价格取决于两个因素：基本趋势和主流偏向，这两者又反过来受股票价格的影响。股票价格和这两个因素之间的相互作用不存在常数关系：在一个函数中的自变量到了另一个函数中就成为因变量。常数关系不存在，均衡的趋势也就无从谈起。市场事件的序列只能解释为历史性的变化过程，其中没有一个变量——股票价格、基本趋势、主流偏向——可以保持不变。在一个典型的市场事件序列中，三个变量先是在一个方向上相互强化，接着又在另一个方向上以最简单的且为人所知的形式相互强化，该形式即繁荣与萧条。

首先，定义几个概念。如果股票价格的变化加强了基本趋势，我们称这个趋势为自我加强，当股票价格的变化作用于相反的方向时，则称之为自我矫正。同样，主流偏向也可能存在自我加强或自我矫正。理解这些术语的意义是很重要的，当趋势得到加强时，它就会加速，当偏向得到加强时，预期和未来股票价格的实际变化之间的差异就会扩大；反之，当它自我矫正时，差异就缩小。至于股票价格的变化，我们可以简单地描述为上升的和下降的，当主流偏向推动价格上涨时，我们称其为积极的；当它作用于相反的方向时，则称为消极的。上升的价格变化为积极的偏向所加强，而下降的价格变化为消极的偏向所加强，在一个繁荣 / 萧条的序列中，我们希望找到至少一个上升的价格变化为积极偏向所加强的阶段，以及一个下跌的价格变化为消极偏向所加强的阶段。同时一定还存在着某一点，在这一点上，基本趋势和主流偏向联合起来，扭转了股票价格的变化方向。

现在已经可以初步建立一个繁荣和萧条的交替模型了。首先假设存在着尚未意识到的基本趋势——尽管可能存在股票价格未反映主流偏向的情况，这意味着，主流偏向在开始时是消极的。当市场参与者意识到了基本趋势，认识上的变化将（通过投资决策）影响股票的市场价格，股票价格的变化也可能影响基本趋势，在后一种情况中，问题到此为止，无须进一步；而在前一种情况下，我们便开始进入了自我加强的过程。

加强的趋势将以两种方式影响主流偏向，从而导致进一步加速的预期或矫正的预期。如果是后者，经过股票价格变化的矫正，这个基本趋势可能继续也可能终止；如果是前者，则会产生积极的偏向，这种积极的偏向会使股票价格进一步上涨，并且会进一步加速基本趋势的发展。只要偏向是自我加强的，预期甚至比股票价格还要升得快。基本趋势愈益受到股票价格的影响；与此同时，股票价格的上涨则愈益依赖主流偏向的支撑，从而造成基本趋势与主流偏向两者同时滑入极其脆弱的状态；最后，价格的变化无法维持主流偏向的预期，于是进入了矫正过程。失望的预期对股票价格有一种消极的影响，不稳定的股票价格的变化削弱了基本趋势。如果基本趋势过度依赖股票价格的变化，那么矫正就可能成为彻底的逆转，在这种情况下，股票价格下跌，基本趋势反转，预期甚至会进一步下跌，这样，自我加强的过程就朝相反的方向启动了，最终，低迷的经济达到顶点后出现逆转。

典型的情况是，一个自我加强的过程在早期会进行适度的自我矫正，如果在矫正之后这一自我加强的过程仍然得以持续，那么这一偏向将得到加强和巩固，且不易动摇。当这一过程继续下去时，矫正行为就会逐渐减少，而在趋势顶点逆转的危险则增大了。

我在下页勾画了一个典型的繁荣/萧条的序列过程，它可以用两条大致同向的曲线加以描述。一条代表股票价格，另一条代表每股收益，将收益曲线拟想成基本趋势的一个标度是很自然的，两条曲线之间的差距则是主流偏向的标示。具体的关系当然复杂得多。收益曲线不仅融合了基本趋势，也融合了股票价格对该趋势的影响。两条曲线之间的差异仅能反映一部分主流偏向，其他部分的主流偏向则反映在曲线本身当中。由于只能观察到部分现象，因此这些概念在操作上困难极大，这也是选择可观察的和可定量的变量的原因——虽然后面将会谈到，每股收益的可定量性是颇具误导性的。就目前而言，我们可以假设投资者感兴趣的“基本因素”是以每股收益来衡量。

这两条曲线的一个典型走向可能如图 1–1 所示。起初，对基本趋势的认定在一定程度上是滞后的，但该趋势很强劲，并且在每股收益中表现出来（A–B）。基本趋势被市场认可后，开始得到上升预期的加强（B–C），此时，市场仍然非常谨慎，趋势继续发展，时而减弱时而加强，这样的考验可能反复多次，在图中只标出了一次（C–D）。结果，信心开始膨胀，收益的短暂挫折不至于动摇市场参与者的信心（D–E）。预期过高，现实中的市场无法继续维持这一趋势（E–F）。偏向被充分地认识到了，预期开始下降（F–G）。股票价格失去了最后的支持便开始暴跌（G）。基本趋势反转过来，加强了下跌的力量。最后，过度的悲观得到矫正，市场得以稳定下来（H–I）。

应该强调，这只是一条可能的路径，是一个基本趋势和一种主流偏向之间相互作用的结果。在现实中，基本趋势可能不止一个，主流偏向也会有各种微妙的差别，因此事件的序列过程可能会有迥然不同的路径。

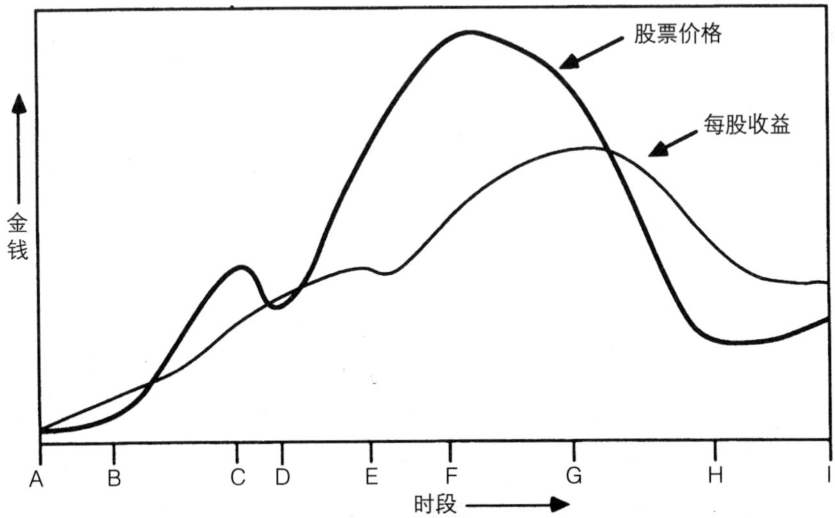

图 1–1　股票市场中的反身性

关于模型的理论结构还可以说上几句。我们感兴趣的是参与者的偏向和事件实际过程之间的相互作用，然而参与者的偏向并没有直接出现在模型中，两条曲线都是事件实际过程的表现。部分主流偏向融入了这两条曲线之中，并且通过这两条曲线之间的差异体现出来。

这个结构的主要价值是，它采用了可定量化的变量。股票价格可以反映同参与者的偏向有关的情况。在其他历史过程中，同样存在着通过认识函数和参与函数两种方式与参与者的认知发生内在联系的情境，但辨别和定量化的研究则困难得多。这一便捷性，使股市成为研究反身性现象的一个非常有效的实验室。

遗憾的是，模型只提供了一部分确定股票价格的解释，基本趋势只是一个起占位作用的符号，以表示“基本因素”中的变化，在这个概念中并未定义基本因素包括哪些内容，甚至回避了基本因素应当如何度量的问题。收益、股息、资产价值、自由现金流量，所有这些标尺都是相关的，其他的标尺也不例外；然而，对每一种标尺所赋予的相对权重却取决于投资者的判断，即受制于投资者偏向。当然，每股收益是一个可用的概念，但它会引起更多的问题，长期以来，股市分析家们对此一直争论不休，所幸这一困难并不妨碍我们继续发展反身性理论。

即使对基本因素一无所知，我们还是可以作出一些有价值的概括。第一个概括是股票价格一定会对基本因素（不管它们是什么）产生影响，由此产生繁荣/萧条的模式。有时，这种联系是直接的，我在后面会给出几个例子，但多数情况下则是间接的，往往要通过诸如税收、管制或对储蓄和投资的态度的变化等政治程序才能产生影响。

即使基本趋势保持不变，在股票价格和主流偏向之间仍然很可能存在着一种反身性的联系。但是，只有在涉及基本趋势时，这种联系才会引人关注。假设基本因素没有变化，主流偏向也可能得到迅速的矫正，这正是我们在股票市场的日常变化中所观察到的现象，将这种偏向仅仅视作噪音而加以忽略是很正常的，充分竞争理论以及基本因素派的证券分析就是这么做的。相形之下，当基本因素受到影响时，如果没有出现严重的失真问题，就不能忽略这种偏向，因为偏向会引起自我加强 / 自我消减的过程，在这个过程里，股票价格、基本因素、参与者的偏向都会出现变化。

第二个概括是参与者对基本因素的认知必然含有某种缺陷，起初也许并不明显，但以后会表现出来。当这种缺陷产生作用时，它就会启动主流偏向的逆转阶段。如果偏向变化扭转了基本趋势，自我加强的趋势就开始朝着相反的方向运动。缺陷在哪里？表现方式是什么？又在何时表现出来？这是理解繁荣 / 萧条模型的关键。

前面的模型建立在这两个概括之上，当然，模型是极其粗糙的。它的价值在于，我们可以借助它来辨别典型的繁荣 / 萧条序列过程的决定性特征。其中包括：投资者尚未意识到的趋势、自我加强过程的启动、成功的检验、导致现实和预期之间的差异越来越大的日益增长的信念、投资者认知中的缺陷、市场形成高潮、反向的自我加强过程，只有辨别出这些特征，我们才能对股票价格的变化有所理解。但是，我们不能指望从一个初始的模型中得到更多的东西。

在任何情况下繁荣 / 萧条模型都不能取代基本分析，它的作用仅限于提供基本分析中所欠缺的成分。原则上这两种方法可以调和，基本分析试图确定潜在价值如何反映在股票价格中，而反身性理论则表明了股票价格如何影响潜在价值，一幅是静态的图景，另一幅则是动态的。

尽管只能就股票价格的运动提供部分的解释，但这一理论对于投资者来说仍然可能是非常有用的，因为它阐明了一种其他投资者未能领会到的市场关系。投资者只有有限的资金可供调度，也只有有限的情报进行操作。他们无须成为万事通，只要自己的悟性比别人稍好一些，就可以占尽上风。有关证券分析的专业化的知识尽管各有所长，但都未能切中投资者关心的要害问题，反身性理论长于理解并辨别具有历史性意义的价格变化，因此能够直达问题的核心。

在我本人的投资生涯中，前述模型已经证明了它能够带来相当丰厚的投资回报。表面看来，这个模型是如此简单、如此吻合于人们惯用的股票市场模型，想来每个投资者应该都不会对它感到陌生。然而实际情况却远非如此。为什么会这样呢？我认为，这一现状在相当程度上是由于参与者观念上的错误所造成的。这种观念源自古典经济学，再向前则可以回溯到自然科学的理论结构，人们坚持认为，股票价格是某种基本的现实因素的被动反映，而不是历史过程中的一个有效因素。这显然是错误的，值得注意的是，人们并没有清醒地认识到这一点。当然，投资者们确实了解我所指出的市场过程，也确实对它们作出了反应，唯一的区别是，他们的动作慢了一步。选用合适的模型，留意寻找决定价格曲线形状的关键特征，这才是我的优势。

我第一次系统地应用这一模型是在 20 世纪 60 年代后期，正值集团企业热时期，它帮助我在繁荣和萧条两个阶段中都赚了钱。

集团企业热的关键起因是投资者中盛传的各种误解。投资者们只知道每股收益的评估增长了，却未能看穿实现增长的方式。很多公司掌握了通过收购取得收益增长的方法。一旦市场开始对它们的表现作出正面反应，事情就简单多了，因为它们可以在收购其他公司时将自己的高价股票作为支付工具。

这一套把戏的原理是这样的：首先，假设所有公司取得了同样的内部收益增长，但收购公司的股票以两倍于被收购公司市盈率的价格出售，如果收购公司得以实现规模加倍，其每股收益将跃升 50%，企业成长率亦相应提高。

事实上，早期的集团企业都是那些实现了较高的内部增长率，并因此在股票市场上赢得高倍市盈率的企业。几个主要的开拓者都是具有很强的国防背景的高技术公司，其管理人员意识到它们过去那种历史性的增长率不可能无限期地维持下去，如 Textron、Teledyne、Ling-Temco-Vought（即后来的 LTV）等，于是它们开始收购更多的市场（市盈率）表现平庸的公司；但是，随着每股收益增长加速，其市盈率上升而非下降。它们的成功吸引了模仿者，后来连最不起眼的公司也能够借助收购狂热而以高倍市盈率的价格在市场上交易。例如，Ogden 公司，其主要收益来自废金属交易，然而，其股票在巅峰时竟卖出 20 倍于收益的价格。最后，一家公司甚至只要做出保证采取收购行动并争取成功，就足以赢得高倍的市盈率。

经理们发明了专门的会计处理技术，增强了收购的冲击力，他们还把一些新的处理方法引入了被收购的公司：合理化操作（streamling operation）、资产变卖，以及普遍的在净收益上所做的手脚。可是，比起收购行为对每股收益的影响来说，这些手法可谓小巫见大巫了。

投资者的反应就像是印第安人见到了烈酒。起初，每一个公司的记录都是基于其本身的价值的。可是集团企业逐渐成为被认可的群体，于是出现了一批新型的投资者，即所谓的速利基金经理，或“快枪手”。他们与集团企业的经理人员建立起特殊的亲密关系，双方开通了热线联系，集团企业将所谓的“库存股票”直接存放于投资者那里，最后，集团企业几乎可以随心所欲控制股票价格和收益。

事件的发展遵循着我在模型中所刻画的路径，市盈率猛升，现实的市场终于无力承受预期的重负，尽管游戏还在进行，但已经有越来越多的人意识到，支撑着市场繁荣信心的仍是一个错误的理念，收购的规模越来越大，非此则不足以保持增长的势头，直到最后其规模达到了极限点。整个过程的高潮是索尔·斯坦因伯格（Soul Steinberg）收购化学银行的行动，但却以该银行的反击而告失败。

股票价格开始下跌，下降的趋势进入自我强化的程序。收购对每股收益的有利影响消失了，新的收购成了不明智的举动，在迅猛的外部增长期间被隐藏的内部问题暴露出来了。收益报告揭示了令人不快的问题，投资者如梦初醒，公司经理们人人自危，令人兴奋的成功已经过去了，日常管理的琐屑事务无人愿意打理，这种困境又因经济衰退而加剧，许多趾高气扬的集团企业崩溃瓦解，投资者作了最坏的打算，最坏的结果也确实出现了，对于其余的公司，实际表现要优于市场的预期；最后，股票市场的形势逐渐稳定，生存下来的公司多数进行了管理层的大换班，然后艰难地从废墟底下挣扎出来。

集团企业的繁荣特别适于证明我的初步模型，因为其“基本因素”很容易定量化。投资者把他们对股票的估价建立于每股收益报告的基础上。无论图表数字多么缺乏意义，它们还是提供了与我的理论原型极其吻合的图形（见图 1–2，图 1–3，图 1–4）。

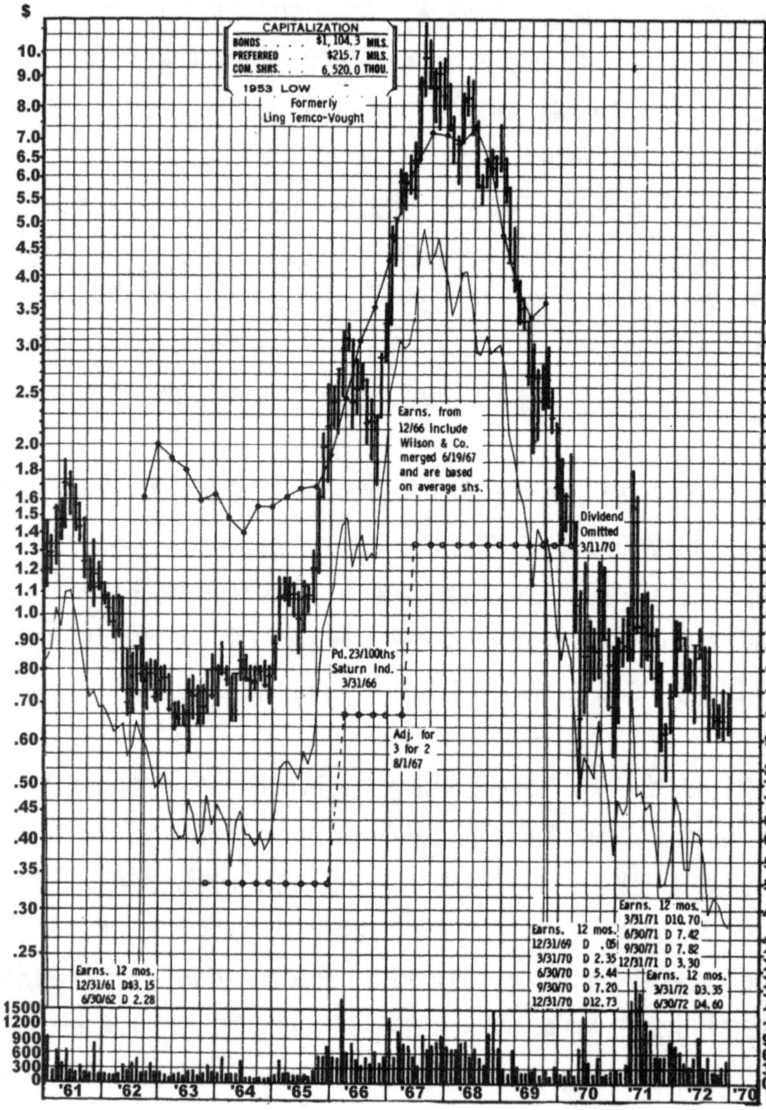
CAPITALIZATION
BONDS . . . . $1,104.3 MILS.
PREFERRED . . $215.7 MILS.
COM. SHRS. . . 6,520.0 THOU.
1953 LOW
Formerly
Ling Temco-Vought
Earns. from 12/66 include Wilson & Co. merged 6/19/67 and are based on average shs.
Pd. 23/100ths Saturn Ind. 3/31/66
Adj. for 3 for 2 8/1/67
Dividend Omitted 3/11/70
Earns. 12 mos. 12/31/61 D$3.15 6/30/62 D 2.28
Earns. 12 mos. 12/31/69 D .05 3/31/70 D 2.35 6/30/70 D 5.44 9/30/70 D 7.20 12/31/70 D12.73
Earns. 12 mos. 3/31/71 D10.70 6/30/71 D 7.42 9/30/71 D 7.82 12/31/71 D 3.30
Earns. 12 mos. 3/31/72 D3.35 6/30/72 D4.60
'61 '62 '63 '64 '65 '66 '67 '68 '69 '70 '71 '72 '70

图 1–2 LTV 公司

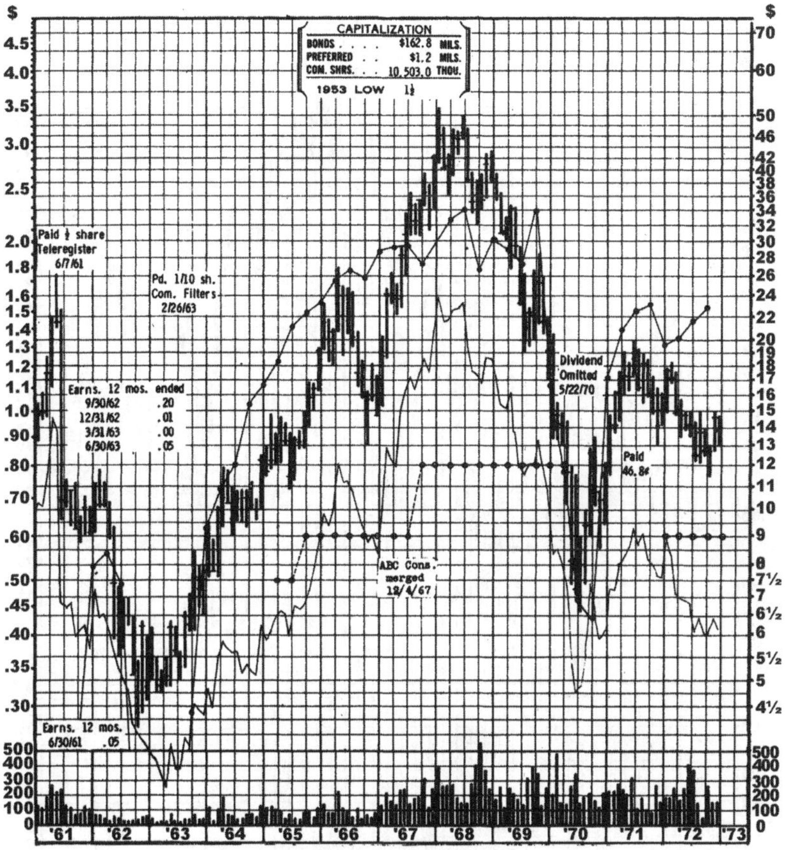

图 1–3 OGDEN 公司

在理解和把握集团企业的繁荣 / 萧条的变化的过程中，我最成功的一例是对不动产投资信托（Real Estate Investment Trust），即所谓 REITs 的投资进行操作。这是一种根据立法授权产生的特殊法人组织形式，它们的主要特征是在分配收入时可以免交公司税，前提是将全部收入悉数分配。直至 1969 年，这个由立法授权催生的机会在很大程度上尚未得到很好的利用。从那以后，REITs 开始大批成立。我目睹了它们的创立，并从我与企业集团打交道的经验中认识到了这类公司在发动一轮繁荣 / 萧条序列过程的潜力。为此我发表了一篇研究报告，其主要部分如下。

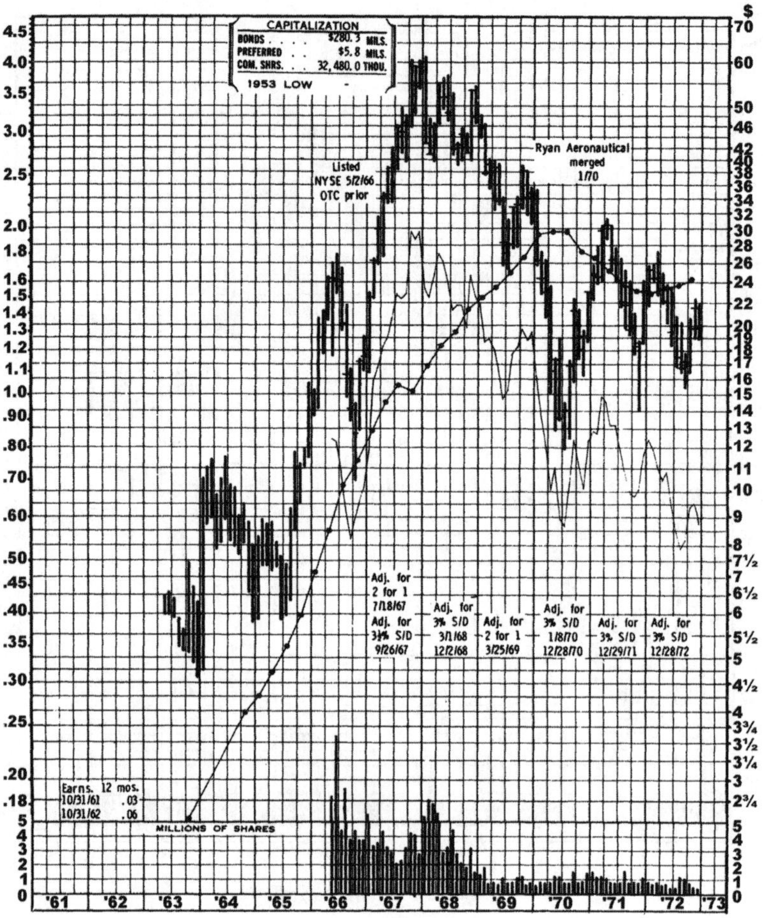

图 1–4 TELEDYNE 公司

丨抵押信托案例研究丨

（1970 年 2 月）

概　念

表面上，抵押信托类同于预期实现高额当期收益率的共同基金，实际却不然。抵押信托的魅力在于它们能够以超过账面价值的溢价出售追加股份，从而为股东带来资本收益。如果信托单位账面价值为10美元，股本收益率12%，以每股20美元的价格抛售追加股份，令其股本翻番，账面价值将升至13.33美元，每股收益由1.20美元升至1.60美元。

出于对高收益和每股收益高增长率的预期，投资者们愿意支付一笔溢价。溢价越高，信托（的股票）就越容易满足他们的预期。这个过程是一个自我加强的过程，一旦进展顺利，信托就可以在每股收益上表现出一种稳定的增长，尽管实际上它将收益全部作为股息支付了出去。较早参与这一过程的投资者能够享受到高额股权收益、上升的账面价值，以及超出账面价值的不断上涨的溢价的综合效益。

分析步骤

证券分析的惯用方法首先是尝试预测将来的收益水平，然后推测投资者可能愿意为这一收益而支付的股票价格。这一方法不适用于分析抵押信托，因为投资者为这些股票支付高价的意愿是决定将来收益的重要因素。

在此，我将预测整个自我加强过程的未来发展趋势，而不是分别预言将来的收益和估价。首先要确定相互加强的三个要素，用它们勾勒出一个可能的发展过程的脚本。这三个因素是：

1. 抵押信托资本的实际回报率；
2. 抵押信托规模的增长率；
3. 投资者的认可，比如，在给定的每股收益增长率下投资者所愿意支付的市盈率。

脚　本

第一幕：目前，建筑贷款的实际收益处于最佳状态，不但利率高而且损失处在一个相对较低的水平上。住宅需求尚未充分满足，新住宅很容易找到买主；由于资金短缺，那些真正开始实施的项目便有充分的理由进行贷款。仍在营业的建筑商比之繁荣末期时更为富裕和可靠，他们将竭力加快施工进度，因为资金实在是太昂贵了。劳动力和原材料的紧缺确实会造成违约和延误，但上涨的成本可以使抵押信托在不损失的情况下清偿他们的承付款项。

货币供应紧张，临时资金来源相当有限。投资者已经开始接受抵押信托的概念，因而新信托的成立和现有信托的扩张成为可能。自我加强的序列过程启动了。

第二幕：一旦通货膨胀压力减轻，建筑贷款的实际收益率就会下降。但是，与此同时却会出现一个房地产的旺季，可以指望在有利可图的利率水平下获取银行贷款。由于杠杆率升高，因此即使实际收益下降，股权资本收益率仍然得以维持。随着市场的发展和投资者的认可，超出账面价值的溢价可能会继续上升。抵押信托公司可以充分利用这一溢价，并且其规模和每股收益同时迅速上升。既然进入这个领域不受限制，抵押信托公司的数量也就不断增加。

第三幕：自我加强的过程将一直持续，直至抵押信托公司争取到建筑贷款市场的一个可观份额。日益加剧的竞争迫使他们冒更大的风险。建筑行业弥漫着投机的气味，呆账增加了。最终房地产的繁荣难以为继。全国各地都出现了房产过剩的现象，房地产市场趋向疲软，价格暂时下降。此时，必定有一些抵押信托公司在其资产组合中出现大量的资产负债，银行就会感到恐慌，要求各个公司按贷款额度偿还。

第四幕：投资者的失望情绪将影响集团估值，较低的溢价和放慢了的增长率将反过来降低每股收益的增长。市盈率下降，整个集团将经历一段洗牌期。幸存的企业走向成熟，该行业几乎没有新的进入者，还可能会实施某些管制，现有的企业将稳定下来并实现温和增长。

评 估

淘汰过程在相当长的时间后才会见出分晓。在此之前，抵押信托公司的规模早已成倍扩张，抵押信托的股份将会取得巨额的收益。暂时不存在令投资者踌躇不前的威胁。

当前的真实威胁在于自我加强的过程可能根本不会启动。在如此严重的市场衰退期间，即使是12%的股权资本收益率也不能吸引投资者付出任何溢价。由于担心这一点，我们更倾向于期待另一种环境的来临。在那里，12%的收益比之今天会更有吸引力。最好是在近几年集团企业和计算机租赁公司的自我加强过程结束，进入淘汰期之后。在这样一种环境里，应该会有足够的资金来支撑一个刚启动的自我加强过程，特别应当认识到的是，它已经成为场内唯一可能的游戏了。

即使这一程序未能启动，投资者也可以找出避免账面价值下降的办法。新的信托公司以账面价值加上包销佣金（通常为10%）的股价上市，绝大多数最近成立的信托公司以仍然适中的溢价销售其股份，我们应该记得，在其资产充分用于临时贷款后，抵押信托公司可以在不计杠杆的情况下获得11%的账面收益，在1∶1的杠杆条件下获得12%的账面收益。超出账面价值的适中溢价，甚至在没有增长的情况下似乎也是合理的。

如果自我加强的程序真的启动了，善于经营的抵押信托公司的股东们在未来几年里就可以享受包括高额的股权资本收益、账面价值上升和溢价上升的综合效益。

至于其资本收益的潜力，可以回想一下近期股市历史中那些自我加强过程起始阶段的情景。

这份报告的经历是颇为有趣的，当时速利基金经理在集团企业倒闭中蒙受严重亏损。由于他们有权分享利润却不必分摊管理基金的损失，他们也就热衷于抓住任何可能迅速赢利的机会，他们本能地明白自我加强程序的原理，既然他们刚刚参与了一个这样的过程并急于采取下一轮的行动，那么这个报告便得到了热烈的反响。起初我并不知道，后来克利夫兰的一家银行打来电话索要一份新的复印件，我才意识到它受重视的程度，因为他们那份经过多次复印再也无法辨认了。当时，抵押信托公司还不是很多，但人们急于寻找可投资的股

票，以至于在一个月左右的时间里这些公司的股票价格就翻了一番。需求创造了供给，一股发行新股的浪潮涌进市场。在人们意识到抵押信托公司可以无休止地供给其股份之后，股票价格迅速下跌，就像当初迅速升起来一样。显然，报告的读者未料想到新公司这么快就进入市场从而矫正他们的错误，然而正是狂热购买促发了报告中所勾勒的自我加强的过程。后来发生的一切遵循了报告里描述的过程，抵押信托公司的股票出现了一轮高涨，尽管不像报告刚发表时那样强劲，但实际上却远为持久。

我大力投资于抵押信托公司，市场对那份研究报告的反应超出了我的预期，因此而获利就是很自然的了。接着我为自己的成功而忘乎所以，在不景气时积压了一笔可观的存货，我坚持着，甚至还增加了我的持仓，我密切注意这些企业的发展长达一年之久，适时卖掉了我的持仓并获利丰厚。此后我即同这些企业断了联系，直到数年后问题开始暴露出来。我禁不住想开设一个空头账户，可是我不再熟悉这个领域，这对我很不利。不过，在我重读了自己几年前写下的这份报告后，我为自己的预言所折服，我决定立即卖空这批股票。当股价下降时，我卖空额外股份，保持我的敞口水平。早先的预言实现了，大部分的抵押信托公司破产了。我在空头上的赢利超过了100%——考虑到空头的最大利润就是100%，这种成绩简直匪夷所思（其解释是由于我一直在抛售额外的股份）。

如集团企业的繁荣以及REITs那样的自我加强/自我消减的周期变化并非每天都会发生。其间会有很长的一段休闲期，那时这方面的专家将无所用其长。然而，这并不意味着他会挨饿。基本趋势和投资者的认识两者之间的差异一直存在着，精明的投资者可以利用这一点。新行业崛起了，或者旧行业卷土重来，通常情况下，它们起初并未得到充分遵循。例如，军费开支经过长期削减之后于20世纪70年代初开始回升之际，只有两三位经济分析家真正注意到了这一行业，尽管它代表了经济的一个重要份额。其余的分析家则过于消沉，没有看出一个重大的变化趋势正在形成，那是一个投资于国防股票的绝好时机。有一些高技术国防股票从未为任何一位分析家眷顾过，如E系统股份有限公司，又如一些在倒霉的日子里经营困难，而现在试图引入多种经营摆脱过于依赖国防订单困境的走向成熟的公司，如桑德斯联合公司，还有卷入贿赂出售飞机丑闻的公司，如诺斯洛普和洛克希德公司。

就国防股票而论，没有发生自我加强的过程，但投资者的认可确实有助于股票上涨，实际上，投资者的偏向对基本因素毫无影响的情况是极为罕见的，即使是对国防概念股票，主流偏向也发挥着重要的作用，只不过是消极的。洛克希德不得不由政府出面担保，而像桑德斯之类的公司则被迫按如今看来非常低廉的价格出售可转换债券来调整其债务结构。只有在消极偏向得到矫正之后才出现了非常微弱的正面反馈：公司不再需要额外资本，而曾经遭受重创的管理层也对分散投资而不采取防御措施心存疑虑。不过也有一些例外，如联合航空公司，但投资者的偏向从未变得足够积极以容许自我加强的过程开始走上正轨：联合航空公司在收购许多公司时是以现金支付的方式成交的，所涉及的股票又没有明显地提高收益，其结果是一个更为庞大的多种经营的公司，因而看不到其股票价格出现大起大落的情形。

最有意思的消极偏向也许发生在技术股票市场中。1974 年股票市场崩盘后，投资者对需要通过外部渠道筹资以提高股权资本的公司都存有戒心。分散的数据处理公司尚处于早期的发展阶段，像 Datapoint 和 Four-Phase 那样的新公司成了开路先锋，而 IBM 则远远落在后面，市场实际上正在剧烈膨胀，但这些小公司却因筹资困难而举步维艰。它们的股票市盈率很低，不选择它们的主要理由是它们不可能通过迅速的增长满足产品的需求，而 IBM 最终将会进入市场，这个观点被证明是正确的，但等到这些公司变得庞大兴旺起来并且投资者变得愿意支付高倍市盈率之后，那些乐于向消极偏向开战的投资者将会得到优渥的回报。

在适合小公司生存的各种小环境汇集成一个大市场之后，它们中的大多数被更大的公司吞并，那些坚持独立的公司则陷入了困境。Datapoint 目前正以大大降低市盈率的方式寻找其安身之所，Four-Phase 最近被摩托罗拉公司收购，它如果继续经营，将会输得更惨。假如开始时市场对分散的数据处理公司的反应更积极些，早期的开发公司就有可能很快增长并生存下来，正如更早的微机热确实产生了一些像数字设备公司（Digital Equipment）和通用数据公司（Data

General）那样长盛不衰的企业。

接着，1975 年至 1976 年间的消极偏向让位于相反的情绪，表现为在 1983 年第二季度达到了高潮的风险投资热潮。事件的发展过程并不像在 REITs 中那样清楚，但这只是因为高科技企业并非同质的企业。在每一例中都可以观察到股票价格、主流偏向和基本因素之间具有同样的反身性相互作用，但准确地揭示它们则需要更专业化的技术。

逐利的投机资本的供给导致新企业一拥而上，每个公司都需要设备和库存，于是电子设备制造商和相关产品及零部件制造商得以坐享繁荣。由于电子设备企业成为自己产品的消费大户，行业的繁荣也就成为自我加强的了。但是企业过于分散化激化了竞争，在产品升级后，行业龙头逐步丧失其市场地位，因为负责开发新产品的管理者和发明家会离开原公司去创建新公司。行业不是随着企业规模同步增长，而是随着企业数目的成倍增加而增长，投资者没能看出这一点，结果，一般的技术股，尤其是新发行的技术类股票被大大地高估了。

这场新的发行股票的热潮在 1983 年第二季度达到了高潮。当股价开始下降时，新股的销售极为困难。最终风险资本的风险性实际上也就降低了。由于成立的公司很少，现存的公司也耗尽了现金，技术产品的市场疲软下来。竞争激烈，利润率下降。这个过程开始进入自我强化阶段，也许至今仍未探底。①

风险资本热潮并不是随后经济动荡的唯一原因——坚挺的美元和日本竞争力的崛起是同样重要的——但是股票的价格在两个方面对“基本因素”的影响都很明显。

集团企业和 REITs 的兴衰与风险资本热的区别在于，在前两种情况下基本趋势本身是建立在对投资者偏向的利用之上的，而在第三种情况下则不是。就集团企业而言，其思想是用扩大票据发行的方法收购其他公司，以 REITs 为例，其理念是资本杠杆，而新技术产品背后的理念则与股票市场无关。

---

① 1987 年 2 月附记：在眼下这种暴涨的形势中，这一论断当然已经过时。

要弄懂技术类股票的兴衰，我们必须对技术发展的根本趋势有所了解。而对于集团企业和 REITs 来说，除了反身性理论，我们几乎无须了解其他任何问题。

更重要的是，我们应该知道，对技术发展基本趋势了如指掌并不足以充分解释技术类股票的兴衰。我们还要了解基本趋势、主流偏向和股票价格之间的反身性相互作用。把这两种理解结合起来极为困难。希望熟悉技术的人必须持续地关注产业发展动态，想利用参与者的认知与现实之间的差异牟利的人，则必须不断地从一个行业集团转向另一个行业集团。大多数技术专家对反身性毫无认识，一厢情愿地指望永远维持充足的投资。他们的声望和影响以一种反身性的方式交替地增长或衰落。技术类股票的市场价格在近期下降之后，市场上似乎正在涌现出一批新的对投资者的心理过于敏感的分析家，经过一个适当的间隔，反主流偏向而行，根据基本趋势投资于技术类股票也许又将是有利可图的了。

由于不断需要补充新的专业知识，我在技术类股票中的投资总是不太顺手，最后，我成功地捕捉到 1975 年到 1976 年间的计算机行业的变化，并利用主流的消极偏向赚了一笔。在好几年里，我坚持持有自己的持仓，但后来还是卖掉了，从此无法掌握这个行业的内情。1981 年我犯了一个错误，没有加入由一位当时最成功的风险资本家所经营的风险资本基金，因为我认为繁荣不可能继续下去，投资者可能会来不及抽身撤出。显然，我对整体形势的理解是错误的。不管怎么说，他的投资者在 1983 年赚得了一大笔利润。到了那个时候，我手头的技术类股票早已出清，繁荣与我擦身而过。

甚至连集团企业和 REITs 的发展也不是完全独立的，外部的变化因素，诸如经济活动水平、调控措施，或者特殊事件（例如，收购化学银行的企图）等，在集团企业的繁荣中起着决定性的作用，而在不太“纯粹”的过程中，外部因素影响就更大了。

眼下我们正处于另一个自我加强 / 自我消减的循环之中，这种循环将作为 20 世纪 80 年代的兼并热潮而载入史册。这一次充当支付手段的是现金而不是膨胀的票据，交易的规模早已令当年集团企业的风头相形见绌了。兼并狂潮只不过是一场正在上演的宏伟历史剧中的一个场景，其深远的影响远远超出了股票市场，并且涉及政治、外汇市场、货币和财政政策、税收政策的突然变化、国际资本流动以及其他种种事件的发展。

我将尝试揭开这出历史剧的幕布，这可不像分析繁荣 / 萧条历史过程那样简单。这一更大的图景充满了反身性相互作用和非反身性的基本趋势，我们需要一个更复杂的模型，既能使一个繁荣 / 萧条过程向另一个的过渡，又能使若干反身性过程同步进行。

在着手这一雄心勃勃的工程之前，我要先考察另一个以恶性循环或良性循环为特征的市场：外汇市场。

第二章 | Chapter 2

外汇市场中的反身性[①]

反身性相互作用在股票市场中是间歇性的，而在货币市场上却是连续的。我试图证明，自由浮动汇率具有内在的不稳定性，并且，这种不稳定性是日积月累的，因此自由浮动汇率制度最终会崩溃几乎是毫无疑问的。

传统上认为，外汇市场的运动趋向于（货币供求的）均衡点，定值过高的汇率将刺激进口抑制出口，最后汇价将重新回到均衡水平。同样地，竞争力的改善反映在不断升值的汇率上，因为汇率升值减少了贸易顺差，从而可能重新建立均衡。如果投机者能正确预测未来外汇市场的发展，那么投机活动不仅不会扰乱这一均衡趋势，还会促成这一趋势，但如果他们预测失误，他们自己会受到惩罚，虽然基本趋势可能会推迟，但终究是不可阻挡的。

然而，自 1973 年实行浮动汇率制度以来的历史经验证明，这一观点是错误的，不是基本因素决定汇率，倒是汇率找到了一条影响基本因素的途径。例如，坚挺的汇率抑制了通货膨胀，工资保持稳定，进口商品价格下降；当出口商品中含有很大份额的（经过加工的）进口商品时，一个国家就能够几乎无限制地保持竞争力，哪怕其货币持续稳定升值，德国（西德）在 20 世纪 70 年代的经济表现就是如此。

事实是，国内通货膨胀率与国际汇率之间的关系不是单向的而是循环作用的。一方的变化可能先于另一方，但双方并非因果关系，而是相互影响，相互

① 本章写于 1985 年 4 月至 5 月，改于 1986 年 6 月。

加强的关系。将货币贬值与通货膨胀局面称为恶性循环，而将相反的情形称为良性循环，这样可能更为恰当。

恶性循环和良性循环的概念与市场均衡观念大相径庭。不过，只要反身性的、相互作用的自我加强关系能够无限期维持下去，它们就可以产生一种近乎均衡的状态。但实际情况并不是这样。自我加强的过程持续越久，它本身也就越脆弱，最终还是要自我逆转，启动一轮反向的自我加强的过程。这是一个完整的周期，其显著特征是不仅汇率而且利率、通货膨胀率以及 / 或者经济活动的水平都发生了大幅度的波动。

参与者的偏向给浮动汇率制度带来了不稳定的因素。若浮动汇率制度具备内在的均衡趋势，那么参与者的偏向就无法扰乱它，充其量也只能引起一些随机性的、短期的波动。但是，当因果关系呈现出反身性特点时，参与者的偏向就可能产生、维持或破坏一个恶性的或良性的循环。更有甚者，主流偏向作为循环关系的组成成分之一而自行其是。它表现在投机资本的流动中，这些流动可抵消贸易的不平衡因素，导致贸易顺差或逆差，无论在规模上还是在持续时间上都超过不受主流偏向影响时可维持的水平。当这种情况出现时，投机就成了一股破坏稳定的力量。

国际资本流动倾向于遵循一种类似于我们在股市中确认了的自我加强 / 自我消减的模式。但它不能直接运用，还必须对该模式进行重大修改使之符合货币市场的特点。在股票市场中，我们专注于两个变量间的反身性关系：股票的价格和一个单一的基本趋势。我们试图建立最简单的模型，并因此而简化了本来复杂得多的事实。在外汇市场上，我们不可能只用两个变量，即使是最简单的模型也要求 7 个或 8 个变量。在这里，我选择了 4 项比率和 4 个数量指标，其含义分别如下。

e：名义汇率（兑换一单位本币所需要外币的数量；↑ e= 上升的趋势）

i：名义利率

p：相对于国外价格水平的国内价格水平（↑ P= 国内价格增长快于国外价格，反之亦然）

v：经济活动水平

N：非投机资本流动 ⎫ ↑ = 流出增加

S：投机资本流动 ⎭ ↓ = 流入增加

T：贸易平衡 ⎫ ↑ = 盈余

B：政府预算 ⎭ ↓ = 赤字

接下来的工作就是确定这些变量的相关性。我们不应奢望探索出所有的关系，而应探究那些构建简单模型所必须的几个关系。换言之，我们的成果只是对货币运动的部分解释，而不是一个全面的理论。问题的焦点乃汇率，只有在必要的情况下才会引入其他变量。每个变量仅仅指明其变化的方向（↑，↓）或量的序（<，>），而不涉及任何指标的定量描述。

开始之前，我们应该提出两种一般性观点：第一，变量关系往往是循环的，即一个变量在与其他变量的关系中可能既是原因也是结果，我们用水平箭头（→）来表示因果关系；第二，这些变量间的关系不一定处于内部一致的状态，正是这种不一致才推动了全局朝着某个方向发展，产生恶性的或良性的循环。均衡要求内部一致，而历史变化则不需要。当然，用恶性循环和良性循环之类的术语来描述历史性变化只是一种修辞于法。各个组成部分之间的循环作用在整个系统处于运动之中时也可以被描述为一种螺旋形的运动。不仅如此，循环是良性的还是恶性的也要取决于观察的角度。

汇率是由外汇的供求决定的。为了研究方便，我们可以将供求因素归并于三类：贸易、非投机资本交易和投机资本交易。由此形成了最简单的自由浮动汇率模型：

$$(\downarrow T + \uparrow N + \uparrow S) \rightarrow \downarrow e$$

换言之，这三个交易项目内的货币交易总额决定了汇率的走向。

我们的主要兴趣是研究参与者的偏向在汇率运动中的作用，为了便于研究，我们假设偏向仅仅存在于投机资本交易中（S），贸易（T）和非投机资本的流动（N）与预期无关，仅构成“基本因素”。实际上，“基本因素”也受到参与者关于未来汇率变化的预期的影响。贸易数据会因结算时间的提前或滞后而产生偏差，这是众人皆知的，而汇率预期会对出口商和进口商的存货策略产生影响就更不必说了。就资本流动而言，也许唯一完全不受预期影响的交易就是累积负债的利息支付。至于利息收入的再投资，则已经可以算作投机交易了。欠发达国家所偿还的银行债务应当被看成是非投机性的，尽管其资产重组时的动机是投机性质的。直接投资呢？如果经理人员一心只盯着回报，就应该归入投机性的，不过，这种投资多数会有一个主导性的企业动机。可见，投机交易与非投机交易之间还有很多中间层次，尽管如此，将它们划分为两大类并不算与现实背道而驰。

投机交易是我们关注的重点，因为它反映了参与者的偏向。投机资本为寻求最大的总回报而不断流动，总回报有三个构成要素：利率差价、汇率差价和当地货币的资本升值。考虑到第三个要素的具体情况千差万别，我们可以提出下面这个一般规律：投机资本为上升的利率和上升的汇率所吸引。

$$\uparrow (e+i) \rightarrow \downarrow S$$

其中，汇率的作用远大于利率。只要币值略为下降，总收益就可能变成负值。同样，如果一种升值的货币同时拥有利率优势，其收益将超过金融资产持有者在正常情况下的预期。

这并不是说利率差价不重要，只是其重要性在很大程度上取决于它们对汇率的影响，而这又取决于参与者的认知。有些时候，相对利率似乎是主要的因素，除此之外它们几乎完全被忽略了。比如，从1982年到1986年，资本流向利率最高的货币，即美元；可是在20世纪70年代末，瑞士甚至通过实施负利率也未能阻止资本流入。此外，有关利率重要性的认识常常出错，例如，在1984年11月之前，人们普遍认为美元的坚挺是由于高利率的吸引。然而，利率下调后，美元并没有出现颓势，前述看法立刻声名扫地，美元汇率则依然如日中天。

汇率预期在外汇市场中所起的作用类似于股票市场中的股价预期，对于那些汲汲于总回报率的投资者们来说，汇率预期是最重要的考虑因素。预期在股票市场中涉及的是全体投资者，而在货币市场中则是参与投机交易的投机商。

在股票市场中，我们运用了一种重点关注股票价格而忽略股息收入的模型，但这并未造成太大偏差，因为在我们考虑的那种繁荣 / 萧条的过程中股价波动远远超出了股息收入。在外汇市场中存在着相似的情况，对未来汇率变化的预期构成了外汇投机交易的主要动机。

股票市场与外汇市场的主要区别在于："基本因素"所起的作用不同。我们已经看到，"基本因素"即使对于股票市场来说也是相当模糊的，但至少我们没有理由怀疑股价在一定程度上是与基本因素相关联的。就外汇市场而言，贸易平衡显然是最重要的基本因素，可是，当美元在 1982 年至 1985 年期间表现坚挺的同时，美国的贸易收支却在不断恶化。基本因素对价格趋势的决定作用比其对股票市场的作用要小，这一现象其实不难理解，原因在于投机性资本流动在外汇市场上具有举足轻重的地位。

我们已经知道，投机资本主要是由汇率预期所激发的。在某种程度上，汇率主要受投机资本流动影响，汇率变化是一个纯粹的反身性的过程：预期之间相互影响，主流偏向自我强化畅行无阻，近乎为所欲为；市场高度不稳定，假如相反的偏向占了上风，也一样可以呼风唤雨。投机对市场影响的相对权重越大，系统就越不稳定，总回报伴随着主流偏向的每一次变化而摇摆不定。

在前面对股票市场的讨论中，我们成功地辨别了一些反身性的变化过程，如集团企业的繁荣。当时，主流偏向构成了基本趋势的一个重要成分，但是，这样纯粹的反身性过程是绝无仅有的。相形之下，反身性在一个实行自由浮动汇率的体系中很普遍。当然，不存在所谓纯粹的反身性情境。投机交易只是决定汇率的因素之一，在作出预期的过程中还必须考虑其他的因素。因此，预期并不是随心所欲、反复无常的，它们必然根植于自身以外的某种东西。摆在我们面前的最主要的问题是，一种主流偏向是如何确立起来的，以及更重要的是，这种主流偏向如何实现反转。

这些问题并没有普遍有效的答案。反身性过程倾向于遵循某一特定模式。

在早期阶段，趋势必定是自我加强的，否则就会自行终止。而随着趋势的延伸，它会变得更加脆弱。根据古典经济分析的法则，诸如贸易和利息支付等基本因素与这一趋势背道而驰，并且这一趋势越来越依赖主流偏向。最后，转折点出现了；同时，在时机成熟的情况下，一个自我加强的过程开始了向相反的方向运动。

在这个一般模式里，每一个过程都是独特的。反身性的本质特征是：参与者的认知和他们所处的环境都不会受这一过程本身的影响。因此没有一个序列过程是重复的，甚至以循环方式相互作用的变量也不一定是相同的，因为在不同情况下其权重有所不同。

自从布雷顿森林体系崩溃以来，美元已经出现了两次重大反身性运动过程，英镑至少也出现了两次。对比美元的这两次大变动将是极具启发性的，因为在这两次反身性运动中，贸易平衡和资本流动之间的相互作用是完全不同的。

20 世纪 70 年代末，美元走势疲软，在同欧洲大陆货币的比价中表现尤为明显。到了 20 世纪 80 年代中期，美元走势回升，我们将前者称为卡特的恶性循环，将后者称为里根的良性循环。我们可以建立一个简单的模型来说明这两个趋势的区别。

20 世纪 70 年代末，德国马克坚挺（$\uparrow e$），投机性收购是使其保持坚挺（$\downarrow S$）和维系良性循环的主要力量。起初，德国贸易顺差，货币坚挺有助于抑制物价，既然出口商品中包含了很大一部分（经过加工的）进口商品，作为名义汇率制约因素的实际汇率，与名义汇率或多或少地保持了稳定（$\updownarrow ep$），并且其对贸易平衡的影响是可以忽略的（$\updownarrow T$）。由于投机性资本流入占主导地位（$\downarrow S > \updownarrow T$），因此良性循环就是自我加强的：

$$\uparrow e \rightarrow \downarrow p \rightarrow \updownarrow (ep) \rightarrow (\updownarrow T < \downarrow S) \rightarrow \uparrow e$$

汇率升值的比例超过了利差，持有德国马克变得有利可图，投机性资本流入既是自我加强的又是水到渠成的。

对德国来说是良性循环，对美国来说却是恶性循环。汇率下降，通货膨胀加剧，虽说名义利率上升了，但实际利率即使还没有跌成负数，也是低得可怜的。为了补偿资本外流，美联储尝试了各种措施，其中，发行以德国马克和瑞士法郎计价的所谓“卡特债券”最为引人注目，但这些努力似乎毫无作用。最后，美联储采取了严厉的货币政策。接着就是罗纳德·里根上台执政，美元开始持续地升值。

在里根的良性循环期间，坚挺的美元引起了美国贸易平衡的急剧恶化。与德国在 20 世纪 70 年代末的情况相比，美国没有贸易顺差作为货币升值的后盾。此外，货币升值没有产生足够的抑制通货膨胀的效应，货币升值的幅度与通货膨胀率的相对幅度不相匹配。美国的通货膨胀率走低，但别的国家的通货膨胀率也不高，结果是，利率飙升，美国出现了前所未有的贸易逆差及有利于美元的利差。只要美元保持坚挺，持有美元就是有利的。此外，只要经常项目赤字与资本项目盈余相匹配，美元就能够保持坚挺。以符号表示就是：

$$(\uparrow e+\uparrow i)\rightarrow(\downarrow S>\downarrow T)\rightarrow\uparrow e\rightarrow(\downarrow S>\downarrow T)$$

这些模型显然是过于简单的。我们将在后边更深入地探讨里根的良性循环。在此要说明的一点是，不同的过程具有完全不同的结构。在 20 世纪 70 年代末的德国经济中，货币的升值以（相比于其他国家的）低通货膨胀率为后盾，贸易平衡在很大程度上未受影响；里根良性循环则是靠了利率差价——而不是低通货膨胀率——来牵引资本流入的，因此出现了不断增加的贸易逆差和强劲的资本流入相伴随的奇观。前者还勉强可以说成是某种均衡，而后者则完全是非均衡的了。资本的流入有赖于坚挺的美元，坚挺的美元则又有赖于不断加快的资本流入，这必然导致利息和债务负担（$\downarrow N$）的节节上升。显然，这个良性循环不可能无限期地持续下去。然而，只要它还在继续，任何敢于对抗这一潮流的货币投机者就不得不为此付出代价。投机活动无助于重建均衡，相反，它加强了这个趋势，从而加剧了终将得到矫正的不均衡现象。

虽然每一个自我加强的循环都是独特的，但我们还是可以对自由浮动汇率制度的运行作出一些普遍有效的概括：第一，在自我加强趋势的发展过程中，投机交易的权重趋于增长；第二，主流偏向是一种赶潮流的倾向，（自我加强的）趋势持续得越久，偏向也就越强；第三，趋势一旦建立起来，就会自我保持、自我发展，直到转折点出现，此后，又向相反方向启动一个自我加强的过程；换言之，外汇市场倾向于跨时段的大幅波动，一种趋势一旦形成就可能持续若干年。

这三种倾向是相互支持、相互巩固的：赶潮流的投机资本流动的增长加强了趋势，而强化了的趋势能够为赶潮流的偏向提供丰厚的报酬，投机的收益又引来新的资本流入。

良性循环持续得越久，以升值货币赋值的金融资产就越富于吸引力，汇率在计算总回报时的权重也就越高。对抗潮流的投机商渐渐地被淘汰出局，只有顺势而为的投资人才能生存下来，活跃在市场上。随着投机交易权重的增加，其他因素的影响相对减弱，除了市场本身以外，再也没有什么可以引导投机商的了，而市场又是由顺势者所主导的。这就解释了美元在面临日益上升的贸易赤字的形势下为什么还能持续升值。最后，即使没有当局的干涉，市场也将达到一个转折点，当投机性资本流入无法补偿贸易逆差和上涨的待偿付利息时，这个趋势就会逆转。既然主流偏向是顺势而行的，那么投机资本将开始向相反的方向运动。如果发生了这种情况，逆向的运动就可能轻易地加速成为自由落体运动，原因很简单，投机和“基本因素”的流向是相同的。更重要的是，当趋势发生变化时，投机性交易的数量可能会急剧增长，甚至可能是灾难性的。趋势持续期间，投机性资本的流动固然也在不断增强，但是，一个逆向运动不仅涉及当前的资本流动还涉及累积的投机资本存量，趋势持续越久，积累的财富就越多。当然，情势有时也会相对缓和。一种情况是市场参与者并不是同时意识到趋势的变化，另一种情况是当局必然也会觉察到危险并采取一些措施以避免市场崩溃。剧情将以何种方式展开将是后面相关章节的主题。在此，我们只是试着建立一个普遍的命题。

将三个概括综合起来可以断言，投机活动具有日渐增强的不稳定性，这并不是因为投机资本流动最终必然逆转，而是因为逆转之前将会有很长的一段发展期。假如必须在短时间内反转，那么投机资本交易将提供一个缓冲期，调整过程也将因此而不会那么痛苦。事实上，正因为趋势难以逆转，参与者才会陷入对趋势的依赖，因此，当逆转最终来临时，调整就会变得更加痛苦。

有关“热钱”不断累积的概括很有可能不仅适用于循环内部，而且适用于从一个循环到另一个循环的转变，尽管浮动汇率的历史太短，还不能提供可靠的证据，但至少到目前为止是这样的——在里根的良性循环中的投机资本的运动规模远比在卡特的恶性循环期间的规模大得多。对 20 世纪 30 年代的经验的研究也证明了“热钱”流动中的累积性增长。[①] 只不过情况有些不同，因为当时汇率还不是自由浮动的。

只要真实利率高且实物投资的回报较低，“热钱”就会持续累积，将资本转成升值的货币类别并保持其流动性比投资于实物资产获利更大。要使这个概括具有普遍有效性，就必须证明浮动汇率是与金融资产的高回报和实物投资的低回报相联系的。我们已经看到，如果正确地抓住了趋势，“热钱”就可以赚取无与伦比的回报。只要“热线”能够发动一轮趋势，这样的（高回报的）结果将很有可能出现。实物资产则代表了硬币的反面，它们不能流动，无法利用趋势获利，出口商在货币升值时注定要遭殃。当然，贬值货币给出口商带来了意外的收益，但由于从前吃过苦头，出口商们不敢追加投资，他们宁肯以金融资产的形式持有利润，结果反而又促成了“热钱”数目的增加。这在英国表现得最为明显，1985 年英镑兑美元汇率跌至 1.10 以下时，尽管获得了创纪录的利润，（英国）出口商们仍然拒绝扩大投资，多么英明的决定！到 1986 年 4 月时，英镑已升至 1.50 美元以上，这样，升值的货币和贬值的货币都妨碍了实物投资并促使了“热钱”的累积。

还有一个尝试性质的概括。当一个长期的趋势渐成强弩之末时，将会出现短期的反复振荡，这种现象毫不奇怪，追赶潮流者如今辨不清方向了。这个概括是暂时的，因为它的经验证据尚不充分；显然，它适用于美元于 1985 年逆转之际的表现。[②]

---

① R. 努斯科：《国际货币史：两次大战间的教训》。

② 亨利 · 考夫曼：《信贷评论》。

如果确定这些概括是有效的，自由浮动汇率制度的最后破产就是不可避免的。汇率变动如此剧烈，以至于该制度要么通过某种形式的政府干预加以修改，要么必然会自行灭亡。就这样，外汇市场为我的金融市场内在不稳定的观点提供了最有力的支持。根本不存在所谓内在的均衡趋势，只有采用谨慎的政策措施才能获得我们所希望的稳定性。

今天看来，这些结论恐怕无法打动读者，更谈不上是革命性的。但是，在1985年4月至5月间，当我提出这些观点时，它们理所当然地同当时主流的学说相矛盾。尽管对汇率的不稳定性早已怨声载道，但市场魔法的信念仍然坚实如恒，因此著名的1985年9月的广场协定令市场参与者震惊不已。直至今天，关于自由浮动汇率制度具有累积的不稳定性的观点仍然缺乏理论上的支持，希望我的努力能够对此有所贡献。

自从货币开始浮动以来，我一直在从事外汇投机的生意，但我未能取得常胜的纪录。总的来说，1980年以前获利颇丰，1981年到1985年期间亏损累累。我的方法是试验性的，更多地依据直觉而不是信念。从自身偏好来看，比起追随趋势，我更乐于抓住转折点。直到1981年，我还能抓住欧洲货币对美元的上升和下降的趋势，可是我过早地放弃了自己的持仓。既然错过了这一轮趋势，我觉得再去追赶潮流未免太跌份了，相反，我试图抓住反转点——不用说，未获成功。1984年初期，我得到一些暂时的利润，接着又全部丧失了。在我写作本章时（1985年4月至5月），我已经重返市场捡起了美元投机交易，写作无疑有助于厘清我的思想。

第三部分中记录的实时实验可以看作是对这里所提出的理论的实践检验，但遗憾的是这个理论还太抽象，对于作出具体预言用处不大。特别应该指出的是，转折点在实际发生之前是无法确定的，但是我们应该看到，这个理论在解释交易活动的展开过程时是卓有成效的。

第三章 | Chapter 3

信贷与管制的周期[①]

反身性和信贷之间似乎存在着一种特殊的缘分，这是不足为奇的：信贷取决于预期，预期涉及偏向，于是信贷成为偏向在历史过程中发挥因果作用的主要渠道之一。信贷似乎与一种独特的被我们称为繁荣 / 萧条的反身性模式相关。这种模式是非对称的，其中繁荣是长期的，且逐渐加速，而萧条是突发的，且往往是灾难性的。相形之下，如果信贷不是反身性过程中的一个基本要素，那么这种模式就会更具有对称性，比如，在外汇市场上美元是升是降在结构上似乎并没有太大差别，因为汇率似乎遵循着一种波浪起伏的模式。

我相信，这种不对称源自于贷款与抵押之间的反身性联系。在这种情境下，我对抵押所下的定义是很宽泛的：它可以表示任何决定债务人信誉的东西——无论其是否在实际中被抵押。也就是说，它可以是一宗财产，也可以是可望在将来获得的一笔收入，无论是哪种情况，债务人都愿意对其进行估值。估价应该是一种被动关系，其价值反映了潜在的资产，可是在这种情况下，它牵涉到一个主动的行为：贷款。贷款行为可能会影响到抵押品的价值——正是这种联系，引起了反身性的过程。

应该提醒读者的是，我们已经将反身性分解为在相反方向起作用的两种联系：对将来事件进行评估的“规范”联系，如同在股票市场或银行业务中那

① 本章写于 1985 年 8 月。

样，我们称之为认识函数；以及预期结果影响预期对象的“反常”联系，我们称之为参与函数。参与函数之所以是反常的，是因为它的效应并非总是可以观察到的，而在它确实运行起来之后，又很难将其影响分离出来，因此往往不为人所知。有关金融市场运作的主流观点倾向于置参与函数于不顾。例如，在国际贷款兴盛时，银行家没有认识到贷款国的负债率因它们自己的贷款活动而得到改善。同样，在集团企业兴旺时，投资者也没有意识到，每股收益的增长取决于他们对其所作的估价。目前，大多数人都还没有意识到抵押品价值的侵蚀竟然会使经济陷于萧条。

贷款行为通常会刺激经济活动，它使借方能够扩大消费，或投资于生产性资本。确实也存在着例外的情形，如果所涉及的资产不是实物资产而是金融性资产，那么效应不一定是刺激性的。同样，还本付息会产生一种负面影响，因为本来可以用于消费或创造一笔未来收入的资金被撤回了。随着待偿债务总额的累积，还本付息的份额也增加了。由于只有新的净增贷款起到刺激作用，因此新贷款的总量也必须保持上升以保证净贷款流入，维持市场稳定。

贷款和经济活动之间的联系并非简单明了（事实上，这已经成为货币学派执迷于货币供给而忽略信贷的最好说明）。认识这一联系的主要困难在于，信用无须涉及实物生产或产品及服务的消费，它可以完全用于金融的目的。在这种情况下，它对经济活动的影响便成了问题。如果在“实物的”经济和“金融的”经济之间作一甄别，可能会对讨论有所帮助。经济活动发生于“实物的”经济；信贷的扩充和偿还发生于“金融的”经济，贷款行为和抵押品价值之间的反身性相互作用可能把“实物的”和“金融的”经济联系了起来，也可能只限于“金融的”经济。这里我们将重点讨论第一种情况。

强劲增长的经济倾向于增加资产价值和未来收入流量，并且这两者都决定着贷款人的信誉。在信贷扩张反身性过程的早期阶段，所涉及的信用金额相对不大，对抵押品估价的影响是可以忽略不计的，这也是为什么这一过程在最初阶段显得很稳健的缘故。可是，随着负债总额的累积，信贷总额的权重日增并开始对抵押品价值产生了增值的效应。这个过程一再持续，直到总信贷的增加无法继续刺激经济为止。此时，抵押品价值已经变得过度地依赖于新增贷款的刺激作用，而由于新贷款未能加速增长，抵押品价值就开始下降。抵押品价值的侵蚀对经济活动产生了负面影响，反过来又加强了对抵押品价值的侵蚀。到了那个阶段，抵押品已经用至极限了，轻微的下跌就可能引发清偿贷款的要求，这又进一步加剧了经济的衰退。这就是对一个典型的繁荣/萧条循环过程的剖析。

繁荣和萧条是不对称的。在繁荣的开端，信贷的额度和抵押品的价值都处于极小值，而在萧条时，它们都处于极大值；但起作用的还有另一个因素：清偿贷款是要花时间的，履行越快，对抵押品价值的影响就越大。在萧条阶段，贷款和抵押品价值间的反身性相互作用被压缩在一个很短的时间内，其后果很可能是灾难性的。正是累积起来的持仓突然平仓，导致萧条的形态与之前的繁荣的形态迥然不同。

可见，繁荣/萧条的循环是反身性过程的一个特殊变体。任何时候，只要存在着价值和估价行为之间的双向联系，则繁荣随之而生。估价行为呈现为多种形式：在股市上，是收益；在银行业务中，是抵押品。尽管没有信贷扩张的情况，也有可能（尽管可能性不大）会产生繁荣。我们在股票市场中讨论过这样的两个例子，即 REITs 和集团企业的繁荣。从理论上讲，这两种情绪都可在未将股票用作抵押品的情况下发生，尽管在实践中涉及大量信贷。若无信贷介入，逆转将成为较为渐进的过程。收缩不再是扩张的镜像，其理由在前文中已经述及——相对于趋势的初期，在逆转期间，估价的反身性要素更为强烈——但（因为信贷没有介入）同时也不会出现作为萧条特征的清偿压缩。

繁荣/萧条模式及其解释都是十分明显的，令人提不起兴趣。奇怪的是，贷款与抵押品价值之间的反身性联系至今仍未得到广泛的承认，有关商业周期的文献汗牛充栋，然而对反身性关系却讳莫如深。不仅如此，教科书中广泛讨论的商业周期，在持续时间上有别于此处所讨论的信贷周期，前者是一种短期波，服从于一个范围更大的模式。人们意识到经济发展存在着更长的周期，通常称其为康德拉季耶夫长波（Kandratieff wave），但它从未得到“科学的”解释。目前，人们都在关注我们可能正在趋近于又一次衰退，但一般都认为这次衰退同以往的历次衰退相比并无二致，而对于我们正处于更大循环的衰退期这一事实却大多未予考虑。我坚持认为，自第二次世界大战结束以来的历次衰退都发生于信用扩张期间，目前我们不确定衰退是否会发生，但若发生，则是处在实体经济借贷能力收缩的时刻，这在近期的历史上是没有前例的。

在这一更大的循环内，我们究竟处于哪一个位置，这是难以确定的。必须承认，自 1982 年以来我一直为这一问题所困扰，令我迷惑不解的是繁荣分明已经没有了发展势头，而萧条却仍未发生。

萧条可能会突然降临，尤其可能发生在抵押物清偿引起信贷压缩之后，其后果让人心里畏惧。人们为避免这一后果作出了艰苦的努力，中央银行体制的演化就是一个为了防范突然的、灾难性的信贷紧缩而不懈努力的历史。既然恐慌一旦开始就难以遏制，那么最好的办法还是在扩张期就采取预防措施。这就是将中央银行的职能逐渐扩展到包括监管货币供应的原因，也是有组织的金融市场对抵押信贷的比率给予约束的原因。

到目前为止，当局一直成功地阻止了萧条的发生。我们发现自己处于一个边缘地带，信贷扩张的“常规”过程早已达到高潮，但信贷紧缩的“常规”表现却被当局所抑制。我们正处于未知领域，因为政府的具体干预措施也是没有先例的。

对银行和有组织的金融市场进行监控使交易活动的过程极大地复杂化了。最好的解释是，金融史是一种反身性过程，其中有两组参与者：竞争者和管制者。

这样一种体系比起股票市场要复杂得多，在那里，管制行为多少是固定的，是剧情展开的背景；在这里，管制者的行为本身是这个过程的一个组成部分。

最重要的是要认识到，管制者也是参与者。监管者倾向于把自己视为超人，他们以某种方式凌驾于经济过程之上，只有当参与者把经济进程弄得一团糟时，他们才出来收拾局面。事实并非如此，他们也是凡人，具有凡人的所有缺点。他们凭借着不完备的理解从事管理活动，并且他们的行为也会产生意料之外的后果。其实，在适应环境方面，他们的能力比起那些为利润和亏损所激励的商人们似乎还要略逊一筹，因此，管制措施通常是为了阻止上一次的灾难，而不是下一次的意外。一方面，在情况迅速发生变化时，管制的缺陷尤其明显；另一方面，缺少管制则导致市场出现更为严重的震荡。

我们开始发现，监管者与他们所监管的经济活动之间存在着一种反身性关系。这种关系产生了与信贷扩张和收缩同时发生并相互作用的过程，无怪乎其结果如此复杂繁难！

管制的周期不具备信贷周期的非对称性特点，它似乎比信贷周期的繁荣/萧条模式更吻合于我们为外汇市场所发展的波浪模式。正像自由浮动的货币倾向于在过高和过低汇价之间上下波动那样，市场经济也倾向于在过度管制和管制不足之间来回摆动。管制周期的长度看来是与信贷周期相关的。信贷扩张和紧缩与经济形势的变化息息相关，经济形势的变化反过来又对管制的效果有影响。反过来，管制措施对信贷扩张的速度和范围均有影响。显然，信贷和管制之间有一种双向联系，但在研究的现阶段，相互作用遵循什么样的模式（如果存在这样一种模式的话），我自己也不甚了了，这也是导致我感到困惑的主要之点。

我们已经了解到一个遵循繁荣/萧条模式的信贷周期，其更像是一个波浪式的管制周期，以及模式不清晰的两者相互作用的产物，其中还会涉及许多长期的变化，其中有些同信贷相关，有些同管制相关，另一些则同二者都相关。我们提到过，每一次危机之后中央银行都变得更强有力，这种长期发展现象使得每个周期都变得独一无二。在大萧条中，由于银行体系和国际贸易体系的崩溃，信贷和经济活动的紧缩大大超出应有的幅度。可以断言，为避免目前这个周期发生类似的崩溃，管制机构将使出浑身解数。此外，在这里我们没有对促进世界经济一体化发展的信息革命和交通改善展开详细的讨论。所有这一切都影响了过程的结果，产生了一系列独特的事件，对它们进行解释要比预言容易得多。

从这个角度看，整个战后时期是大规模扩张性繁荣的一部分，这场繁荣现在已经充分发展成熟，萧条已经呼之欲出了；然而，这次萧条在关键时刻因当局的干预而得以避免。政府行动和市场机制之间的相互作用产生了我所称的里根大循环的独特结构。我们现在正处于大循环松懈的关键时刻，当局必须再发明一种解决方案以预先防止萧条的到来。

同一个战后时期还经历了从政府管制到无约束竞争的几乎彻底的转换。我们现在已经走到了一个关键时刻，赞成放松管制的倾向正处于上升的势头，但政府对特殊领域进行干涉的必要性正开始重新确立。银行业算是一个，当局已经开始加强管制了。

人们可以尝试用这种语言来书写战后时代的历史。目前的信贷周期始于第二次世界大战结束之后；管制周期的起源则早得多，甚至可以更远地追溯到新政时期，尽管就世界经济来说，可以将布雷顿森林体系的诞生当作起点。随之而来的扩张同国际贸易和投资障碍的消除密切相关，但国际资本运动产生了布雷顿森林体系所始料未及且至今未解决的问题。

在此，我不打算描述完整的情节，我将从由我本人开始积极参与的领域开始，沿着自己投入过的领域前进，这样便能使调查更具实验特色。

我的经验开始于 1973 年固定汇率体系崩溃之后。曾经固定的关系如今受到反身性过程的影响，而我的兴趣则从个别的公司和企业转向了宏观经济运行。我在 1972 年对“成长银行”的研究构成一个转折点，虽然当时我自己并未意识到。

随着时间的流逝，我发现宏观经济趋势的不稳定性在主观和客观意义上都越来越令人不安，因此在 1981 年，我决定不再进行积极的投资活动。1982 年的危机之后，我对国际债务问题作了一个理论研究，我错误地认为 1982 年的危机构成了信贷扩张的高潮。当时我觉得当局预防萧条不力，而未能意识到他们已经做得过了头。他们实际上维持了信贷的扩张，尽管是在一个比以往更不完善的基础之上。美国政府取代欠发达国家而成了“最后的借方”，商业银行试图通过向其他方向进行猛烈扩张来摆脱欠发达国家的贷款。这导致了 1984 年的一系列危机，构成了银行和储蓄业的真正转折点。我们现在正消化着这次高潮的苦果。美国政府继续以不断增加的规模举债，可是，转折点正在迫近。美元已经开始下跌，外国人的债务将以贬值的货币偿还。也许信贷创造还有最后一个仍然开足马力的大引擎，那就是兼并狂潮正处于巅峰的股票市场，然而它对实际经济并无刺激作用。

在我看来，相互关联的信贷和管制周期的理论框架在写作本书的过程中变得更为清楚了，但是我还不能断言阐释过程是完整的，不过至少适当的总结也许是有帮助的。下面我将运用这里所勾勒的理论框架来解释 1972 年以来的商业历史过程，应该敬告读者的是，对这一历史过程的阐释是在这个公认的初步理论框架形成之前就作出的。

附录：写于 1986 年 12 月

完成了解释之后，我就全身心投入到从 1985 年 8 月至 1986 年年底的实时实验，企图预言信贷和管制周期的演变过程。我得出一个奇怪的结论：这个周期好像在 1982 年停住了，要不是金融当局进行了成功的干预，国际债务危机早就导致了银行体系的崩溃。如此一来，崩溃固然得以避免，可它本来应该引来的真正的趋势逆转也就不曾发生，我们现在生活在一个不断逼近深渊而后又退缩回来的体系中，一旦危险消退，险情降临所唤起的凝聚力便会很快地分崩离析，接着这种过程又以不同的形式重现。我们可以在国际贷款、美国预算赤字、国际金融体系、欧佩克、银行体系和金融市场中观察到这种变化，而毫无疑问的是，1987 年将是保护主义把国际贸易体系推向崩溃边缘的一年，但很可能不会超过崩溃的边缘。

第 2 部分

历史的回顾

第四章 | Chapter 4

国际债务问题

反身性分析中最大的问题是决定哪些因素需要特别注意。在处理金融市场时，问题相对简单，因为其中关键变量是市场价格，需要考虑的就是那些影响市场价格的因素。但即使如此，可能起作用的因素的数量几乎是无限多的。仅仅指出基本趋势和主流偏向过于简单，这种做法在展示历史过程的动力学（而非辩证法）方面可能行之有效，但并不足以解释事件的实际历史过程，更不用说是进行预测了。

当我们大胆地走出某一特定的金融市场的范围，选择要素的问题就变得更为复杂了。需要一组相互作用的组分才能解释我们所面对的现象。然而问题在于，针对同一现象，也许可以有不同组分的组合，我们并没有把握说自己的选择一定是正确的。过多的潜在要素是最令人头痛的：在试图预测未来事件的进程时，我们不知道哪一个有可能转变为重要因素。

国际贷款业务的繁荣 / 萧条就是这方面的一个极好的例证。在当前的经济生活中，国际贷款已经成为不可或缺的组成部分。就其本身而论，它构成了有关繁荣 / 萧条序列的完美例证。放在整个经济背景中，它又成了必须加以考虑的诸多要素之一。更为复杂的是，国际债务问题已经在银行系统的演进中扮演了重要角色，而银行系统的演进本身就是一个极为重要的反身性过程；同时，它也是整个经济体制中的重要一环。

那么，研究国际债务问题的最佳方法是什么呢？至少要考虑到三个向度：第一，将国际债务问题作为一种反身性现象；第二，将其作为银行系统演进过程中的要素；第三，将其作为当前经济形态中的组成部分。我试图同时将此三者纳入思考的范围，因为这是避免过分重复的唯一办法。方法一经选定，那么关于现实世界中高度复杂的反身性过程，我就可以提出一种切实可行的说明了。不必说，这种分析并不是那么好懂的，但在分析中，我将尽量把这三个向度区分开来。某种程度的失真是不可避免的：既然我们对银行系统的演进有兴趣，那么我们当然会更多地注意贷方而不是借方。如果我们想弄清那些不发达国家的命运，恐怕就只好改变问题的中心了。

国际贷款业务的兴起至少可以追溯到1973年第一次石油危机时期，不过若是讨论银行系统的演进，还必须追溯到更早的年代，要想理解支配近几十年历史的那种经济循环，我们必须从1971年布雷顿森林体系解体之时谈起。但这样一来，话头就可能扯得太远了。因此，我将把1972年的早期作为开端，而以美国的银行系统作为叙述的起点。说起来有些巧，那时我刚好撰写了一篇有关股票市场的报告，题目就是《成长银行的案例研究》。

当时，银行被认为是最为规行矩止的机构。因为20世纪30年代的失败所带来的创伤仍未被治愈，安全性压倒了利润与增长的要求，成为最重要的考虑因素。产业结构的更新换代几乎被各种监管规章所约束。跨州扩张被禁止，有些州甚至禁止开设分行。沉闷的行业只能吸引那些墨守成规的人，银行几乎没有任何变化或革新，因此追求资本收益的投资者便忽视了银行股票。

然而就在平静的表面下，一场变革正在酝酿之中。新生代银行家们出现了，他们在商业学校里接受了教育，把获取净利作为思考问题的中心。新思维派的精神中心是花旗银行（First National City Bank of New York，1976年更名，原为纽约第一国民银行），在那里受过熏陶的人们走向全国各地，纷纷占据了其他银行的首要职位。新的金融工具被引入了，一些银行开始更加积极地运用它们的资本，创造了令人刮目相看的收益水平。州界内出现的收购行为扩大了银行规模。大型银行的资本运作杠杆率通常为14～16倍，而美国银行（Bank of America）的杠杆率甚至可以高达20倍。比较好的银行，其股本收益水平超过了13%。这样高的股本回报率再加上每股收益递增超过 10%，如果是在其他行业中，其股票的价格一定会有可观的溢价。然而银行股票的升水幅度极小，甚至于没有。银行股票的分析家们注意到了这一相对被低估的现象，然而他们对纠正这种现象缺乏信心，因为正在发生的变化过于缓慢，而估价原则又过于稳定。然而以当时的标准来看，许多银行的杠杆操作已经达到了谨慎杠杆的边限，如果还想继续增长，就必须募集股权资本。

就是在这样的背景下，花旗银行为证券分析家们安排了一次宴会——对于银行业来讲，这可谓是史无前例了。当时我并不在受邀者之列，不过这一事件还是促使我发表了一份报告，建议收购一批在管理上更为积极的银行。文中阐明了当时的形势，一如我今天在这里的叙述，指出银行股将会趋于活跃，因为经理们将会给出极为理想的业绩报告，事实上他们已经着手这样做了。我在文中写道："成长"与"银行"的组合似乎是自相矛盾的，然而这一矛盾很快就会在银行股票市盈率的增长中获得解决。

事实上，银行股票在 1972 年确实有一个很好的走势，我们所看好的银行股带来的收益差不多达到了 50%。一些机敏的银行趁机扩大了资本规模。如果以这种账面价值的溢价进行增资扩股的活动能够顺利展开，银行本来是可以在稳健的基础上进行扩张的，而银行系统的演进也就很可能走上另一条道路。不幸的是，这一过程刚刚起步，就碰上了加速的通货膨胀以及利率上调的不利影响，13% 的收益率已无法支持银行股票的溢价发售了。

其后就是第一次石油危机的灾难，巨额的资金滚滚流向产油国，这些国家在欣喜之余却不知如何处理这些资金，于是一股脑儿地存入了银行。事情甚至到了这种程度，有些银行，如美国信孚银行（Bankers Trust），被巨大的存款压力搞得措手不及，甚至不得不拒绝存款。怎样对这些所谓的石油美元进行再循环使用成了一个大问题。有关政府间合作项目的讨论一度十分活跃，然而最终毫无结果，只有沙特增加了它在国际货币基金组织和世界银行中的认购份额。不幸的是，工业化国家未能采取积极措施缓解紧张的局面，于是石油美元再循环的责任便压在了银行的肩头。

于是银行家们介入其中，很好地发挥了他们的作用。充裕的资金使他们成为大胆的贷款人，与此同时，他们似乎也发现了不少合适的借款对象。不产油的欠发达国家借助迅速增长的庞大债务来支付国际收支逆差，而产油国则致力于野心勃勃的经济扩张计划，他们可以指望用石油储藏来支持贷款。当时适逢东西方关系缓和，这意味着东欧国家也可以向西方银行贷取巨额款项用于建造工厂，这些国家寄希望于所建工厂生产的产品能够偿还债务。这一切导致了国际贷款业务的勃兴。

起初，银行可以直接动用欧佩克（OPEC）的盈余，渐渐地，富油国家找到了使用新财富的其他途径：购买最先进的武器装备；以危险的速度扩张经济规模；购买钻石和不动产；涉足其他各种长期投资业务。与此同时，对银行融资的需求却仍在加强。银行日益成为信贷的源泉。每一笔贷款总要在别处产生存款，因此，银行在自己的活动中就可以产生足够的用于信贷的资金。由于欧洲美元市场不受管制，银行就不必为自己海外分公司的债务保持最低限额的储备金。除非自我约束，否则没有任何人能够阻止这些分公司创造出几乎无穷无尽的信贷供应。

国际贷款的利润太富于诱惑性了，不由人不放松警惕。商业交易可以在巨大的规模下进行，采用浮动利率可以最大限度地降低利率变动的风险，而管理费用较之公司债务却要低得多。激烈的竞争将存贷利率的差额限制在一个极低的水平之下。尽管如此，国际贷款还是成了银行经营活动中最简便、最有利可图的部分，吸引着大批此前并无这方面经验的银行。这一时期中，在伦敦开设代表处的银行大幅度增加，国际贷款成了整个银行业中发展最快的业务。显然，如果银行在当时就能够根据后来的经验设立适当储备的话，那也就不会有如此之高的利润了。

这一时期的美国银行，从外表上看，依然处于停滞状态。以合并和收购形式进行的业务扩张被严格地限制在条令许可的范围内。然而银行的内部结构却在发生重大的转变。银行控股公司的形式成为新的潮流。这种形式上的变化，使银行得以在控股公司这一层次上进一步运用杠杆操作，从而使资本与总资产的比值保持继续下降的趋势。此外，所谓的《边缘法案》（*Edge Act*）子公司也免除了一些针对银行的监管限制。最大的市场在国外，因此，绝大多数公司的业务扩张都是国际性的，美国银行到海外寻求发展，而外国银行又纷纷在美国设立分支机构。最为明显的例子就是花旗公司（Citicorp），其四分之一的收益来自巴西。

当时也正是技术革新飞速发展的时期，计算机的使用提高了业务效率，并且使许多在此前难以想象的业务成为可能。仅仅10年时间，人们便发明并应用了许多新的金融工具和技术方法，这大大加强了银行业务的复杂程度。这些趋势至今仍在加速发展。

银行业管理机构的工作是颇为棘手的，既要跟上日新月异的变革，又要顺应竞争国际化的潮流。平心而论，嘲笑管理机构总要比一线人员慢一拍是不公正的。因为银行家们总是能够在各种各样律令之间寻找漏洞，他们对此驾轻就熟。

在国际舞台上，管理当局自然无意妨碍本国银行在平等条件下进行竞争。由于管制解除，各家银行竞相争夺市场份额，于是市场飞速地发展起来了。因为急于获得交易机会，这些银行几乎来者不拒，借债国为获得贷款而提供的必要资料少得可怜，一些贷款银行甚至不知道这些借贷国在其他地方借了多少钱。

债务国家在遇到国际收支平衡方面的麻烦时，更愿意去找商业银行而不是求助于国际货币基金组织。于是，在不知不觉中，商业银行发挥了布雷顿森林体系指定给国际货币基金组织与世界银行的职能。商业银行向欠发达国家所转移的资金在数额上比之布雷顿森林体系机构所愿意承担的要大得多，而他们对债务国国内事务的干涉却要少得多。难怪很多欠发达国家根本就不加入国际货币基金组织！主要的工业国家，如英国等，往往喜欢求助于国际货币基金组织，而发展中国家则宁愿诉诸商业银行，因为同他们打交道要容易得多。在1973年至1979年间，国际信贷规模的确有了爆炸性的增长，同时，它也是20世纪70年代全球性通货膨胀在第二次石油危机中达到高潮的根本原因。

回顾当时的情景，借款国显然未能明智地使用这些贷款。好一点的，用它们去建造漂亮却毫无用处的大东西，像巴西的伊泰普水电站；等而下之的则用以购置军火，要么就用它来维持不现实的高汇率，像“南锥体”[①] 国家阿根廷和智利。可是，当时人们并未意识到这种行为的愚蠢，事实上，巴西经济还因此而被誉为巴西奇迹，而智利则因发挥了其作为货币学派的作用而备受称赞。

国际贷款业务增长得如此之快，以至于参与其中的银行都有些扩张过度：它们的资本与储备跟不上资产负债表的变化。但其贷款业务的质量仍相当高——至少从表面看如此。而在整个形势中最令人难以理解之处在于，尽管债务国的总债务负担以惊人的速度增长，它们却总是能够设法满足那些用以衡量其信用状况的商业标准。

银行用这样一些比率，例如，外债与出口值之比，还本付息额与出口值之比，经常性项目赤字与出口值之比，作为信用状况的衡量尺度。银行的国际贷款活动推动了一个自我加强与自我支持的过程。在这一过程中，如果按以上比率来衡量，那么债务国偿债能力增强的速度几乎同债务的增长速度一样快。

这一过程得以发展的关键在于，20 世纪 70 年代实际利率普遍极低，甚至最终成为负数。既然欧洲货币市场不受各国中央银行的控制，那么它们的发展就不会对任何国家的货币政策产生直接的影响。当银行不再循环利用石油输出国组织的盈余而转向创造信贷的时候，美国仍保持着宽松的货币政策。美元开始贬值，利率跟不上物价的上涨。实际利率的下跌降低了还本付息的费用，却加强了借款国的信用度，同时也吊起了它们继续举债的胃口。信贷的扩张刺激了全球经济和出口贸易的发展，国际市场对欠发达国家出口商品的强劲需求令它们大喜过望，这样一来，它们就可以进一步提高贸易条件。实际利率下跌、世界贸易扩大、商品价格不断提高，以及美元贬值，这一切都促使并鼓励了债务国增加其负债额。

自我支持的信贷扩张（简写为通货膨胀）在许多方面是不健全的。工资和物价加速上涨，国际收支的赤字与盈余长期存在，银行的资产负债表日益恶化。许多由银行贷款直接资助的投资项目都是错误的，债务人的信用水平是虚幻的。

① 又称南方共同市场，包括阿根廷、巴西、巴拉圭、乌拉圭等国家。——校注

然而，只要这一过程还能够有效地支持自身，世界经济就会持续繁荣下去。消费仍然高涨，低利率或负利率抑制储蓄，廉价的贷款刺激了投资，货币摇身一变就转化为不动产。高消费、高库存和强劲的投资活动为空前的繁荣创造了条件。

市场的繁荣促进了能源的需求，石油输出国组织的成员国日益富有，他们不再那么急于获得外汇收入了。既然实际利率是负数，那么把石油存在地下比之把现金存入银行要有利得多。就是在这一背景下，1979 年伊朗石油生产遭到破坏后，立刻导致了第二次石油危机以及石油价格的再度剧烈上涨。

这一次各国的反应大不一样，尤其是美国和英国。通货膨胀成为最主要的问题。欧洲大陆和日本则采取了更为严格的货币政策，并且允许本币升值，从而避免了通货膨胀的打击。由于油价是以美元为单位的，因此欧洲和日本的进口石油的成本降低了；同时，又因为没有通货膨胀的威胁，所以尽管本币升值，他们的出口产品仍然富于竞争力。美英两国则正好相反，他们积累了大量的预算和贸易赤字，通货膨胀成为极其严重的问题。英国已经向国际货币基金组织发出了求助；而美国，由于在实际上控制着世界储备货币，因此可以在随心所欲地膨胀通货的同时免受其害。不过，通货膨胀在国内国际却导致了政治偏好的转移。总之，通货膨胀的影响比经济衰退带来的影响更可怕。第二次石油危机爆发后，货币政策也相应的开始趋于严厉，甚至在经济已经陷入下滑时仍未放松。

货币主义开始成为指导经济政策的法则。在此之前，中央银行总是借助于控制利率来影响经济活动；而现在，重点转向了控制货币投放量，利率便可以自行调整。不幸的是，利率一下子升到了不可思议的高水平。这主要是因为财政政策仍然保持扩张刺激，只有极为严厉的货币政策才能控制货币供应的高速增长。

财政政策受供应经济学理论的影响，该理论主张低税率可以刺激经济的增长，从而消除对预算的影响，而削减政府开支可以减少赤字。然而，在减税的同时增加国防支出，使得预算很难达到平衡。膨胀的预算赤字和严格的货币控制目标相互作用，导致了利率的急剧上升。高利率令减税带来的刺激效应化为乌有。由此，预算赤字进一步扩大，整个经济陷入了严重的衰退。

城门失火，殃及池鱼。债务国雪上加霜：石油价格上升，产品价格下跌，利率居高不下，美元走强，以及世界范围内的经济衰退。债务国陷入了最后一轮疯狂的举债竞赛，其结果是债务总额又增加了30%。而标志其信用等级的各种比率却急剧下跌，波兰和福克兰群岛[①]的形势令市场信心大打折扣。在最后的一段时间里，银行还会继续放贷，但已经十分勉强了。还款期限缩短了，一些国家已经出现了支付困难。紧接着就是1982年墨西哥债务危机的爆发，再也没有人愿意向重债务国提供贷款了。债务国的状况比大多数银行所意识到的要严重得多。例如，巴西一直在银行同业拆借市场筹资以弥补国际收支赤字，而有关银行对此却一无所知。国际贷款遂由繁荣转入萧条。

谈到这，我们应该停下来进行分析，国际贷款热潮本身就是一种反身性过程。前面的描述包含了构成一个繁荣/萧条序列所必需的所有要素。具体来说有哪些内容呢？首先，在整个趋势与参与者的认知之间应当存在着一种反身性的关联。其次，参与者的认知肯定具有某种缺陷，而这种缺陷会通过反身性联系来影响整体趋势。整体的趋势进而又强化了认知的偏向性，直至双方都落到难以为继的地步。通常的情况是这样的：当趋势刚刚露头时，形势非常之好，而缺陷却要待这种趋势获得了充分的发展之后才暴露出来。在盛极而衰的过渡期，参与者们日益警觉和抵触，于是趋势丧失了劲头。最后，大家都意识到这种趋势并不健全且不可持续。预言最终实现了，形势却急转直下，并伴随着灾难性后果。

在国际贷款问题上，银行和债务国之间存在着一系列的反身性联系。银行使用一些比率来衡量一个国家的借款能力。人们大都以为这些比率是客观的衡量标准，然而实际上它们也具有反身性的特征。正如我们所看到的，出口与国民生产总值受到贷款规模的影响。此外，债务比率只能反映一个国家的偿债能力，而非偿债意愿。要衡量一个国家的偿债意愿就必须采取一种不同的计算方法，且该计算方法本质上具有政治性。最关键的变量不是还本付息而是净资金转移（资本流入），这也就是还本付息同大量吸收新贷款（以维持债务）之间

① 即马尔维纳斯群岛。——译注

的区别。只要债务国能够自由地贷款，他们的偿债意愿就是无可怀疑的，因为他们总可以借到偿还利息的钱。一旦信贷流入的渠道被截断，偿还意愿就成了关键的问题。然而在国际贷款极其活跃的背景下，银行家们不愿意正视这一问题。花旗银行的沃尔特·里斯顿（Walter Wriston）甚至断言："主权国家不存在破产的问题。"①

我们已经看到了，直到第二次石油危机爆发之前，债务比率始终是令人满意的，银行也非常乐意贷款。而当债务比率转入恶化时，银行家们开始感到担心，其贷款的意愿也受到了打击，由此促成了1982年的危机。这一危机揭示了净资金转移同偿债意愿之间的反身性关联，从而使自愿贷款就此绝迹。此后发生的一切将是下一章的讨论题目，在这里我们所分析的是1982年以前的体制。

商业银行为什么愿意并且能够保持国际贷款业务如此迅猛的增长？这是一个很有意思的问题，今后几年间，围绕着这一问题定将展开热烈的讨论。部分的答案在于，银行的确没有意识到它们要为这一体系的健全性负责。银行业虽然竞争极为激烈，却也要受到监管。

防止经济过热是中央银行的事。商业银行在保护伞之下运营，它们所追求的，是在现行规章制度的框架之中求取利润的最大值，它们不可能拿出过多的精力来分析自己的行为对整个系统所可能产生的影响。一方面，银行如果放弃有利可图的交易，便会在竞争中被淘汰；另一方面，即使这个银行拒绝了，其他银行也还是会趋之若鹜以图取而代之，占领市场。这样一来，就算它们已经意识到了在国际贷款勃兴的背后存在着严重的问题，它们也还是别无选择：要么随波逐流，要么退出竞争。

这是一个极为有益的教训：当一种趋势繁荣发展的时候，参与者们的处境往往不允许他们采取抵制性行为，即使他们知道如果这种趋势继续发展下去将会带来破产的灾难。这是所有繁荣/萧条序列过程的共同点。一致拒绝既不可能也不可取。例如，根据分析结论，我明明知道抵押信托公司（Mortgage

① 《纽约时报》，1985年4月21日。

Trusts）的前景不大妙，然而我的建议却是立即买入，因为在暴跌之前必将会有剧烈的上升。果然，有一批投资者欣然跟进。当然，即使他们不这样做，繁荣 / 萧条的序列过程仍会发生，尽管发生的速度要慢一些。

市场参与者的最高境界在于适可而止。然而有时的确力不从心。例如，在浮动汇率制度下，金融资产的持有者在决定持有何种货币时面临着一种抉择：除非购入期权，否则他们将不可避免地持有一些货币。仅就国际贷款活动的情况而言，在繁荣阶段的末期，花旗银行也曾审慎地减少了它在市场中的份额，然而这并不能阻止剧情的进一步发展，同样也不能使它免受其害。尤其是在最后的阶段，几乎所有的银行都知道债务国的状况正在迅速地恶化，然而到了这个时候，它们早已无法抽身。

从中应该吸取的教训就是必须对金融市场进行有力的监督。只有某种形式的干预、具有法律效力的条令或者来自中央银行的和缓的指令，才有可能阻止繁荣 / 萧条序列过程的失控。

中央银行的历史本身就是一部继机构改革后的危机史，然而，奇怪的是国际债务危机的教训至今未得到充分借鉴。不受控制的竞争更加激烈了，其影响力也比以往要大得多。参与者之所以敢于为所欲为，无非是因为看准了银行管制当局的无能，在这一点上他们的确没有看错。参与者们无法阻止国际贷款活动的失控，然而货币当局本来是可以做到的，为什么他们没有这样做呢？

这个问题的答案始终不是很清楚。中央银行对欧洲美元市场的爆炸性增长显然是了然于心的，尽管它们缺乏可靠的统计数字。它们也意识到了自己作为最后贷款者的责任，并且早在 1975 年就已经划定了各自的责任范围，然而它们却坚持认为没有必要规范欧洲美元贷款的增长。为什么会这样？要想回答这个问题就不能停留在今天的认识水平上，还必须对历史作一番更为透彻的研究。我在这里贸然提出两种试探性假说。

第一种假说指出，中央银行所承受的竞争压力会影响到其庇护下的商业银行。如果中央银行实施监管措施，那么在它们监管下的银行便会将业务拱手让人。只有各国中央银行协调行动才能控制住蓬勃发展的欧洲美元市场。这就需要进行机构改革，可是货币当局并未意识到改革的必要性。因此在危机爆发之后改革才极为迫切。

由此又产生出第二种假说。我认为，中央银行在其行动上受到一套错误观念体系的支配。当时，货币主义在中央银行里占了上风。货币主义认为，通货膨胀是由货币供应过多引起的，与信贷规模无关。如果能够成立，则管制的对象就应该是货币供应而不是信贷的增长。因此，也就没有必要对欧洲美元市场进行干预。只要中央银行能够管好自己的货币供应，市场就能管好自己的活动不出乱子。

问题是神秘而复杂的，我不能宣称自己已经探到了其中的底蕴。在银行的资产负债表上，一边列着货币项，另一边则是信贷项。米尔顿·弗里德曼（Milton Friedman）告诫我们，只有货币项下的数据才有考虑价值，因为信贷是取决于货币的[①]，反身性理论的引入昭示了它的错误。我确信，此二者必然以反身性的方式互相影响，而控制货币的梦想最终是行不通的。由于缺乏足够的专门知识，我无法进行直接的反驳，但我可以指出经验证据，说明控制货币供应的实际效果一再地令管理当局的如意算盘落空。

在 20 世纪 70 年代的全球性通货膨胀中，欧洲美元市场的迅猛增长究竟扮演了一个什么样的角色？这个问题始终没有搞清。就此而言，我们并不知道国际贷款的收缩在多大程度上造成了目前笼罩在全球经济上空的通货紧缩。我坚信，无论是国际贷款的紧缩还是扩张，它们都对世界经济的形势产生了重要的影响。可是我的观点还远远没有得到普遍的认同，这一问题也仍然悬而未决。如果我的观点是正确的，那么国际贷款的规模就应该成为制定经济政策时的重要参量。货币当局在 20 世纪 70 年代后期铸成了大错，使得市场失控。1982 年的危机既是管理方针的破产，也是自由市场体制的破产。

我们将在稍后再回到这一议题，管制市场与自由市场的缺陷是本书的主题之一。现在我们来看一下在 1982 年危机处理过程中发展起来的国际贷款新体制。

---

① 参见米尔顿·弗里德曼和安娜·施瓦茨的《美国货币史（1867—1960）》和《美国货币统计》。

第五章 | Chapter 5

贷款的集团体制

毫无疑问，如果不是管理当局进行了积极而富于创造力的干预，国际债务危机势必令银行体系陷入崩溃，从而给世界经济造成灾难性的后果。上一次类似的崩溃爆发于 20 世纪 30 年代。鉴于以往的教训，国际间成立了一个授权机构以防止历史的重演。因此，不可思议的是，事件可以在没有干预的情况下发生。别具一格的干预方式将世界经济引入了史无前例的新局面。

这个机构赋予中央银行作为最后的贷款人的权利与义务。然而债务问题实在过于复杂，仅仅向银行提供周转资金是远远不够的。由于所涉及的款项大大超出了银行的自有资本，因此如果坐视债务国破产而无动于衷，那么整个银行系统早已资不抵债，无法维持了。因此，各中央银行突破了自己的传统角色，联手出面担保债务国渡过难关。

英国首先开创了这种新模式。早在 1974 年，英格兰银行（England Bank）就曾决定纾困那些不在其职责范围之内的所谓边缘银行（fringe banks），而不是让向这些边缘银行大举借贷的清算银行受到怀疑。不过，在国际范围内采取这种担保负债者的做法，还是始于 1982 年的债务危机。

中央银行缺乏足够的权威来执行这一行动策略，只有有关债权国政府才有可能作出权宜的安排，而国际货币基金组织则在其中扮演了关键的角色，为一个又一个国家制定了一揽子救助计划。照例，商业银行增加了它们的承诺份额，国际货币机构投放了新的现金份额，债务国则接受了为提高其国际收支平衡能力而设计的紧缩方案。在绝大多数场合中，商业银行还不得不提供额外的现金，以便债务国可以维持足够的周转能力来支付利息。一揽子救助计划是国际合作领域中的巨大成功。参加者包括国际货币基金组织、国际清算银行、多国政府与中央银行，以及数量众多的商业银行。例如，在处理墨西哥债务问题时，牵涉到的商业银行多达500家。我认为，将这些参加者冠以“集团”的称号是合适的。

整个过程在极短的时间内经历了几次反复。有关具体进程的描述无疑是引人入胜的，然而在这里我们必须把注意力放在研究结果上。

从许多方面来看，危机后出现的贷款体制与1982年崩溃的体制截然相反。先前的体制是竞争型的，银行为追逐利润而自愿提供贷款，并且相互间竞争激烈；而新体制却是合作型的，银行被迫提供贷款，以求保护自身投入的资产，并为了达到这一目标同其他银行进行密切合作。旧体制在积极的方向上体现出反身性：银行的贷款意愿与贷款能力同时加强了债务国的偿还意愿与偿还能力，反之也是如此。在目前的形势下，反身性表现为反方向的作用：银行无力也不愿贷款的倾向同债务国无力也不愿偿还的倾向之间相互碰撞，将事态逐渐扩大。如果参与者们不能进行积极的合作以防止体制崩溃，那么这一体制必然就此寿终正寝。贷款方所采取的措施是增加新的信贷，以使债务国有能力归还既存债务；而借款方则要接受一种严厉的紧缩方案，以使新增贷款的数目减少到最小。具体的界限将由贷款双方在微妙的谈判过程中确定。国际货币基金组织领导并组织了这些谈判，尽管债务国大多不希望国际货币基金组织在协议的监督中发挥长期的作用。

这个体系是极不稳定的，因为它要求借贷双方克服各自的狭隘利益以维护该系统的各个组成部分。在债务人一方，牺牲表现为消极的资金转移（资本外流），而在银行一方，则是追加新贷款。然而，这种牺牲是不对称的，因为债务人要为新增加的贷款支付利息，而贷款方则享受拥有这些利息的权利。请注意，贷款的集团体制是基于以下的原则，即保存债务的完整性——正是这一原则将集团聚合起来。不幸的是，它未能解决其中的一个关键问题：债务国必须作出让步才有可能偿还债务，而每一次的让步都加重了未来的偿债负担。由于认识到这一点，银行开始建立呆账准备金，然而，没有任何办法可以在不破坏这一原则的情况下将这些负担转移给债务国。

贷款集团体制的确立没有经过认真的规划，甚至没有正式宣布过，它从一开始就是过渡性的，并且注定将被某种另外的体制所替代。关于它本身，最令人感兴趣的问题就是，它的最终结局究竟会是什么样的。遗憾的是，这是一个无法获得满意解答的问题。一方面，反身性过程不存在某种预定的结局，因为 结局决定于过程；另一方面，预言本身也会影响到结局。在这个例子里，集团的凝聚力主要来自于完成自身使命的期望，任何有关这种期望的陈述立刻就会成为它所指称的对象的一部分，因此不可能令讨论保持客观性。然而，问题是迫切的。我所采用的方法能否有助于为问题的解决提供一种答案？这样一种形式的答案又是否会有助于发展一种反身性的理论呢？

在此期间我撰写了两篇论文，分别发表于 1983 年 7 月和 1984 年 3 月，在文中我试图应用反身性的理论来分析国际债务问题，但并未公开声明。下面就是我当时的说明（做了微小的改动）[①]。

> 对重债务国而言，自愿贷款体系的崩溃迫使他们进行激烈的经济再调整，这一调整将经历四个阶段。第一阶段，进口锐减。第二阶段，出口增长。在头两个阶段中，国内经济进入衰退。第三阶段，国内经济复苏，进出口回升。第四阶段，国内生产总值与出口的增长超过了偿本付息的水平，从而结束了调整。
>
> 第一阶段是自发进行的。在信贷资金的来源被切断后，贸易赤字因进口的削减而自动消除。生活水平下降，生产过程被迫中断，整个国家陷入萧条。“集团”所需提供的信贷数额取决于债务国形成贸易盈余以抵偿债务的能力与速度。
>
> 在第二阶段，真正的调整开始了。货币贬值到真实水平，因国内需

① George Soros, “The International Debt Problem, Diagnosis and Prognosis”, July 1983; “The International Debt Problem Revisited”, March 1984 (New York: Morgan Stanley).

求萎缩而闲置的生产资源重新转向出口渠道。贸易平衡能力得到加强，这同时也意味着债务偿付能力的增加。

到了这一步之后，偿债意愿与贷款意愿开始成为关键性的因素。债务国必须增加其出口以支持国内经济的复苏，这就意味着消极资金转移（资本外流）的规模降低了。只要能够克服这一障碍，前面就是第三阶段了。国内经济的复苏令消极资金转移（资本外流）的过程更为顺畅。在经济增长的过程中，如果该国出口的增加能够超过国内生产总值的增长速度，那么它的信用价值也就相应的提高了。在这一局面形成以后，调整过程也就算是大功告成了。

就贷款方的处境而言，"集团"将在资金长期短缺的环境下运行。按其同"集团"关系的紧密程度来划分，商业银行构成了两大类：生死系之者与袍沾袖湿者。第一类构成了"集团"的核心，作为参与者，他们是可靠的，但他们的能力是极其有限的。第二类则是边缘性的成员，他们需要更多的游说才会加入，一旦危机的紧迫感消失了，他们就会想方设法退出，而将提供新贷款的责任留给那些核心成员去承担。当然，这种划分是弹性的。美国、英国和日本的大银行将始终是核心成员，美国的地方银行和许多欧洲大陆的银行则在一开始就是边缘性的。还有许多银行处于二者之间，目前它们还吉凶未卜，但是它们也许能够在一段时间内积累足够的储备金，从而在未来被界定为边缘银行。

由于存在着潜在和实际的成员收缩现象，可以肯定集团的资金总是处于不敷使用的紧张状态。仅靠自己的力量是无法满足要求的，必须由国际贷款机构额外注入现金，可是这些机构本身也存在着资金紧张的困难。其结果是，集团一定会竭力追求最大限度的消极资金转移（资本外流），从而在由第二阶段向第三阶段的过渡中制造难以克服的障碍。

我的结论是，贷款的"集团体制"是在紧急状态下产生的，并且只有在紧急状态中才可能生存下去，而它的结构也恰好能够使这种紧急状态得以持续。

总的来说，这一分析的框架经受住了时间的考验。尽管现在看来，我的确犯了两个严重的错误。第一个错误是，我曾经坚持认为债务国家将容忍消极资金的转移（资本外流），原因有三：（1）保持在资本市场中的信誉，以确保进入市场的通道畅通。（2）避免财产被没收。我忽视了最重要的因素，也就是接着要讲的一点：（3）保持出口能力。国内市场一片狼藉，出口市场的丧失将成为致命的威胁。阿根廷在克服贸易禁运方面的处境相对来说是有利的，因为它的大部分产品都是可用于替代偿债的商品。不过，即便是阿根廷，在它的出口项目中也有某些局限于特定市场的产品，如鞋类和钢材。更为重要的是，新当选的阿根廷政府不希望被西方世界孤立起来，他们下决心要避免“经济上的福克兰群岛”。因此，丧失清偿能力带来的威胁一直在我的意料之中。

在分析中，我并不是很重视前两个动机。关于在资本市场上自由进出的权利，我坚持认为1982年以前的贷款体制已经一去不复返了。今天，人们已经认识到，它的基础是一套错误的观念。消极的倾向已经取代积极倾向占了上风，而要克服这一消极的倾向需要花很长的时间。事实证明了这一分析：银行对欠发达国家的贷款远低于预期数额。至于没收财产，我认为这只不过是一种空洞的威胁。自那以来，这一看法已经得到了充分的证实①。在忽略了第三个最有力的诱因后，我得出这样的结论：“保证债务国对其所欠债务履约的唯一途径，在于创造数额接近于偿债义务的新信贷。”

这一结论是错误的，在1984年，只有不到一半的利息是以新增贷款的形式偿付的，并且新增贷款中的很大部分来自商业银行之外的渠道。其结果是，银行的现金流失程度远未达到我所预想的严重地步，核心成员与边缘成员之间的关系也从未恶化到分裂的程度。事实上，甚至连核心成员也开始有能力建立呆账准备金并改善其资本比率。

我犯下的第二个错误在于，低估了债务国家出口增长的能力。世界经济体系已证明，它比我设想的要牢固得多，个中原委将在下一章中进行讨论。巴西的表现尤为突出，它所创造的贸易盈余大大出乎我的预料。1984年的官方目标是90亿美元，实际执行结果超过120亿美元。出口的强劲带动了国内经济

① Anatole kaletsky, *The Costs of Defaul*（New York：Twentieth，Century Fund，1985）.

的缓慢复苏，从而使巴西得以迈进经济调整的第三阶段。

由于上面所说的两个错误，我的分析不可避免地带上了过多的悲观色彩。1984年2月，我做出断言："越来越多的迹象表明，第三阶段不太可能取得很大的成就，而在现行体制下达成第四阶段目标的可能也越来越小了。"然而到了1985年，几个主要的债务国都已经进入了第三阶段，最黑暗的时期看来已经过去了。接下去就是1986年，石油价格陡降，墨西哥那里又出了大问题。它的起因也许可以归之于外部，可是最近巴西的发展又出现了不祥之兆。克鲁扎多计划（Cruzado Plan）实施后，经济骤然过热，国际贸易收支平衡严重恶化。政府在以压倒性优势重新当选之后，立刻开始了对经济的严厉控制。尽管如此，从中毕竟可以看出，国内政治的考虑要优于偿还国际债务的义务。看来，1987年的巴西债务谈判将会陷入危机。

债权国的立场已经有了很大的松动，在1987年的世界银行汉城①会议上，美国财政部长詹姆斯·贝克（James Baker）的讲话表明，他们已经意识到推动债务国国内经济增长的必要性。随后，布莱德雷计划（Bradley Plan）立场鲜明地倡议：将正在积聚的债务中的部分利息与本金予以豁免。事实上，债务国的贸易盈余已经引起了美国的不安。与几年前相比，银行的储备金有所增加，因此1987年也许会施行一些贸易保护措施和贷款减免措施。只要人们能够牢记过去5年的经验与教训，那么这些变化就还不足以使整个体系彻底崩溃。

尽管在细节上有些缺陷，但我的分析框架在其主要原则方面仍不失其有效性。它并不是指导成功调整的蓝图，只能说是一个能够避免失败的模型。我们已经知道，集团体制纯粹是在崩溃的威胁之下确立和维持的。我们还将看到，这也是自1982年以来许多其他调整方案的特点。

---

① 2005年后称首尔，现从原译。后同。——校柱

第六章 | Chapter 6

里根的大循环①

在国际债务危机期间，我使用的是一种相当不成熟且不清晰的信贷扩张与紧缩模型，类似于股票市场中的繁荣/萧条发展模型。我认为世界性信贷扩张阶段会于1982年结束，但当时我并未预测到美国将成为“最后的贷款人”。

相互矛盾的目标政策造成了美国庞大且不断增长的预算赤字。一方面，里根总统通过减税力求削弱政府对经济的干预；可在另一方面，他又希望能够摆出一副军事力量强大的姿态，以对抗他所谓的共产主义的威胁。这样两个目标是不可能在一个平衡的预算框架中同时实现的。

更糟糕的是，财政政策与货币政策分别由两种相互冲突的学派理论所支配。财政政策受“供给学派”经济学的影响，而货币政策则由货币主义观念所引导。

供给学派学者们相信，减税可以同时对产出与缴税意愿产生刺激作用，由此经济则可以快速增长而不会加剧通货膨胀，同时，实际税收的增加又可以使预算恢复平衡。这是一种彻头彻尾的反身性论证方式，它含有严重的缺陷，这类论证往往如此。因为它的有效性取决于能否被广泛接受，也就是说，这是一个全异命题：要么全对，要么全错。在一个离开了妥协与折中就无法行使职能的民主国家里，这类主张是行不通的。尤其在这个命题中，成功的机会极小，

① 这一章完成于1985年8月，未作修正，此后的发展见实时实验（第3部分）。

因为另一个主要的思想学派也在同时对政府的政策施加影响。

货币主义者认为，（货币政策的）首要目标是控制通货膨胀，为此则必须严格控制货币供应。于是，美联储改变了它的一贯做法，由控制短期利率转向以控制货币供应为主要目标，并允许联邦基金利率自由浮动。美联储是从 1979 年 10 月开始推行新政策的，待里根总统上台执政时，利率早已升到了创纪录的水平。他的第一个预算方案在减税的同时增加了国防开支。尽管进行了协调努力以抑制国内消费，储蓄的增长仍不足以抵补前述两项政策所造成的资金流失。阻力最小的方案却带来庞大的预算赤字。

由于弥补财政赤字必须在严格的货币供应目标范围内进行，因此利率上升到了前所未有的高度。财政政策与货币政策非但没有促进经济增长，两者间的矛盾反而导致了严重的经济衰退。最终，出乎意料的高利率加上经济衰退加速了 1982 年的国际债务危机。亨利·考夫曼（Henry Kaufman）早就发出了警告：政府的赤字政策可能会将其他借款人挤出市场。[①] 事实证明他是正确的，只不过被挤出市场的首先是外国政府，而不是国内的贷款使用者。

为应对 1982 年 8 月的墨西哥经济危机，美联储放松了对货币供应的控制，预算赤字开始加速增长。随着闸门的开启，经济开始腾飞，复苏和衰退一样强劲。这一趋势得到了个人与公司的消费热的支持，并且与银行体系的鼓励密不可分。国防支出正在增加；个人实际收入上升；公司也从加速折旧和税收折让中获得了好处。银行急于放贷，因为实际上，任何一笔新增贷款都可以提高其贷款组合业务的质量水平。

来自各方面的需求如此强烈，以至于利率在经过了早期阶段的微幅下降之后，稳定在了历史性的高位，并且最终又开始了新的攀升。银行大胆地争取存款，金融资产的持有者甚至可以从银行那里获得比政府债券更高的收益。吸引外资的部分原因是金融资产的高回报率，还有一部分原因是里根总统所激发的信心。强势的美元与正利率使得持有美元的热潮不可阻挡。强势美元吸引了进口，而进口又起到了满足过热需求、平抑物价水平的作用。一个自我强化的

① 亨利·考夫曼：《信贷评论》。

过程开始形成：强有力的经济，强势的货币，庞大的预算赤字，相互加强的巨额贸易逆差，共同创造了无通货膨胀下的经济增长。我将这一环形联系命名为"里根大循环"，因为它从国外吸引来商品和资本以支持强有力的军事态势。这也使得这一循环呈现出良性于里而恶性于表的特点。

可以看出，大循环是建立在货币主义与供给经济学之间的内部矛盾之上的，其结果完全出乎意料。许多重大的历史性进展常常在参与者们毫无意识的情况下发生。1974年至1982 年间，资金向欠发达国家的巨额转移，绝不可能是在周密的计划与组织之下进行的。同样，合作出借体制的确立也是无意之间的事情，故而并未张扬。

大多数职业经济学家们不相信良性循环能够出现并维持下去，尽管里根总统存在着智力方面的局限，但他在理解可能发生的事件方面的能力似乎比他的经济顾问们强得多。毕竟，大循环的反身性过程同他的领导观念极其吻合——当然，大循环本身也是一个极为出色的反身性观念。因此，里根总统满足于让预算平衡的目标停留在口惠的水平，拒不理睬并且最后摆脱了 M. 费尔德斯坦因（Martin Feldstein），从而听任赤字随心所欲地增长。尽管尚不清楚为何欧洲人会抱怨美元走强，但美国政府依然坚持漠然置之。

美国的良性循环对于债务国家而言，却无异于一场噩梦。美国的贸易逆差反衬出其他国家的贸易盈余。如果说，强有力的出口表现能够帮助债务国家融通资金偿付利息，也倒还可以说不失其为有益，然而，即使如此，利润也还是流向了贷款国。至于其他的方面，债务国不得不承受高额实际利率以及苛刻的贸易条件的压力。当他们借入款项时，美元是廉价的，而到了还本付息的时候，美元却又变得昂贵了。市场的争夺压低了出口商品的价格，尽管债务国家对外出口商品的表现超过了预期，但其内部形势则不容乐观，有些国家的经济并未复苏。即使那些成功一些的国家，其单位资本收益也并不理想；而当形势稍有好转时，贸易盈余的局面却又急剧地恶化了。一些最为脆弱的国家只能眼睁睁地看着自己国家的经济经历着螺旋式的下跌，并且它们的国内经济和偿债能力竞相恶化，堕入无底深渊。这中间包括了大部分的非洲国家以及某些拉丁美洲和加勒比海国家，如秘鲁和多米尼加共和国。

就较发达国家而言，对美国增加出口产生了刺激作用，但是这种刺激带来的反应很弱。公司不愿意增加生产能力，因为它们担心美元会恰好在其生产能力达到最大时突然贬值，这种想法当然是无可非议的，而且是正确的。相比之下，持有美元金融资产几乎具有无法抗拒的吸引力。这一现象在英国尤其突出，在那里，外汇市场的震荡极其强烈。整个欧洲为高失业率和低增长率所困扰，经济萎靡不振，时髦的称谓是“欧洲硬化症”（Eurosclerosis）。远东在新兴工业化国家和中国对外开放的推动下呈现出强劲的经济增长势头。日本是目前这种格局的最大受益者，它的境遇几乎就是美国的镜像：巨大的出口盈余与强劲的国内储蓄都被资本输出所抵消。

让我们用前面已经介绍过的分析工具对里根的大循环作一解析，并引入在第三章中介绍过的一些标记。四个关键性因素是强劲的经济（↑ v）、强势的货币（↑ e）、增长的预算赤字（↓ B），以及增长的贸易逆差（↓ T）。初看起来，这四个变量之间存在着明显的相互冲突。传统经济学指出，增长的贸易逆差（↓ T）倾向于同时降低汇率（↓ e）以及国内经济的水平（↓ v）：

（1）

$$\downarrow T \begin{array}{l} \nearrow \downarrow e \\ \searrow \downarrow v \end{array}$$

然而其他两个变量（预算赤字和资本流入）的介入，使大循环得以克服这些因果关系。

因为预算赤字的刺激超过了贸易赤字的阻滞影响，因此经济得以加强。当然，经济活动还要受到许多其他因素的影响，如果把它们都纳入这一图景，将使讨论过分地复杂化了。为了保持图景的简单性，我们用“？”来表示其他因素的净效果，于是有下式：

（2）　　$(\downarrow B + ?) > (\downarrow T + ?) \rightarrow \uparrow v$

与此相似，美元也受到资本流入的支持而升值——↓（N+S），从而克服了贸易赤字的不利影响：

（3）　　　　↓T< ↓（N+S）→↑e

上述两组关系是大循环的支柱。

还有许多其他形式的关系也在起作用，但数量众多，我无法逐一列出。其中有些关系能够促进大循环，有些则起着相反的作用。有些关系从短期来看起着促进作用，但无法维持较长时间。最重要的自我加强关系发生在汇率与投机资本流入之间：

（4）　　　　↑e→↓S→↑e→↓S

我们已经指出了两组不利于大循环的关系〔等式（1）〕，在这里我们还可以给出两组在短期内自我加强但却不能持久的关系。首先，当投机资本的流入在短期内自我加强时，它也在滋生着利息与本金的负担，这一过程是累积性的，到了一定的程度，便会起反作用。

（5）

　　　　　　　　↗↑e
　　　↗↑e→↑S
↓S　　　　　　　↘↑N→↓e
　　　↘↑N→↓e

最终，偿债负担的增长（↑N）注定要破坏大循环所赖以维系的那些基本关系，而利率变动的趋势也将走向逆转：

（6）（↓T+↑N）>↓S→↓e→（↑S+↓T+↑N）→↓↓e

到那时，偿债负担和投机资本的逃逸再加上贸易逆差将引发灾难性的美元崩溃：中央银行的官员们，以保罗·沃尔克（Paul Volcker）[1] 为杰出代表的央行官员们，意识到其中的危险性，并且公开地发出了警告。[2] 为了更全面地理解问题，有必要指出，利息累积到能够扭转平衡的程度要经过好几年的时间。也许，在此之前大循环早已逆转，或至少进入了休整阶段。沃尔克和其他负责官员当然希望这种局面能够出现。

摆在全球经济面前的关键问题是，如何制动大循环而同时又能保住美元躲过突如其来的灾难性崩溃。大循环的持续时间越长，美元攀升得越高，那么下跌的危险也就会越大。问题在于，一旦美元的升势发生了明显的逆转，那么即使是在目前这个阶段，它的后果也将不仅限于扭转正在发展中的投资势头，投机资本所积累的存量投资也将因此而受到冲击，而存量投资的金额要超过流入资本许多倍。问题已经摆在了明面上，美元资产的持有者们寝食难安。这也就是外国人所持有的市场资产被恰当地描述为“热钱”（hot money）的原因。

第二个例证是预算赤字，它在短期内具有刺激效果，然而从长远来看，却可能是反生产性的，因为它借助利率机制，将资金从更富于生产力的部门中分流出来：

（7）

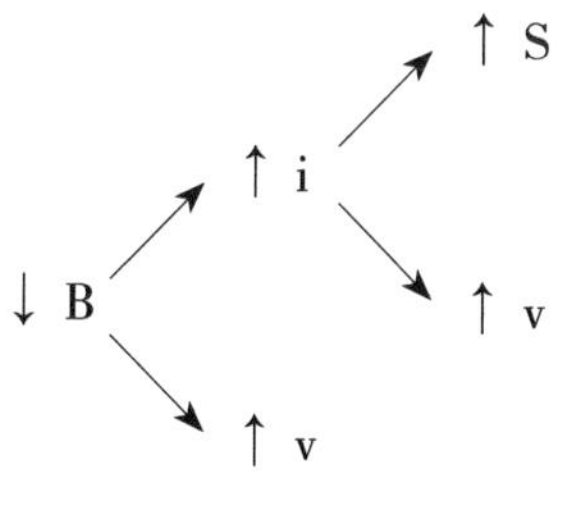

只要高利率还有能力吸引国外资金，问题就仍处于潜伏期。在外国储蓄的资助之下，国内经济的消费可以超过它的产出，只有到了资本流入不再能够

① 时任美联储主席。——译注
② 例如，1986 年 2 月 20 日，保罗·沃尔克在参议院银行委员会听证会上的证词。

抵偿预算赤字的时候，问题才开始变得尖锐起来。必须提高利率以促进国内储蓄、弥补预算赤字。随之，疲软的消费抑制了经济的发展，于是外国人愈加不愿意保持美元资产。这可能会导致一种“灾难性结果”——疲软的经济同庞大的预算赤字相结合，从而造成高利率与美元的疲弱。

我们可以将这些关系组合起来，以构造一个关于大循环的整体模型：

（8）

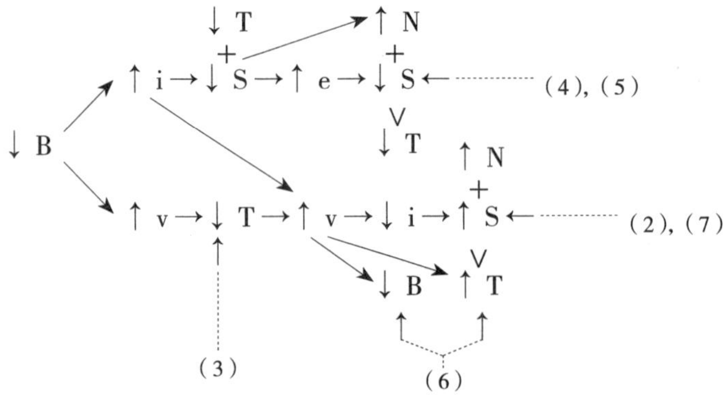

在这一模型中，等式（2）是大循环的主干之一，其以水平方式列出，而等式（3）则以垂直方式列出。可以看出，这一模型并不稳定：某些关系起到了支撑加强的作用，而另一些则代表着破坏和侵蚀。最有利于加强的因素是投机资本的流入以及贸易赤字，最富于危害性的则是经济活动的水平。贸易逆差和预算赤字是大循环稳定性的主要威胁因素。大循环方案的两根主要支柱是强势美元和强有力的经济，然而强势的美元导致贸易逆差的不断上升，削弱了经济，预算赤字将迫使利率水平居高不下，这同样也削弱了经济力量。在债务累积负担摧毁大循环之前，这些内部的不协调因素恐怕已经足以产生同样效果。

当然，该模型并不完整，许多关系也还没有显示出来，但所举的例子已经足够复杂。也许某些被忽视的因素在大循环的发展中将起到拯救性的作用，这类事件并不少见。例如，直至 1984 年，银行仍然能够在保持国内信贷扩张的同时吸引外国资金，而当银行不再发挥主渠道作用的时候（原因将在第八章中陈述），财政部就会接替银行的角色，取消预扣赋税，并将很大一部分政府债务直接出售给外国人。

如果能建立一个更完整的模型并给变量赋值，那将是一件很有趣的事情。我相信它也许能够模拟出 1982 年以来美国经济的演进过程。可惜我本人的知识储备不足，无力完成这一计划。我只好满足于印象主义式的描述。

我们所面对的是一个不稳定的，同时也在不断地发展着的体系。其中有哪些部分能够经受得住大循环的考验呢？我将试图回答这个问题。不过，在此之前，先让我们来仔细地考察一下银行体系以及当前正席卷全国的公司重组的热潮，以此作为一幅完整图景的结束部分。

第七章 | Chapter 7 银行体系的演进

人们普遍认为，1982 年的国际债务危机对债务国来说是极具戏剧性的时刻。债务国资金转移的方向逆转，震荡无所不及。在我们的大循环模型中，震荡以非投机性资本流入的形式表示（↓N），因为它是由总回报以外的考虑因素引导的。牵涉到的款项数目巨大：1982 年，资金流入重债务国的净额为 501 亿美元；到了 1983 年，反向流出净额竟然已经高达 138 亿美元[①]，其中绝大多数是美元。资金从重债务国的转移，为大循环提供了主要的支持基础。

1982 年的危机并没有能够成为银行体系发展的转折点，这是一桩颇为奇怪的事情，可是却很少有人注意到。那些最大的银行陷入太深，无法抽身，无法做到令资金回流。如果它们完全停止放贷，那么负债累累的债务国便不得不违约。如果它们试图建立充分的储备，那它们自身的资本状况便会受到严重损害。各种集团的成立，其目的无非是保住这些银行。我们已经了解了集团在帮助债务国渡过难关时所扮演的角色，现在我们应该探讨一下这一事件对银行体系的影响。

合作出借体制运作的基本原则是自愿合作。监管当局不仅要使出浑身解数来使大量参与其中的银行能够增发新贷款，同时还要将边缘银行引入合作范

① 国际货币基金组织：《环球经济展望》，1986 年 9 月 1 日。

围。为了实现这些目标，唯一可行的办法就是维持一种未清偿贷款并未对银行造成损害的假象，因此不必设立特别的储备金作为未雨绸缪之计。在各国主管机构之间也存在着一些分歧，但是美联储作为最终的贷款人，保持了自己的支配权。人们认为银行体系过于脆弱，因此根本无力采取任何强有力的措施。会计标准进行了修订，同时还作出了特别的努力以使银行有能力达到规定的水平。1984 年 3 月 1 日，美联储在最后一分钟作出了向阿根廷提供过渡性贷款的决定，这也是其最富于戏剧性的一次干预行动。

欧洲的中央银行则采取了不同策略。它们鼓励商业银行建立储备并冲销坏账。它们有能力这样做，因为总体而言，欧洲银行的参与程度较低，并且它们的会计体系允许积累巨额的秘密储备。英国银行的处境介于美国和欧洲大陆银行之间，有些英国银行属于那些向欠发达国家提供贷款最为冒进的分子。不过，在它们自己的分支系统中，其储蓄基础却要牢固得多，因此永远不至于像它们的美国对手那样，稍有风吹草动就会神经过敏。

也许可以这样讲，美联储在支持金融中心银行（money center banks）方面做得太过了。这些银行用于重定还款时间表的费用，以及停留在纸面上的异乎寻常的高利差都得到允许，可以列入本期收益，尽管它们从未从中获得现金收入。其结果是，它们可以据此报告取得丰厚的收益，也的确有些银行在 1983 年增加了它们的股息。

富于讽刺性的是，集团的组建以及与之相随的管理当局的悲观态度，拖延并转移了美国银行业的调整过程。债务国不得不面对严峻的现实，而银行背着大量的可疑债务却有口难言，它们不得不竭力隐瞒债务的不可靠性。它们收回利息的唯一指望就是增发新的贷款，这样一来，问题非但没有暴露，反而更严重了。银行对此做出的反应是试图以更快的速度增长，最理想的增长方式是在不占用资产的情况下提供业务，金融中心银行开发了大量新的业务，并积极地将它们推向市场。当然，它们也不反对扩张其资产负债表。几乎所有的贷款在质量上都远胜它们向欠发达国家所提供的贷款业务。当时正是杠杆收购的全盛时期，银行愿意提供条件非常优厚的贷款。银行还大胆地吸收海外存款以充实自己国内的资产。就这样，它们充当了美国吸收外来资本的基本工具。

遗憾的是，银行无法利用其报告中惊人的收益数字来提高其股权资本的数额，因为这种把戏是骗不过股票市场的。银行股票的市场价格相对于其公布的资产价值有很大折扣。化学银行抓住了一次短暂的有利时机售出了一部分股票，汉诺威制造商银行（Manufactures Hanover）也发售了一些股票以配合收购CIT公司（CIT Corp）。然而这些只能算是例外。从整体上讲，银行不得不依赖其留存收益，而那是不可能跟上资产增长的步伐的。

增长与多元化的竞争仍在继续。汉诺威制造商银行以高昂的代价收购了CIT；而设立“非银行银行”的目的在于规避现有的地域多元化限制。金融中心银行正在施加压力，要求开放州际扩张，但它们遭到那些试图保卫自己的地方银行的强烈反对。旷日持久的争论直到最近才算有了解决：在金融中心银行进行跨越州际的收购之前，先要给地方银行提供一个喘息的空间。

美联储不愿意对银行体系采取任何严厉的措施，担心那样做将对经济发展产生消极影响。它们的首要任务是防止经济崩溃，为此它们希望推动经济强劲复苏。只有在经济复苏并走上正轨之时，它们再来控制货币供应且允许利率上扬。它们本来也可以试图去控制银行，但它们并没有这样做。坏账持续增加，资本充足率日益恶化，对银行系统的信心仍然很不稳定。

最后，问题在国内贷款业务中暴露出来了。有些重要的经济部门并没有参与复苏，其中最引人注目的当属农业与石油工业。同国际债务不一样，靠继续增发贷款来偿付利息从而保持国内借款人免于破产，这一套做法根本行不通，因为债务人实在是太多了。大陆伊利诺伊银行（Continental Illinois Bank）因执行宽松的贷款政策而蒙受了重大损失。特别是它从已经破产的宾夕法尼亚广场银行（Penn Square Bank）那里购入的一笔巨额能源贷款，但这笔贷款极不可靠。由于没有分支机构，这个倒霉的银行只能极度地依赖借入的资金，因此成了公众注目的焦点。

储蓄与贷款业也在酝酿着风波。由于1982年之前的高利率，许多机构的股本金流失殆尽。为了阻止一场全面崩溃的发生，大量的机构只得合并，或者谋求救助。里根政府希望通过市场机制来解决这个问题。就在这些机构的资本遭受严重损失的时候，金融史上最激动人心的场面之一出现了。许多清规戒律一下子被扫除净尽，储蓄与贷款公司的活动范围扩大，投资资产种类极大地拓宽了。由于储蓄贷款机构是在管制的气氛中陷入困境的，因此人们认为，取消管制有助于它们摆脱困境。私营企业也的确设计了不少机巧的方案试图挽救破产的储蓄与贷款公司。绝大多数新投入的资金立刻以税损的形式扣除了，精明的投资者们只用了很少的一点现金投入，就取得了对这些金融机构的控制权，它们都是有权开展由政府担保的存款业务的机构。其中一部分落入了经营者的手里，他们利用这些存款来支持可以获利的其他经营活动。在野心勃勃的扩张过程中，握牟厚利之机而无损微毫之虞。这一套做法实在令人不快，奇怪的是至今没有人加以指摘。

在充分地利用了管理当局所提供的机会自肥起来的公司中，美洲金融公司（Financial corporation of America）表现最为冒进，它的领导人是精悍的查尔斯・纳普（Charles Knapp）。第一租赁公司（First Charter Financial）是一个老牌机构，其存款由联邦储蓄与贷款保险公司（Federal Savings and Loan Insurance Corporation，FSLIC）承保，而美洲金融公司在对它进行收购后，便利用经纪人与强大的内部销售团队进行疯狂举债。在此之后，他们又过度投资于风险极大的不动产贷款以及固定利率抵押贷款业务。如果其中任何一笔出了问题，立刻就可以找到另一家将这笔贷款接过去，以换取自身所开发项目中的一笔数额大得多的贷款。在利率上调之后，公司以指数比率提高了其抵押贷款平均固定利率水平。纳普认为，这样一来，当利率最终下降时，他便能开展一项收益极高的业务。不过，即使利率始终居高不下，只要他的业务量达到一定的程度，政府也就不会允许它宣布破产：如果是正面，他就赢了；如果是反面，他也不会输。这种算计当然是正确的。公司的存款额很快地从 1982 年的 49 亿美元增长到 1984 年的 203 亿美元。随着公司财务状况的日益恶化，纳普被迫辞职（在收下了高达 7 位数的离职金之后）。然而，公司却得救了。[①]

1984 年夏天，大陆伊利诺伊公司和美洲金融公司的危机差不多同时到达顶峰。这是银行与储蓄业的真正的转折点，尽管这一事实至今没有得到应有的

① J.E. 格雷：《美洲财经合作：战略分析≠预测》，载《伯恩斯坦研究》，1983 年 12 月 28 日。

重视。银行监察员们如梦初醒，记起了自己的法定责任，开始集中精力检查那些不良贷款。管理当局提高了资本需求标准，并且执意加强坏账储备。银行只得收缩资产负债表，出售资产、整顿贷款以备转售，而不再是像以前那样往账面上一摆了之。不健康的增长终于告一段落，调整过程开始了。

乍看之下，调整进行得极为顺利。银行逐渐熟悉了整顿贷款以备转售的业务，并且开发了从浮动利率到抵押转售票据等多种金融工具。每当有必要的时候，总会有其他的机构接替银行的角色。垃圾债券已经取代银行贷款，成为企业合并的主要筹资来源，国库券取代了欧洲美元存款吸引海外资本的功能。就在银行扩张的转折点到来之际，外资持有债券的预扣税被取消，这并非巧合。

随着时间的推移，银行的财务状况应该已经得到了改善。个别银行也许受到了损害，因为它们不得不认亏出场，然而整个行业作为一个整体应该比过去可靠得多。股票市场已经对这一外在的变化作出了积极的反应：银行股票市值上涨，价格升水。

然而，危险期并未结束。只有当一种趋势已经被扭转过来的时候，人们才能看清先前过度放贷所带来的后果。只要银行还有机会，它们就会竭力用增发贷款的伎俩来掩盖其不当贷款。可是，到了银行被要求计提坏账或可疑贷款准备金时，再用这套手法对它们来讲已经没有什么好处了。与此相反，银行会急不可耐地清算坏账，因为这样一来，它们就可以将非收益资产转化为收益资产，同时，还可以收回一些款项用以建立必要的储备。然而这种做法的危险性在于，坏账清算可能会导致更多坏账的暴露。比如说，许多农场主无力偿债，但它们所拥有的土地的价值仍足以提供充分的抵押：这些农场主将获得进一步的贷款，而不是被迫宣布破产。然而那些破产的农场主进行破产清算会导致地价下跌，从而使更多的农民破产。在石油业中，类似的情况也在发生。而正当此稿撰就的时候（1985 年 9 月），不动产业也出现了不祥之兆，接下来可能就是船运业了。

1985 年，马里兰州公共储蓄银行（Community Saving Bank of Maryland）及其附属机构，产权规划公司（Equity programs Inc.，EPIC）的破产，为我们提供了一种范式，它表明在趋势被扭转之后可能会发生些什么。这个出问题的机构是由不动产发展商们收购的，他们把自己的辛迪加业务作为储蓄机构的附属部分来经营。他们专门投资样板房，因此颇有口碑。这些房屋的抵押由私人抵押保险公司承保，以抵押担保债券的形式出售给投资者。在俄亥俄州发生了挤兑由国家承保的储蓄银行的事件之后，马里兰州的储蓄银行也被指令寻求联邦保险的庇护。然而，联邦储蓄与贷款保险公司（FSLIC）坚持要求它先出售其附属的辛迪加才可以获得 FSLIC 的保护，以此作为惩罚。这一要求揭开了全部问题真相，原来这个子公司已经无力组织任何新贷款了，而如果没有新的信贷资金支持，它根本就不可能偿付未清算抵押贷款。情况表明，来自已建成屋宇的收入不足以抵偿抵押贷款，其缺额则依照惯例由新的辛迪加贷款来弥补。从理论上讲，那些模式居室建筑终将售出并带来收入，然而在实际上，由于子公司对母公司负债过重，因此其中有些建筑根本就是子虚乌有。子公司发行了约 14 亿美元的抵押担保债券。这样一来，抵押保险公司就被推上了断头台，潜在的债务超出了一些牵涉其中的保险公司的资本额，如果它们无力承付债务，那么抵押担保债券的信用就会受到动摇。①

上述简短说明显示，管理当局同样未能突破偏见的影响，它们也是反身性过程的参与者，只能在对整个过程缺乏充分理解的情况下采取行动。就此看来，它们同管理对象之间也不过是半斤八两。总的看来，管理当局对自身监管业务的理解远不如从业人员。业务越是复杂，越是富于创新性，管理当局恐怕也越是难以胜任，力不从心。

监管总滞后于事件。当管理机构终于能够制止过热发展时，它们所坚持的纠正措施却又产生了负面影响，从而使形势恶化。这种情况出现于我们目前所讨论的时期。到管理当局终于意识到国际贷款业务的弊端时，一切已经太晚了。如果管理当局执意采取纠正措施，那么便要面临突如其来的崩溃的风险。当它们最终坚持银行必须承认自己的亏损时，又在不自觉中对诸如农业、石油业以及船运业构成了压力，造成抵押品价值的崩溃。

---

① 后来，果真有一家，即泰克尔抵押保险公司（Ticor Mortgage Insurance company），宣告停业，不过抵押担保债券市场并未因此而遭到损害。

商业银行也犯了许多错误，但至少它们还有一个借口：它们是按照管理当局所颁布的指导方针来行事的，它们的职责在于竞争而不是考虑体制是否健全。在下面所说的意义上，它们的借口是充分而有效的。因为只要不涉及欺诈行为，当它们遇到困难时，管理当局在实际上就总是要出面帮助它们渡过难关的。这也的确是管理当局义不容辞的责任。

每当局势恶化到了危急关头，管理当局总有一套辩护词。从某种程度上讲，也的确可以归咎于个别成员的能力不足。在这个紧要关头，如果不是沃尔克就任美联储主席，形势发展也许会截然不同。在困难的形势面前，他表现出了积极的热情，并且提出了许多新颖的解决方案，这在官僚中很罕见。另一方面，也确实存在着机构上的原因。中央银行被授权作为最后的贷款人，但是它处理紧急事态的权力比其日常权力要大得多。本来期望它们能够应付危机的管理与控制，可是在处理具体问题时，它们的表现却总是不尽人意。要想一劳永逸地解决这一问题，就必然要求包括国会和行政当局在内的整个机构协调发挥作用。也就是说，凡是急需进行的改革几乎总是不可能及时地实施。

1984 年的银行危机将我们置于一种悬而未决的两难困境中。放松对储蓄机构的监管与确保储户不受损失之间存在着根本的失衡。担保的做法使金融机构得以随心所欲地吸收额外存款，而管制弱化则赋予它们在极大的范围内使用这笔存款的权力，此二者的合并，无异于一张不受制约的信贷扩张通行证。这是一个自联邦存款保险系统诞生之日起即已生根的痼疾，只不过在这一机构成立的时候，银行已被置于严格的管制之下了。随着放松管制的趋势愈演愈烈，风险与回报之间的失衡更为明显，并最终在 1984 年达到临界点。

美联储只得扩展它作为最后贷款人的功能，保证所有的储户，无论存款多少都能够免于损失。这使得银行能够躲过储户加之于它们的最后一重惩罚。没有惩罚，也就没有任何约束。现在，除了管理当局之外，没有任何力量可以阻止金融机构参与不可靠的贷款活动。

也许有人会说，股东将是一股制约力量，因为他们不会允许将自己的利益置于危险之中。这当然是对的，可是这种制约并非十分有效，因为银行可以通过进一步扩大贷款规模来掩盖亏损。到了再也掩藏不下去的时候，损失的可就不只是股权资本了。因此，将股本与贷款暴露在风险中，这并不足以保证贷款的可靠性。

事实上，自 1984 年以来，管理当局的监管措施已变得更加严格，而支持解除管制的民间及政治偏向还同以往一样顽固。大萧条时期实施的地域及功能性约束正在被废除。从理论上讲，解除管制同强化监督之间并不存在必然的冲突，然而正如我们所看到的，管理当局会犯错；业务日新月异，监管却捉襟见肘。从表面来看，存款业务越简单越好；然而从另一方面来看，过于简单且受到监管的业务往往会产生古板且保守的管理模式。问题可以归结为在稳定与改革之间作出抉择。事实是，缺少其中的任何一个都会产生严重的后果，而舆论也就一再地从一个极端走到另一个极端。直到目前为止，我们还对取消过时的管制所带来的新机遇感到高兴，不过，要求稳定的呼声也日益增长。

还有一个即将爆发的问题，它涉及如何处理丧失清偿能力的金融机构。照传统的做法，当局比较倾向于安排规模更大、更可靠的机构进行收购。这种强制合并的办法在管制较严的时期不失为一条简捷的途径，因为破产面很小而且相互独立。收购方在财务上也相当有力。通常破产的银行都拥有某种有价值的特权，这种特权可以竞价拍卖，也不至于对整个行业的结构产生影响。然而在信贷扩张以及非管制化的过程中，“合并消化”破产机构的程序过于繁琐，其效果也今非昔比了。特权开始贬值，收购机构也越来越难以承受其自身财力的惨遭稀释。一个高度集中的行业管理体制看来要好得多。例如，英国的清算银行在吸收存款方面从未碰到任何麻烦，尽管米德兰银行（Midland Bank）的处境比美国幸存的任何一家银行都要糟。但是，不断提升的集中度增加了灾难性损失的危险度。在英国，一旦清算银行无法收回对欠发达国家贷款的利息，将会出现怎样的情景呢？言归正传，鼓励美洲银行收购西雅图第一银行（First of Seattle），但如果将来有需要，谁来收购美洲银行呢？[①] 我们早已见识过了这方

---

① 形势的发展大大出乎我的意料，到了 1986 年 12 月份的时候，第一州际银行（First Interstate）已经开始贪婪地追逐美洲银行，化学银行（Chemical Bank）则正在购入得克萨斯通商银行（Texas Commerce Bank）；共和国银行（Republic Bank）也表示愿意接管得克萨斯州境内情况最糟的一家银行，即第一州内银行（Inter first），以避免州外竞争者在本州取得立足点。

面的首例，那就是大陆伊利诺伊银行，在这种情况下，根本就没有指望找得到买主。也许最终我们会遇到几家最大的银行成为公共财产的情况。在其他国家中，这早已不是什么新闻了。

对储蓄和贷款行业那样经营不善的金融机构进行合并的想法在任何情况下都不应产生。我们已经知道，在 1980 年至 1982 年间，由于受到高利率的影响，绝大多数企业都陷入了资不抵债的困境。管理当局想出绝妙的主意，将奄奄一息的公司出售给那些富于冒险精神的企业家们，这些企业家们对能够吸收联邦政府发行的存款的权力垂涎不已。同样，我们也看到了那些企业家们，像美洲金融公司的纳普先生，利用这一特权创造了什么样的丰功伟绩。现在，管理当局已经采取措施制止不受控制的扩张，许多因过热而造成的弊病也开始暴露出来。幸亏利率下调了，否则我们将难以避免一次破产的浪潮。

第八章 | Chapter 8
美国的“公司大精简”①

在里根大循环的背景下，还有一种重要的反身性过程也处于发展之中：美国公司的结构正通过并购、资产剥离（divestitures）与杠杆收购等方式进行重塑。这一变化具有通常同反身性过程相关的那种戏剧性，并且上升到了历史的重要性。它的根源可以追溯到大循环形成之前，并于1982年后获得强劲的发展势头。公司重组与大循环之间存在着内在联系，这是毫无疑问的，问题在于迄今为止这种联系始终是极不平衡的：当前的经济政治形势为公司结构的重组提供了理想的背景，然而大循环在其演进过程中却还没有受到来自公司重组的显著影响。于是，我们可以粗略地将其描述为“兼并潮”，并且将其视为大循环的一个次要部分而非重要组成部分。

就其对美国公司结构的冲击而言，兼并潮的影响已经超过了企业集团化的声势。企业集团最初是一些规模相对较小的公司，后来通过收购成为大公司；而合并则涉及了美国公司中最大的实体。在两者之间存在着不少的相似之处，但差异还是要更加醒目一些。如果说企业集团的繁荣在一种最初自我加强而最终自我削减的过程中是最简单的例子，那么兼并潮则是最为复杂的一例。企业的集团化提供了繁荣 / 萧条序列过程的范例；兼并潮则是反身性过程的一个样板，即自我加强与自我削减的相互作用并非先后相继出现而是

① 公司大精简（Oligopolarization），这一章保持了1985年6月写成时的原貌，简短的附录写于1986年12月。

同时进行的。

我并不打算描写兼并潮历史，我在这里简单地假定读者们对近几年来公司调整的过程多有所闻。在有关兼并潮的问题上，我并不比一个消息灵通的公众人士更加了解内情，因为我并未以从业者的身份参与其事。

公司的调整早在股票市场有组织成形之时即已开始了。每当股票市值高于私人企业公司总值，公司的调整方向就是抛售其股票；而当市值过低时，就会购入股票。买主可以是公司本身、管理阶层、外部集团或其他公司，它们都有其各自的动机，希望抬高股票的价格。

企业的集团化兼并将股票的抛售同购入结合起来。兼并者以浮夸的价格售出自己的股票，与此同时，则收购其他公司的股票。它们之所以能够承受以高于市场的价格购入其他公司的股票而带来的代价，是因为收购能使市场高估它们自己的股票价值。因此，兼并热在根本上可以说是一种以膨胀的证券为支付手段的高估现象。

与此相反，在当前的公司结构重组过程中，主要的交易工具是现金。可以从许多渠道借到这些钱，但最后的结果都是一样的：以现金购入股票。偶尔也有通过股票交换达成交易的，但这不是主流特色。有一些业务，如资产或经营部门的转让，根本就不涉及股票的买卖，但是，构成当前过程特点并使之成为反身性过程的，则是以现金购入股票的形式。这样一来，股票价格低估就成了合并的指示器：整个公司价值必须真正高于其股本的市值总额。

这种低估策略的发展始于第二次石油危机，当时各国共同努力，通过严格的货币政策来控制通货膨胀。在里根总统执政后，尤其是在大循环启动之后，它获得了极大的发展。

在股票价格相对低估的现象中，我们可以分离出三重要素：政治的、经济的和税务的。前两者同里根的大循环之间存在着明确的关系，第三者的存在要归因于我们独特的税务体系。我将重点讨论后者，因为作为一个反常的要素，它似乎构成了反身性过程中的一个基本成分。

只要利息费可以抵税，用借入的资金收购公司就是合算的，因为这样可以节约税款。这也是杠杆收购的主要动机。实际上，还有许多其他更神秘的税收优惠，不过现在不是讨论这些的时候。[①]

按惯例，股票的价格是其收益的一个倍数。当利率升高时，这个倍数就会减小。然而收益只是税前现金流量的一部分，并且常常是其中较小的部分。尽管如此，在选择收购对象时，现金流量是决定该对象价值的最基本的标准。这就表明传统的股价评估方法有助于创造更多的收购机会，尤其是在收益低迷、利率却相对较高的时期，如大循环时期。

我们姑且拿一家赚钱、成熟但没有多大发展余地的公司来作为例证——即所谓的现金牛（cash cow）[②]。如果用借款来收购这样一家公司，利息可以在税前收益中扣除。只要市场以高于当前利率的水平对税前收益进行折扣，那么除自由现金流量外，收购方还可以额外获得一定的差价收益用于支付贷款。最后，收购者将得到一个没有债务负担的公司。从理论上说，只要能够做到这一步，他就可以将股票出售给公众，从而获得资本收益。然后，他可以反过来又从公众手中买回这些股票，由此又开始一轮新的循环。实际上，的确有几家早期作为杠杆收购对象的公司，又作为新一轮的目标而重新出现。我并不掌握有关任何公司在上市后又进行私有化的事例，但我了解几宗先前被收购过的公司再度成为杠杆收购对象的私下交易。

由此可见，税收制度使“现金牛”特别容易受到杠杆收购的影响，而大循环无意中产生了将企业变为“现金牛”的后果。造成这种局面的原因在于，过高的实际利率和汇价。实际利率太高，令投资者对实物投资失去兴趣，转向金融资产投资。这就等于是在鼓励人们不要将资金用于扩大业务，而应该去投资金融资产：购入股票或收购其他公司。高汇价往往会使工业活动的利润减少：出口萎缩，国内市场受到进口产品的价格压迫。

高位的实际利率同高汇价的结合，孕育着潜在的危机。出口商品制造商高

① 其中有些做法，例如著名的“一般效用”主义（General Utilities doctrine），允许收购公司抬高自己资产的账面价值，从而令贬值得以在一个较高的基础之上进行，这已经在1986年的税制改革法案中被取缔了，有关利息支出可以在税前扣除的优惠没有变动，但公司税税率由48%下调到34%，这样就减少了使用借款在税收上的好处。

② 通常指占有市场份额大但市场扩展空间小的产品或劳务的经营者。——译注

度紧张，他们的处境岌岌可危。他们所采取的对策是合并巩固：放弃无利可图的部门以及在市场中地位薄弱的业务，集中精力发展那些已经在市场中站稳脚跟的领域。传统的看法已经被动摇了：在这种情况下通常还会出现一些管理上的变动。不仅如此，传统的敬业精神也同样一去不复返了，自由现金流量和利润终于赢得了从前只有在教科书中才体会得到的那种重要性。如今，管理者们开始以一种新的眼光看待自己的业务，仿佛一个基金经理在审视自己的有价证券组合。这些都为公司结构的重建创造了适宜的气氛。

每当收购行为发生时，市场价格同收购价格之间的距离总会变小，这就引发了这一过程中最难以理解的特点。人们可能会认为，以现金形式收购股票将缩小股价被低估的程度，使收购不再有利可图，从而使其终止。但为什么差价始终没有弥合呢？要想回答这个问题，我们将不得不乞灵于政治性因素。里根政府对市场的力量充满信心。这当然可以首先从放开行业管制的政策中得到验证，不过它也同样体现在政府对公司一般改组活动的态度之中。

迄今为止，还没有就反托拉斯法做出任何正式的改革。但是在对待违反反托拉斯法行为的态度上却有了很大的变化。市场份额不再被看成是静态的，人们开始接受动态的观点。竞争也不再局限于某一特定的行业，因为各公司可以跨越行业的界限相互竞争。瓶装可以同罐装竞争，塑料可以同玻璃竞争，铝材可以同钢材竞争。技术的进步将从前甚至闻所未闻的业务引入了竞争的行列。长途电话服务就是一个最好的例子：从前被自然地看作是垄断性的行业，如今却变成了高度竞争的市场。进一步看，美国市场本身也不再是孤立的了：国际竞争保护了消费者的利益，特别是在美元如此坚挺的时期，国家的利益决定了美国生产商要进行合并，虽然合并后公司的数量减少，但实力却更为强劲。上面这些考虑是否也适用于将来？这还要观察。但是，假如这种运作模式仍然奏效，大规模的合并将不会遇到政治上的麻烦，而这在以前是不可避免的。我称这一过程为美国的“公司大精简”。

在卡特当政时期，任何大规模的收购行动，例如通用电气公司（General Electric）收购犹他国际公司（Utah International）的动向，一概都会遭致反托拉斯调查，这虽然不至于使计划终止，但也会大大放缓交易进度。人们普遍认为，只要公司的规模达到一定程度，它就不会受到攻击，同时也不会发生任何重大的改组。他们生存在一种缺乏激情的环境里，管理阶层相对稳定，集中心力于自己的业务。由于这一观念极少受到挑战，可以肯定这只是一种偏见而没有得到证据的支持，这一偏见可以从股票价格的评估中得到证实。人们认为规模较小的公司更容易被改组，因此其股价往往更高一些。在1974年至1979年间，小公司股票的表现远好于大公司股票，专门对小市值股票进行投资的投资者们大获全胜。公司的改组，诸如杠杆收购等，也主要集中于市场的这一领域。

1980年后出现了缓慢但明显的变化。购并交易额急剧增长，一度被认为是不受攻击的企业现在也面临着竞争。例如，在几年前，那些受到攻击的企业通常会收购电台或电视台作为保护自己的手段。现在，他们自己也被摆上了竞购台。无论是ABC（美国广播公司）还是RCA（美国无线电公司）——NBC（全国广播公司）的所有者——都在友好的交易中被收购了。而CBS（哥伦比亚广播公司）在攻击之下，其控股权也已经易主。

这种趋势起初并不惹人注目，然而当它扩展到一家又一家企业时，就引起了投资者们的注意。现在这一趋势已经充分反映在股票的市场价格上了。自1980年之后，人们又开始逐渐看好大额资本股票了，兼并潮无疑在其中起到了相当的作用。随着这一过程的继续发展，当预期超过现实，收购对象的股票价格的上涨阻碍交易时，这一过程就会达到一个临界点。交易前股价同收购时实际支付价格之间的差价早已缩小，然而这并没能减缓交易的步伐。兼并潮已经创造出自我激励的动量，在它疲软下来之前，无疑将会有一些交易在不理智的价格水平上达成。

以分析的眼光看兼并潮，可以辨别出来，基本的反身性相互作用是自我削减的或者说自我矫正的。即使存在着自我加强的作用，那也只是横向的而非纵向的：它增加了有关公司的规模与数额，但并没有将股票的价格抬升到无法承受的高度。相对来说，几乎没有纵向的或价格上的变动。GAF公司等成功的收购方可以获得更高的股价，如果它们能够成功地进行资本重组，那么它们就可以再吞并另一家公司。只要这一过程能够维持足够的时间，市场就会出现乐观的倾向，从而推动股票价格的溢价，这将使这些公司更容易完成其预定目标。美莎石油公司（Mesa Petroleum）一直在成为优质公司的道路上前进，直至联合石油公司（Unocal）打断了它的发展进程。而 Esmark 公司则完成了一个完整的循环先是收购，然后是被收购。

自我加强的相互作用首先来自消极偏见的解除。在一个公司中出现的事情也可能会在另一个公司那里出现，并且在成功事例的鼓舞下，人们会勇敢地去尝试各种在以前被认为是不可能的方案。这样一来，整个局面注定要演变出形形色色的过热现象。首先，存在着负责兼并与收购的部门，它们会启动公司的兼并交易，然后就是那些喜欢虚构各种新型的攻击与防卫措施的律师们，再加上实际收购者、信贷供应者、在交易之前或在交易过程中购入股票的投机商，他们往往成为交易活动的积极参与者，最后，还有被赋予监督使命的管理当局。所有的参与者，除了管理当局，肯定都可以从成功的交易中获得可观的利润。

高额的利润常常引发其他形式的过热，特别是在涉及信贷问题的时候。关于这一点，不大可能列出一个一般性的模式。每一笔交易都具有高度戏剧性，这个戏剧性由人类的弱点构成。在描述具体交易事件时，将罗列出各种各样的失误、浮夸、滥用、大胆的策略以及令人拍案叫绝的发明构思。从这一角度来看，兼并潮同其他那些能够产生意外财富的活动并无不同。人类普遍倾向于从事此类活动，直至某些挫折发生之后才可能打消人们的热情。如果在这个过程中使用了巨额的信贷，那么失败将会像滚雪球一样越来越多。我们已经至少有过一次教训了，当大投机商伊万·博伊斯基（Ivan Boesky）被迫清算其持仓时，他连累其他许多人也陷入类似的困境。有关杠杆收购所积累的债务也引起了不少的忧虑。直到最近，绝大多数信贷来自银行。正如我们所看到的，在国际信贷危机之后，他们力图摆脱困境赢得增长，而杠杆收购正好提供了一个现成的市场。但是这一次，管理当局早在那两桩危机（即大陆伊利诺伊银行和美洲金融公司事件）爆发之前，就开始阻止银行为杠杆收购提供贷款。有一段时间，金融资源看上去似乎已经枯竭了，公司改组的步伐也的确放慢了。那是在 1984 年的下半年，在几家大型石油公司被吞并之后，选举马上就要开始，人们已经可以感觉到进一步的收购可能会带来尴尬的政治性问题。在选举之后，兼并潮再度振奋起来，然而融资的主渠道由银行转向了垃圾债券。这一转移很可能是出于不得已——联合石油公司因太平洋证券银行（Security Pacific Bank）向对手公司提供信贷而对其进行控告——但后来的发展证明这是一项融资技术上的进展。垃圾债券更富于弹性，更容易组织，同时它也更灵活，可以在税项上钻空子。德雷克塞尔·伯纳姆（Drexel Burnham），这位垃圾债券融资市场上的风云人物，可以在举手之间筹措几乎无限多的资金。

这一切会以失败告终吗？准确的预测是不可能的。我们已经知道，在这中间，最主要的反身性关联是自我矫正的。为企业集团制定的繁荣 / 萧条序列模型在此并不适用，因为它很可能在冲击了所有涉足的领域后进行自我毁灭。但是，不能排除也许会出现令人不快的结果。其净效应是重组后的公司将要承担巨额债务，各种各样的重组方案将会导致债务清偿的困难。如果大循环发生逆转，并且美元恰恰在经济滑入萧条时开始贬值，同时利率也开始了上升，对于高度杠杆化经营的公司来说，这意味着将会出现它们所最不愿意看到的局面。就在不远的将来，石油价格的陡降将威胁到像菲利浦石油公司（Phillips Petroleum）这样负债累累的石油公司的现金流量，一次规模较大的破产也许足以打破垃圾债券持有者的魔环。

到目前为止，兼并潮尚未对大循环的命运产生明显的影响。由于管理活动短期化倾向的增强，美国的实物投资活动很可能缩减，但直到最近，投资依然保持着惊人的强劲势头。兼并潮促进了信贷需求，诱导银行在海外举债以满足国内贷款的需求。然而在银行从舞台退出之后，海外资金仍然继续流入。如果这中间存在着一种反身性的联系，那也是极其微弱难以分辨的，必须将它同目前阶段美国对海外资本的普遍吸引联系起来加以考虑。

另一种不祥的预兆开始浮现出来。大量的信贷被公司收购活动所占用，然后公司再通过变卖抵押资产的方式偿还信贷。这两个方面，无论是非生产性的信贷占用还是抵押资产的变卖，都在加剧着当前的通货紧缩趋势。兼并潮也许就是以这种方式促进了大循环的展开。

假设这一过程不会以灾难告终，那它究竟会产生一种怎样的净效应呢？摆在面前的是一团乱麻。在企业兼并过程中，绝大多数活动局限于股票市场，而现在的许多变化则发生在现实世界之中。总而言之，公司的赢利能力将会增强，资产将得到重新调配，古板的管理机构将受到极大的震动，行业将更具垄断性。只要大循环还在进行，这些变化对于许多企业而言都是可取的甚至是必不可少的。当国外竞争的压力减小以后，这些变化将在新的环境下走向它们本意的反面。[①] 如果将兼并潮看成是修正的过程，我们将会碰到反身性相互作用所固有的问题：向哪个方向修正？仿佛在打靶的时候，靶心的位置受到射击行为本身的扰动。

即使企业重组是一个修正过程，它也会从放缓中受益。节奏慢下来了，所达成的交易量就会少得多，因为回报不再那么吸引人了。这会使情况有所改善，因为现在人们倾向于达成更多交易，而忽略了长期的经济效益。税法对此要负主要的责任，但是那些用别人的钱去冒险的参与者们同样难逃罪责。英国有个接管问题小组，专门审查各种有关的规章制度，我们也应该可以从建立一个类似的机构中获益。

在理论层面上，这一分析表明，繁荣 / 萧条模型并不能直接应用于所有的反身性过程。有了这一教训，我们就可以开始讨论下面的问题了：大循环的最终结局是什么？

附录：1986 年 12 月

事实上，兼并潮延续的时间比大循环更长一些。由于石油价格跌到了每桶 10 美元以下，再加上 LTV 公司的破产，垃圾债券一度非常不景气，不过后来市场还是复苏了。尽管垃圾债券的表现落后于高质量债券，但杠杆收购的股票持有者和垃圾债券持有者仍能从下跌的利率中获益。1986 年的税制改革法案在 1987 年 1 月生效前就产生了加快交易速度的反作用。然后就是博伊斯基事件，投机集团的核心受到了震撼。这场丑闻的全貌尚不得而知，不过这是可想

① 附录：1987 年 2 月，在来自国外的竞争削弱以后，股票市场开始对以前在美国公司大精简过程中所产生的过高的利润预期作出反应。

而知的。调查活动早已捆住了绝大多数主要投机者的手脚，并且将彻底改革游戏规则。总的来说，因兼并潮而引发的投机热将要告一段落，至于美国公司的结构重组，则无疑会持续下去。净现金流向垃圾债券的趋势将被逆转，收购者所能够获得的杠杆比例也会受到极大的限制。最重要的是，在公司交易变得声名狼藉之后，要想重新获得资金的支持将是极为困难的，而垃圾债券的本性也日益暴露出来了。

简言之，博伊斯基事件并不意味着公司重组的终结，而是在兼并潮的反身性方面构成了一个明确且极具戏剧性的转折点。同其他类似的情况一样，从转折点到灾难开始浮出表面那一刻为止，还会有一段平静的时期，那些 EPIC[①] 式的合并还没有真正开场呢。

① EPIC，产权规划公司，即马里兰州公共储蓄银行的下属公司，它导致了该行的破产。

第 3 部分

实时实验

第九章 | Chapter 9

起点：1985 年 8 月

1984 年大选前后，我们开始研究大循环的历史发展过程。在那之前，美国经济持续增长，美元坚挺，因此大循环发展得顺风顺水。当时各国中央银行心里都清楚这中间有问题，最终一定维持不下去。1984 年年初，它们一度干预市场，试图压低美元汇价，但没有成功，美元更是涨出了新高度。经济发展依然强劲，即使利率小幅调升也无济于事。手持美元金融资产的外国人大发其财，对美出口商也喜不自禁。奇怪的是，美国企业面对严重的进口压力无动于衷，不愿将制造业迁往海外，寄希望于投资高科技以保持产品的竞争力。临界点现形于 1984 年的末季。经济增长的步子慢下来了，利率也趋于下滑，唯有美元汇价在稍挫之后仍昂然向上。主流观点认为，美元强势同经济的强劲增长和利率差价有关。最后一批逆势者退出了，美元汇价牛气冲天。这便成为压垮骆驼的最后一根稻草。美国企业如梦初醒，焦急地转向出口和海外生产基地。坚挺的美元最终成了美国的难题。

大选之后，美国经济政策的指导思想发生了重大的变化。财政部长唐纳德·里甘（Donald Regan）同总统顾问詹姆斯·贝克（James Baker）易职，原先争吵不休的美联储和财政部就此走向共识。当务之急是通过削减预算赤字及放松货币政策来放缓大循环的步伐。美国的主要贸易伙伴们被鼓励施行相反的经济政策：加强财政刺激的同时维持利率不变。美国指望这些措施最终会使美元贬值。财政部长贝克甚至表示愿意在 1985 年 5 月波恩首脑会议之前讨论汇率制度的改革问题，但他没能坚持自己的观点。在国会里，他的削减预算赤字计划也遭受了挫折。最后，联邦当局只能听凭国会自行决定削减预算赤字。

美元应声而动，对德国马克的汇价下跌了约15%。此后稳定了近三个月，又继续下跌。然而企业界毫无起色，经济裂成了两块：外贸产业衰退，资本商品尤甚；服务业和国防工业却依旧兴旺。利率显著下调，刺激了经济，但如果美元汇价徘徊不降，刺激所带来的好处将因进口的增长而流向国外。更为严重的是，外贸产业的赢利状况丝毫未见好转。

前景如何？我们可以构想两种情形。第一种可能是美元贬值大约20%～25%，这将挽救对外贸易。尽管石油价格的下跌可以抵销进口商品价格的上涨，可还是会存在小幅通货膨胀。不过经济却可以就此复苏，从而为美元汇价提供了支持。这就是所谓的软着陆方案。由于政府各部门最终意识到必须通过协调合作来控制经济的自我加强过程，因而这一前景是大循环开始以来最令人感到乐观的。可以设想，当自由浮动汇率制度转向管理汇率浮动制度，难以被人察觉的汇率波动将趋于缓和。

另一种可能是美元汇价仍然居高不下，但终有一天要崩溃。首先，美元的任何微小跌幅都会导致外国出口商的吸纳，在疲软的市场气氛下，不可能指望他们抬高商品售价。外贸产业仍然不景气，且有蔓延到其他产业的危险。由于美联储担心经济衰退会给银行体系带来严重的影响，于是继续注入大量货币。然而，大量刺激措施带来的效果仍以进口的形式流失。最终，外国人不愿再持有美元，长期利率在货币供应量增加的情况下上升，美元急剧贬值，通货膨胀在经济全面衰退的情况下恶化。于是，转折点出现了。

这一前景令人不快，衰退将迫使过于脆弱的金融结构承受更严峻的考验。高债务国家本来已经勉强进入经济调整的第三阶段，出口的削弱又会将它们拉回到第二阶段，这种倒退是他们所难以承受的。在国内，经济调整进展更小，衰退不仅降低了债务人的收益水平，还削弱了抵押品的销售价值。当银行试图清算那些取消了赎回权的财产时，它们启动了自我强化的过程，于是其他债务人被逼入绝境。在摇摇欲坠的石油业和农业中，这一过程已然发生，如果衰退爆发，它将扩散到其他经济部门中去。

这就是我们目前的情况（1985 年 8 月）。作为一个市场参与者，我必须根据自身对形势发展的预估来进行决策。尽管反身性理论对我个人观点的形成有所帮助，但其发展至今，尚未产生过任何精确预测。现在我开始进行尝试。我曾利用反身性理论进行预测，这次我仍尝试这么做。

我计划进行一项试验，从现在起记下那些引导我制定投资策略的观点，并在撰写本书的过程中对其进行实时修改。这项试验将一直进行下去，直到本书被送进印刷厂，从而读者可以从中得出自己的判断。如果我的研究方法具有一定价值，那么该试验便是对价值的佐证。同时，本书就市场参与者的决策过程提供了深入的见解。

关于我所管理的投资基金，有必要做几点解释。[①] 量子基金（Quantum Fund）是一种独特的投资工具：它应用了杠杆原理，在诸多市场中运作；最重要的是，在很大程度上，我似乎把量子基金当成自己的钱来进行管理。许多基金具备上述某一特征，但我至今未听说有哪种基金能集这些特征于一身。

要理解杠杆的含义，最好的办法就是把普通证券投资组合想象成某种扁平而松散的东西，就像它的名称所暗示的那样。杠杆则引入了第三维：信用。于是原本松散、扁平的证券投资组合形成了一种本金支持信用的紧密型三维结构。

杠杆基金使用贷款资金的方式通常与本金相同。量子基金却不然。我们涉足各类市场，本金一般投资于股票，而财务杠杆则用于商品投机。商品的概念在这里还要包括股票指数期货以及债券和外汇。股票的流动性一般来说要比商品差得多。但是，将绝大部分股本金投资于流动性相对较差的股票，可以避免在被迫追加保证金时遭遇灭顶之灾。

在管理基金时，我对宏观经济及微观经济的投资概念进行了区分。前者通常决定我们在各种商品市场（包括股票市场）的敞口，而后者则体现在个股的选择中。这样一来，我们所持有的每一种股票都具备了宏观与微观两种属性，因为它影响着基金在股票市场中的整体敞口。如果这是一种外国股票，它还要影响到基金在外汇市场中的敞口。与此相反，股票指数或外汇持仓则只有宏观

① 写于 1987 年 1 月。

属性。当然，我们可以用股票指数或外汇期货来中和股票持仓的宏观倾向。

就外汇而言，我认为浮动汇率制度是一种关乎存亡的抉择，因为外汇投机是无法避免的，不做决定本身就是一种决策。当然，除非投资者选择购入外汇期权，但在这种情况下，他们会因为没有做出决策而付出相当大的代价。根据这一逻辑，即使没有一个完善的宏观经济投资概念，我也有必要就货币问题做出决策。结果可想而知。有时我甚至嫉妒那些愚钝的同行们，因为他们并不清楚自己面临着存亡的抉择。例如，在 1981 年至 1985 年美元持续升值期间，我遭受了损失，而他们却安然无事。

可以说，量子基金综合了股票市场基金与商品基金的特点。就它的历史而言，起初量子基金几乎专门投资于股票，只有在宏观经济状况不稳定时才会相应增加债券和外汇的比例。在过去的几年中，宏观经济中的投机活动已变得至关重要。杠杆的比率比纯粹的商品基金要低得多，并且各市场中的敞口既能平衡投资组合，又能发挥杠杆作用。

基金在某一方向上的最大敞口取决于自我约束的限度。消极地遵守保证金规定是要惹麻烦的，因为你很可能会被迫在最麻烦的形势之下调整自己的持仓。除了所要求的保证金外，还需要额外的安全保证金，其数额视基金的自由购买力而定，不过这种方法并不可靠，因为不同的投资工具其保证金要求大不相同。例如，美国股票的保证金要求为 50%，外国股票为 30%～35%，而标准普尔期货的保证金只有 6%。在操作杠杆基金时，如何控制敞口是最令人头痛的问题之一。关于这个问题，目前尚无明确的答案。一般来说，我尽量避免把全部资本金投入任何单一的市场中去，但同时，我也倾向于不断修正有关市场构成成分的界定以适应我当前的思考。例如，我可能会把非市场相关的股票和市场相关的股票放在一起处理，但也可能会将它们分开处理，这取决于我当时的心境。

一般来说，我更关注保全基金资本，而非其近期的赢利。因此，当我的投资理念奏效时，我倾向于放松自我约束。在资本与赢利之间划界，这可不是一件容易的事情，因为实际上，全体资本都是由积累的利润组成的。下表 9–1 列出了迄今为止的历史数据。由表 9–1 可知，基金只在 1980 年翻了一番，接下来的 1981 年则以失利告终。

在试验的第一阶段，基金的持仓安排主要局限于宏观经济领域，微观经济观念没有多大变化，对基金的贡献也相对较小。因此，在总结基金的投资情况时，我只注重其宏观方面。到了对照实验阶段，情况发生了变化：个股投资观念对基金成就贡献的比重增强了。因为当时根据我对宏观经济的看法，投入股票市场的时机到了。由于微观投资活动只在对照实验阶段扮演过重要角色，因此我没有讨论它们。只有一次例外：在第二阶段中，我讨论了有关日本不动产相关股票的操作。

表 9–1

量子基金资产净值			
日　期	每一“A”股资产净值（美元）	较前年变动 %	基金规模（美元）
1969 年 1 月 31 日	41.25	—	—
1969 年 12 月 31 日	53.37	+29.4%	6,187,701
1970 年 12 月 31 日	67.71	+17.5%	9,664,069
1971 年 12 月 31 日	75.45	+20.3%	12,547,644
1972 年 12 月 31 日	107.26	+42.2%	20,181,332
1973 年 12 月 31 日	116.22	+8.4%	15,290,922
1974 年 12 月 31 日	136.57	+17.5%	18,018,835
1975 年 12 月 31 日	174.23	+27.6%	24,156,284
1976 年 12 月 31 日	282.07	+61.9%	43,885,267
1977 年 12 月 31 日	369.99	+31.2%	61,652,385
1978 年 12 月 31 日	573.94	+55.1%	103,362,566
1979 年 12 月 31 日	912.90	+59.1%	178,503,226
1980 年 12 月 31 日	1,849.17	+102.6%	381,257,160
1981 年 12 月 31 日	1,426.06	–22.9%	193,323,019
1982 年 12 月 31 日	2,236.97	+56.9%	302,854,274
1983 年 12 月 31 日	2,795.05	+24.9%	385,532,688
1984 年 12 月 31 日	3,057.79	+9.4%	448,998,187
1985 年 8 月 16 日 *	4,379.00	+44.3%	647,000,000

* 未经审计。

基金的宏观态势列于每个日志条目下，基金的持仓与绩效则以图表形式附于各阶段文末。对照实验阶段的图表又细分为两个部分，因为它的时间跨度为实验阶段的两倍。如此一来，这些图表就被划分成四个大致相等的时间段。

第十章 | Chapter 10

第一阶段：1985 年 8 月—1985 年 12 月

实验正式开始：1985 年 8 月 18 日，星期日[①]

近来，股市中存在着这样一种观点：货币供应量的迅速增长预示着经济发展将更为强劲。周期性股票开始上涨，而利率敏感型股票及防御性股票有所下挫。我必须决定跟追哪种敞口倾向。我对流行的观点有所怀疑，但又拿不出足够的反证。于是，我干脆静观待变。我的股票投资组合主要由受益于企业重组的公司和遵循自身周期的财产保险类股票组成。

外汇方面，我一直倾向于软着陆的观点。事实上，我充分意识到了强势的经济会支持美元的汇价。市场上一片沽单，这会引发一次凌厉的反弹，尽管可能为时甚短。这样一来，美元空头就不是毫无风险的。因此，我大大削减了外汇持仓。由于以下原因，在此后几天里，我又恢复了原先的持仓。

我一直对软着陆保持着乐观的态度，因为美元的贬值是政府有意为之，如果是自发的贬值那就要危险得多。由于里根总统赢得联任，政府机构很快地走上了正轨，协调性也较前好转。实际上，大循环的所有过热要素都进入了调整时期：银行界日益谨慎，预算赤字正在削减，利率开始下调。

---

① 显示量子基金在第一阶段敞口和成绩的图表附 129 页。日记表中插入数字（1)—(6）的含义见第十章最后。

表 10–1

1985 年 8 月 16 日					
	收盘价 8 月 16 日			收盘价 8 月 16 日	
德国马克	2.7575		S&P500	186.12	
日元	236.75		美国国库券	76–24/32	
英镑	1.4010		欧洲美元	91.91	
黄金	337.90		原油	28.03	
			日本债券	——	
	量子基金股本金		$647,000,000		
	每股资产净值		$4,379		
	变化 %（自 1984 年 12 月 31 日）		+44.3%		
资产组合结构（以百万美元计）					
投资方向（1）	多头	空头	净外汇敞口（6）	多头	空头
股票：			德国马克相关货币	467	
美国股票	666	（62）			
外国股票	183		日元	244	
债券：			英镑	9	
美国政府			美元		（73）
短期（4）		（67）	其他货币	50	
长期		（46）			
商品：					
石油		（121）			
黄金					

我的乐观态度由于下述见解而有所减弱：过热要素的调整阶段最为危险。在一定程度上，这些过热要素是不可或缺的，否则它们不可能在一开始就得以发展，没有它们，系统也无法正常运转。进一步说，调整过程本身也会积聚能量，从反向形成自我强化的倾向。

现在，一切都取决于经济的表现。只要经济力量在 1985 年下半年能够得到加强，那就太平无事了。哪怕 1986 年（经济）再度疲软，到那时经济结构早已调整到位，足以应付得了。不管怎样，那个时候可能会发生的事情与当前的投资决策毫无关联。

我自忖不够资格同专家们比见识，因为他们在预测经济的实际走向时拥有的资料要丰富得多。这也就是我对周期性股票保持观望态度的原因。

消费支出是唯一重要的变量。有些专家警告说消费过分扩张，另一些专家则认为只要能赚到钱，美国消费者就有能力维持这种支出。我该听谁的呢？我的唯一优势就是反身性理论，它指导我躲开一边倒的舆论，并且注意到其中的消极方面。我确信，目前正是信贷紧缩时期，作为信贷担保的抵押物仍在不断贬值，如果消费者对刺激没有反应，那么这个判断就是正确的。这是一个典型的凯恩斯主义问题：把马牵到了水边，可它会喝水吗？我还需要更多的证据来证实负面的自我加强已经开始。

最近，我注意到各种各样的信号。也许，市场自身的表现是最具说服力的，而股票市场糟糕的表现让人心存疑虑。也许有人会提出疑问，我刚刚在前面讲过，市场总是有偏向性的。现在又把市场作为有效的指示器，似乎不太一贯。但我也曾指出，市场自然有办法实现自己的预言。

各种非农业报告也指出疲软正在持续。例如，汽车销量减少。我认为这些报告并不重要，因为当前的疲软是众所周知的，而通用汽车公司发起低利润率促销后的市场表现相对说来还要重要得多。有关今年谷物收成将创纪录的报告给我留下了深刻的印象，这意味着要么农业出口的困境加重，要么农产品价格补贴支出将大大增加。

各主要外币正在冲击汇率浮动上限。德国央行预计将下调贴现率，但马克毫不让步。8 月 14 日，星期三，我决定建立半数的德国马克持仓。德国贴现率降低之后，马克依然坚挺，于是我建立了剩余的一半。星期四下午，美联储宣布大大增加 M1 的供应，M3 的供应则相对温和。[①] 债券开始下跌，我意识到自己对外汇市场的看法正在经受考验。如果传统观念占上风，那么对经济增长以及利率上扬的心理预期将导致外币贬值。但如果形势发生逆转，那么货币供应的增加就会导致美元资产的持有者把其中部分货币供应转化为外币。事实证明，这些货币没有升值，我的观点得以巩固。

① 按 1984 年美国美联储的标准：M1（即现金货币）执行货币流通手段；M2 为流动性高的商业银行定期负债；M3 为非银行金融机构的负债。——译注

新的证据接踵而至。星期五，房屋建筑开工率与牌照许可指标下挫，尤其是合居式建筑。于是我对建筑业陷入困境的这一怀疑得到了证实。在这种形势下，商业不动产的处境想必更糟。债券后来回升了，但股市依然低迷。

现在我敢打赌，步履蹒跚的经济即将滑入衰退：信贷的紧缩将压倒货币供应的增长。我猜想，M1 和 M3 之间的差异表明这匹马拒绝饮水。我准备在外币上保持最大限度的持仓，不论是长期的还是短期的，应趁债券反弹抛空债券。如果外汇市场反应不强烈，我也许就要更为谨慎，并承受货币持仓中短期部分的亏损。

也许有人会问，既然预测经济衰退，为什么还要抛空债券？答案是，我预计出现衰退是因为美元走软将导致长期利率上升，而这是大循环正在进入反转期的表现。我知道现在抛售为时过早，因此我只建立了一个很小的持仓作为起步。与此同时，我也在考虑抛空股票，但只有在美元下挫引发反弹后才会付诸实施。在增持新的敞口前，外币与债券持仓都应准备就绪。

我的外汇持仓多数是德国马克，日元也占相当比重，不过我认为日元的变化要慢一些并且会拖后。在这里，我要解释一下日本的高储蓄率以及国内投资萎缩的现象。通过将储蓄投资到海外，日本成功地使其生产水平远超国内消费。这便是日本成为世界领先经济强国的方式：高储蓄率、持续出超①，以及日益积累的外资携手并进，不断增强日本的国力及其对世界的影响。日本欢迎大循环，希望它尽可能地延长。日本官员如此表述这一政策："我们希望作为世界经济领导力量的美国能够继续繁荣，因为这将给紧随其后的我们带来繁荣。"实际上，美国之于日本，诚如汽车之于尾随其后的自行车，如此一来，对自行车手来说，风的阻力会减少。日本希望尽可能地躲在美国后面，也非常愿意为此而支持美国的赤字预算。来自日本的长期资本投资蜂拥而至，从 1983 年的 177 亿美元猛增到 1984 年的 497 亿美元，并且这一势头还在继续。这就是促使日元走弱的最重要因素。现在，既然美元的涨势已经扭转，日元对美元将会升值，不过它对欧洲货币的比价恐怕要下跌。

---

① 贸易顺差。——校注

我费了相当大的功夫才得出这个结论。在 20 世纪 70 年代，日本采取了稳定的高汇价政策，出口商必须克服很大的汇率障碍才能维持赢利。这一政策是极为成功的，它鼓励了最具竞争优势的产业，淘汰了那些过时的和不赚钱的产业。可以预想，当其他国家对日本的贸易出超日渐不能容忍的时候，日本会再度引入价格机制限制出口，而不大可能采取简单的配额限制法。这将意味着实行高汇价政策。

当时我没有注意到两种情况的根本不同。在 20 世纪 70 年代，国内投资仍发展强劲，可用储蓄需定量配给，高汇价成为资源配置的有效手段。现在的形势是资本净过剩，非得找到出路不可。于是，输出资本成了最佳方案。对日本产品的抵制仍是一块绊脚石，但日本人希望通过提供慷慨的信贷条件来克服这一障碍。因此，他们乐于提供资金来支持美国的赤字预算。

美国人的反应是相互矛盾的。有些政府部门主张日元升值，另一些则希望日本人收购美国政府的有价证券。讽刺的是，正是美国对资本市场自由化所施加的压力才导致了目前日本大规模购买美国国债的现象。美日两国利率差很大，有时甚至高达 6%。闸门一开，日本投资机构蜂拥而入。由于美元开始贬值，因此总体报酬率不再那么令人满意了，但这并未打消日本投资家的兴致。相反，他们似乎觉得美元贬值后风险小多了。日本投资家的羊群心理比他们的美国同行更强烈，一旦他们的偏向发生变化，他们便会蜂拥而至，转入相反的投资方向。不过这种可能性极小，政府将充当牧羊人，他们会采取一切必要的手段阻止上述情况的发生。如果我分析得不错，他们很可能会维持适度的日元汇价，以保持市场中有利于美国政府债券的倾向。

下面是关于石油价格的分析。油价的下跌只是程度问题。生产能力大大超出需求，石油卡特尔正走向解体。除沙特阿拉伯和科威特之外，几乎每个欧佩克成员国都在油价上弄虚作假，其结果是，沙特阿拉伯的石油产量降到了难以为继的程度，它在欧佩克中的影响也每况愈下。沙特夺回控制权的唯一方法就是发动一场价格大战，这样它作为低成本生产者的地位便能在市场上得到巩固，然而沙特在政治上表现软弱，这样做只会使其陷入瘫痪的僵局。市场人士都打起了精神，准备应付即将到来的风暴，但表面上却风平浪静。因为没人愿意保持库存，所以现货价格坚挺。压力积聚的时间越长，风暴来得就会越猛烈，爆发则越猛烈。供应曲线开始调头，许多产油国又必须维持一定的美元收入。如果油价下跌，他们就会试图增加销售，从而导致价格更快地下跌。最后，高成本的生产者濒于破产，其中的大部分无力偿债。美国将被迫施行关税保护以挽救国内的生产商，如果墨西哥仍固守其债务问题上的规定，那么可能也会涉及到该保护政策。

我做石油空头持仓已经有一段时间了，为此我还损失了不少资金。期货沽出时的折扣很大：合约掉期每月需要差不多合约面值2%的费用。现在我倾向于结束近几月来所持的持仓，再设一个明年春天的空头持仓，沽价可能会低得多，但每月的折扣费也少得多。如果我的分析正确，崩溃来临越迟，其规模也就越大。

以上观点足以确立我所谓宏观经济投资决策的基础，但它们还不能回答这个问题：大循环会如何发展？在这方面，我仍不甚了了。

其他各方面还没有太大反应，即使有衰退现象，也是温和的。货币政策甚至在进入衰退之前就已经放松了；库存控制严厉；出口业也借着美元贬值的机会喘了口气，尽管实际见利还要推迟6～18个月。但另一些部门则不那么轻松。金融结构已经过分紧张，也许承受不住这次衰退：拖欠违约的自我强化过程将在国内国外迅速蔓延开来。金融管理当局很清楚这里边的危险，他们决心尽手中之权力避免这种情况。如果说要在衰退与通货膨胀之间作一选择，那么通货膨胀的可能性更大。这不是预言，而是对当前货币政策的把握。

通货膨胀并非一无是处：实际利率的降低以及商品价格的上涨可以缓解债务负担。问题是，通货膨胀政策能否成功。它也许会使金融市场过于敏感，导致美元流失以及名义利率上升。如果其他国家不愿意再支持我们的预算赤字，我们的国民生产总值则一定会以某种方式减少。不过，到那时日本也许会继续向我们提供贷款，尽管这样做从总体上来看是赔本的。

1985年9月9日　星期一

实验开始时，情况不太妙。满仓之后，外币一度锐升，但最后三天又急剧下跌，债券也是如此。惊吓之余，我在债券上扬时放弃了手中数目不大的债券空头持仓，遭受了一些损失，但我没有动摇外币的多头持仓，尽管我心里明白，这些持仓目前正在亏损。唯一令人感到安慰的是石油，我利用市场的强势，将手上的空头持仓掉期到明年春天。总的来说，我的生意干得不好，自实验开始以来亏损严重。所幸我在今年早期赢利颇丰，因此处境还算不错。

表 10–2

1985 年 9 月 6 日					
	收盘价 9 月 6 日	变化 % （自 8 月 16 日）		收盘价 9 月 6 日	变化 % （自 8 月 16 日）
德国马克	2.9235	–6.0S	S&P500	188.24	+1.1
日元	242.10	–2.3	美国国库券	75–16/32	–1.6
英镑	1.3275	–5.2	欧洲美元	91.66	–0.3
黄金	320.70	–5.1	原油	27.75	–1.0
			日本债券	——	

量子基金股本金	$627,000,000
每股资产净值	$4,238
变化 %（自 1985 年 8 月 16 日）	–3.2%

资产组合结构（以百万美元计）							
投资方向（1）	多头	空头	净变动（2）（自 8 月 16 日）	净外汇敞口（6）	多头	空头	净变动（2）（自 8 月 16 日）
股票：				德国马克相关货币	491		+24
美国股票	653	（65）	–16	日元	308		+64
外国股票	163		–20	英镑	10		+1
债券：				美元		（182）	–109
美国政府				其他货币	45		–5
短期（4）			+67				
长期			+46				
商品：							
石油		（145）	–24				
黄金							

一系列标志着经济突然加速的统计数字扭转了这种局面。货币供应猛增、贸易赤字下降、就业数据改善，零售业业绩也增加了。尤其是汽车销售在汽车公司提供优惠信贷的头十天里出现了爆炸性增长。证据显示，马儿毕竟还是喝水了。

我打算反驳这些数据。如果深入研究这些数据，就一定可以找到其中的破绽。这里存在着一项事实：汽车销售量上升足以说明，汽车公司所采取的积极生产计划发挥了效用。进一步观察显示，几乎所有增加的就业岗位均来自于汽车相关的产业。关键问题在于，消费者支出的整体情况如何？汽车销售量是否足以代表消费者行为？汽车销量的增加是否会被其他领域支出的减少所抵消？我们唯有等到时过境迁，才会恍然大悟。

就目前而言，我坚持认为经济相当疲软。美元跌幅太小，不足以为制造业纾困。农业情况比以往更糟。建筑业虽然可以稍微带动经济（建筑业主要取决于利率与就业水准），但我认为，信用紧缩与抵押品价值下跌将会压制建筑业的发展，EPIC①的破产就是一个例证。消费者负债过度，目前汽车销售量劲升，这将减少其未来的销售量。下个月1986年的新式汽车上市，经济的局面还会回到汽车公司提供优惠信贷条件以强迫消费之前。

由于金融结构积弊甚深，美联储不愿紧缩信用。如果美元的供给大于外国人所愿意吸收的程度，美元仍将恢复跌势——除非经济足够强劲，致使美联储引导紧缩信用。这又回归到同样的问题：经济实力。

既然无法解决这一项问题，那么我只有接受市场的指示。德国马克似乎建立了一种形态，它包括了锐涨与重跌，然后回升到跌幅的一半再做盘整。如果形态继续有效，我们应该处于第二次突破的底部末端。该形态符合我对经济的看法。如果它遭到破坏，在进一步评估经济情境之前，我必须删减一半的外汇敞口。现在我的处境颇为头痛：如果预期正确，我将损失相当利润，因为我必须支付额外费用才能在上升的市场中建立敞口；而如果预期错误，则我所保留的一半敞口又将出现额外的亏损。这是我在错误的时机持有庞大敞口所必须付出的代价。

只要外汇持仓安全一些了，我就会考虑在下次政府融资时购入一些政府债券。因为真实利率又一次升到了不现实的水平，更何况沙特可能真的要增加石油产出。

我对长期态势的看法再次转向悲观的一面。金融结构遭受了更大的破坏，前面我已经提到过有关EPIC的情况；农场信贷系统（Farm Credit System）的问题也暴露在公众面前了；南非的清偿危机开了一个先例，下次再有类似事件发生时，银行便会更快地采取行动。尽管美国经济显示了强势的信号，可是金

① EPIC是马里兰州公共储蓄银行的子公司Equity Planning Inc。

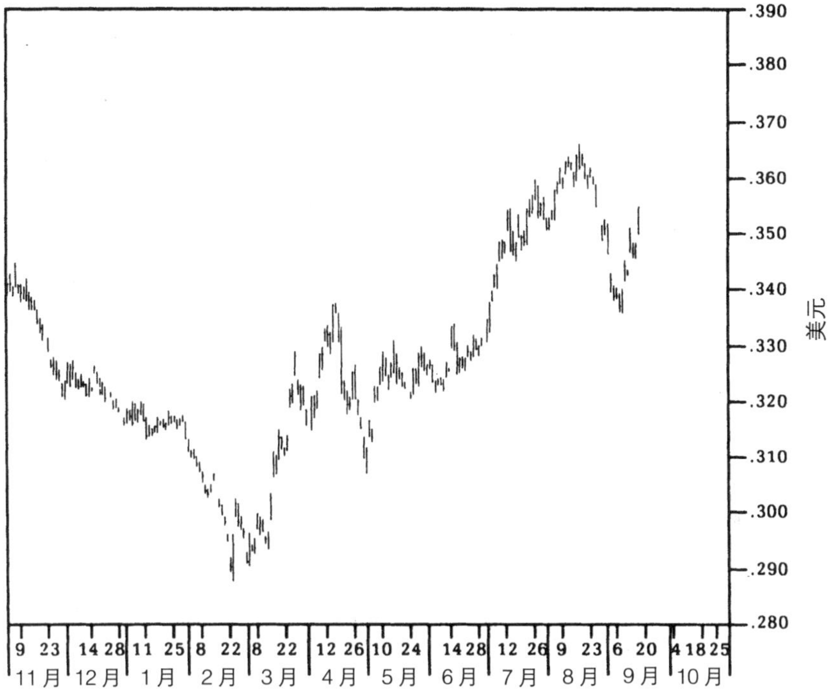

图 10–1　德国马克，1985 年 12 月

融机构比之几星期前要软弱得多。

1985 年 9 月 28 日　　星期六

我们生活在一个激动人心的时代，上周日在广场旅馆举行的五国集团财政部长与中央银行行长的紧急会晤，开创了历史性的局面，它标志着汇率自由浮动制度转向管理浮动制度。读过《外汇市场中的反身性》一章的读者都知道，这只是早晚的事，越早越好。

我勉强保住了外汇持仓。上周日五国集团财长会议之后，我赚得了平生最大的一笔。接着我在周日晚间（香港时间周一上午）继续购入日元，其后在上升的市场上不动如山。上一周的利润足以补偿近 4 年来外汇投机的全部亏损，而且绰绰有余。总之，前途一片光明。

表 10-3

1985 年 9 月 27 日					
	收盘价 9 月 27 日	变化 % （自 9 月 6 日）		收盘价 9 月 27 日	变化 % （自 9 月 6 日）
德国马克	2.6820	+8.3	S&P500	181.30	-3.7
日元	217.24	+10.3	美国国库券	75-18/32	+0.1
英镑	328.40	+6.9	欧洲美元	91.71	-0.3
黄金	320.70	+2.4	原油	28.93	+4.3
			日本债券	——	

量子基金股本金	$675,000,000
每股资产净值	$4,561
变化 %（自 1985 年 9 月 6 日）	+7.6%
变化 %（自 1985 年 8 月 16 日）	+4.2%

资产组合结构（以百万美元计）							
投资方向（1）	多头	空头	净变动（2）（自 9 月 6 日）	净外汇敞口（6）	多头	空头	净变动（2）（自 9 月 6 日）
股票：				德国马克相关货币	550		+59
美国股票	530	（85）	-143				
外国股票	142		-21	日元	458		+150
债券：				英镑	10		-54
美国政府				美元		（289）	-107
短期（4）				其他货币	16		-29
长期		（77）	-77				
商品：							
石油		（176）	-31				
黄金							

股市的疲软表现让我坚守住自己的外币持仓。美元的强势取决于经济的表现，股票价格的下跌必然对消费者的消费心理和商界人士的投资信心产生重大影响。再说，如果衰退已经来临，那么抵押品的价值一定会下跌，而股票市场是最重要的抵押品陈列室。

德国马克的走向几乎完全没有遵循预想的模式，这的确让我的神经紧绷了起来。不过五国集团财长会议之后，马克像预想的那样反弹了。令人高兴的是，反弹超过了预想的幅度。模式往往被一些历史性的进程所打破，而这次会

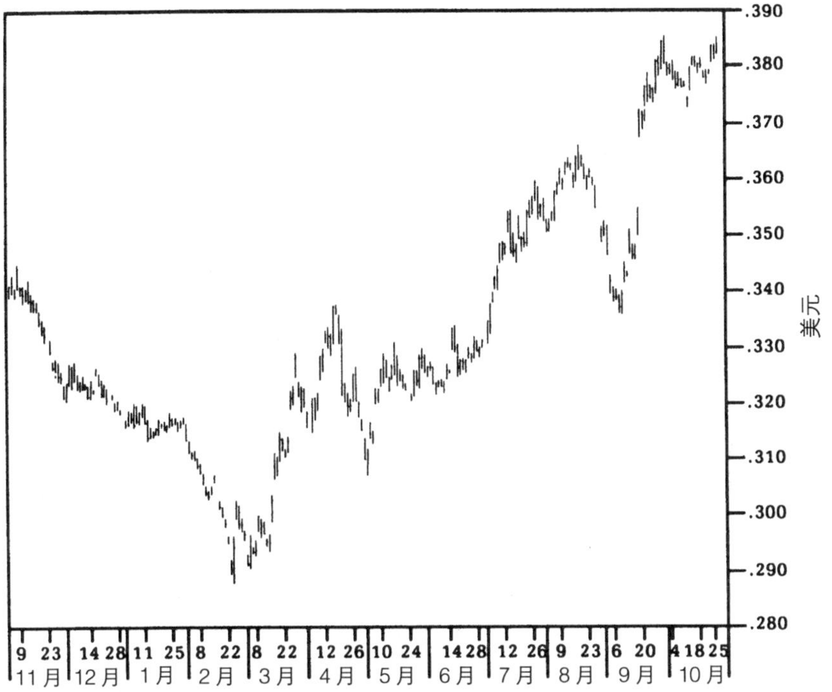

图 10-2 德国马克，1985年12月

议无疑就是其中的一个。

会议是由财政部发起的，美联储的介入相对迟一些，它的主要目的是缓解贸易保护主义带来的压力。因为是紧急会议，所以事先并无综合性对策出台。尽管如此，会议上还是通过了一份义务承诺书，相关政策也随之出台。干预市场只能在短期内奏效，还需要其他手段的支持。在我看来，主要还是靠日本人来收拾局面。在日本，中央银行还有足够的声望和影响力，可以随心所欲地抬高日元汇价。要维持日元的高汇价，政府就必须降低税率或增加政府支出或两者并用，以挡住资本的外流，并在国内为储蓄找到更多的出路。同时，还必须采取措施来消除非关税进口壁垒。如果措施不力，日元的升值将难以维持。

欧洲货币就不同了，投机活动规模巨大，中央银行的影响要小得多。马克的反应比日元慢许多，这表明市场投机家以及流动资产持有者对新动态的可靠性心存疑虑。假使马克继续看好，那么上涨的势头恐怕就难以控制了。如果沃尔克在周日把主要精力放在讨论如何制止美元的贬值，而不是讨论如何促使美元贬值，那我就不会感到惊讶。

会议后我便一直关注日元，因为就贸易保护主义者而言，日元是至关重要的货币。但是，如果市场干预取得成功，我就打算保持马克的多头持仓。日元将会升值到一个合理的水平，一般不会超过 200∶1，而马克的估价则很可能大大超出实际而过分高估。最后，真正的好戏将在黄金市场上演，特别是在美国经济走入衰退的时候。

股票价格的表现比我想象的要差得多。五国集团财长会议之后，我购入了标准普尔期货，现在却不得不亏本平仓。总之，市场走势相当不妙。抵押品价格的下跌程度比我几个月前预期的还要严重。现在我确信，目前采取的各种措施将会来不及发挥作用，经济不可避免地要滑入衰退。同样可以确信的是，还会有新的举措接踵而至，正如保护主义压力带来了汇率机制的变化，在 11 月的首脑会议上，过高的实际利率则会带来一项影响深远的武器协议，以缓和国际关系。本来我对未来的 6 个月颇为担心，但我认为这些积极政策的发展前景会比大循环成立以来的任何时候都要好。总的来说，股票空头作为不大，尽管我急需流动资金并且多多益善。

我在石油上的空头持仓一直对我不利。苏联削减了交货量，而喀格（Kargh）岛事实上退出了有效生产。我决定建立一个 1 月份的多头持仓，以回补 3 月和 4 月的空头持仓，现价与 1 月期货价贴水很多，继续持有未经保护的空头持仓的代价日益昂贵。在完成了 1 月份的揸单之后，我限制住了自己的亏损，但我还打算迟一些再重建这些空头持仓。

1985 年 10 月 20 日　星期日

自周末以来，换句话说，自日本首相中曾根康弘访美以来，外汇市场上充满了关于官方即将采取措施的谣言。我对此持怀疑态度。事实上，我甚至还趁此机会减少了我的美元空头，打算到美国政府债券偿付期时再进一步增加美元空头。

自五国集团财长会议之后，财政部和白宫以及美联储之间争吵不休，有些消息甚至已经透露给了报界。政客们竭力主张对外汇市场进行“肮脏的干预”，而美联储则通过出售同等数量的美国国债来对其出售的美元进行冲销。政客们辩称，冲销式干预永远不会奏效，但通过出售美元来增加货币供应量，汇率肯定会下降。沃尔克的回答是，不必如此大动干戈，美元汇价迟早要下跌。假使市面上充斥着美元，那也会演变成难以驾驭的狂泻。同迫使美元贬值相比，沃尔克似乎更关注如何防止美元汇价崩溃，站在他的立场上，我完全能够理解。

表 10–4

1985 年 10 月 18 日					
	收盘价 10 月 18 日	变化 %（自 9 月 27 日）		收盘价 10 月 18 日	变化 % 自（自 9 月 27 日）
德国马克	2.6265	+2.1	S&P500	187.04	+3.2
日元	214.75	+1.1	美国国库券	76–22/32	+1.5
英镑	1.4290	+0.7	欧洲美元	91.80	+0.1
黄金	362.80	+10.5	原油	29.52	+2.0
			日本债券	——	

量子基金股本金	$721,000,000
每股资产净值	$4,868
变化 %（自 1985 年 9 月 27 日）	+6.7%
变化 %（自 1985 年 8 月 16 日）	+11.2%

资产组合结构（以百万美元计）							
投资方向（1）	多头	空头	净变动（2）（自 9 月 27 日）	净外汇敞口（6）	多头	空头	净变动（2）（自 9 月 6 日）
股票：				德国马克相关货币	680		+130
美国股票	522	（148）	–71				
外国股票				日元	546		+88
期货		（121）	–121	英镑		（72）	–28
外国股票	152		+10	美元		（433）	–144
债券（3）：				其他货币	34		+18
美国政府							
短期（4）							
长期			+77				
商品：							
石油		（37）	+139				
黄金							

如果换成我，我就会千方百计保持利率的稳定直至国债偿付期结束，同时充分满足外国人用于购买政府债券的美元需求。在拍卖之后，则降低利率。这样既保证了拍卖能够成功进行，同时又获得了充足的储备，那么在美元过度贬值的时候便可以随时将这些储备投入使用。经济过分脆弱，利率和美元汇价都亟待调低。拍卖结束后，我就等待着利率下降，以便以很划算的价格出售巨额的冲销美元。

正是这一因素促使我下决心购入一些美元。市场也许会对利率了无动静感到失望，美联储从而乘机以更高的价格抛售美元。那也就是我进一步增加美元空头的机会了。我同样有兴趣在偿还期内购入公债，除非它们那时涨得太高。在股票市场中我没有进行任何重大调整，但我已经削弱了多头持仓，增加了空头持仓，使得我的市场敞口呈现轻微的空头倾向，尽管在实际价值上多头持仓远远超过空头持仓。我正在增加得克萨斯银行和加利福尼亚银行的空头持仓。

1985 年 11 月 2 日　星期六

然而我选错了时机。美元抛空一开始很顺利，然而让我和整个市场出乎意料的是，日本中央银行突然提高了短期利率。我认为这是五国集团会议计划的新开端，在这个新阶段中，汇率不仅受直接干预的影响，还会受利率调整的影响。于是，我大量购入日元。日元升势过去之后，我又买回了先前售出的马克。在这一交易中我蒙受了损失，但最终如我所愿，获得了增加的持仓。以今天的价格来说，我在机动中还获得了赢利。

在顺势过程中增加敞口是不合理的，因为容易受到短暂逆转趋势的影响。回想起实验前期，一次转势的来临迫使我在错误的时机放弃了外币持仓。我之所以始终坚持加强我的敞口，是因为我确信转势的范围缩小了。关于自由浮动汇率体制我有一条经验：在转折点上，短期振荡达到最大，而后随着趋势的明朗减弱下去。这也正是眼前的情况。浮动汇率体制的寿终正寝也将进一步降低转势的风险。市场参与者还没有意识到新的规则，他们的心理敞口额度还在受以前经历过的波动的影响。我也不例外，否则我早就达到今天的敞口额度了，并且在价格波动中的赢利也会大得多。当所有的参与者都适应了的时候，游戏的规则又会发生新的改变。如果当局能够很好地控制形势，外汇投机的回报率将与风险水平相称。最终，投机者们会因为利润太少而退出，于是当局达到了他们的目的，到那个时候，我的投机生涯也该结束了。

表 10–5

1985 年 11 月 1 日					
	收盘价 11 月 1 日	变化 % （自 10 月 18 日）		收盘价 11 月 1 日	变化 % （自 10 月 18 日）
德国马克	2.5910	+1.4	S&P500	191.48	+2.4
日元	208.45	+2.9	美国国库券	76–23/32	+2.6
英镑	1.4415	+0.9	欧洲美元	92.07	+0.3
黄金	362.10	+10.1	原油	30.39	+2.9
			日本债券	92.75	

量子基金股本金	$759,000,000
每股资产净值	$5,115
变化 %（自 1985 年 10 月 18 日）	+5.1%
变化 %（自 1985 年 8 月 16 日）	+16.8%

资产组合结构（以百万美元计）							
投资方向（1）	多头	空头	净变动（2）（自 10 月 18 日）	净外汇敞口（6）	多头	空头	净变动（2）（自 10 月 18 日）
股票：				德国马克相关货币	630		−50
美国股票	546	（148）	+24				
外国股票				日元	813		+267
期货		（46）	+75	英镑		（88）	−16
外国股票	209		+57	美元		（596）	−163
债券（3）：				其他货币	34		
美国政府							
短期（4）	28		+28				
长期	456		+456				
商品：							
石油		（186）	−149				
黄金							

我还错过了一次迈入债券市场的机会。日本和德国提高了利率，后者幅度

较小，市场意识到美国利率必然下调，于是债券看涨。我打算在拍卖期购入债券，但是这一精心策划的计划被占了先，于是我不得不跟进，并竭尽所能去实施计划中的内容。到目前为止，我已经以一个不太理想的价格建立了一半的持仓。我准备在11月进行的下一轮拍卖中把持仓扩大一倍，我还必须考虑增加股票市场中的敞口，原因如下。

现在是评估整个形势的好时机。围绕格拉姆－鲁德曼修正案（Gramm-Rudman Amendment）的争论已经清楚地表明，舆论倾向于削减预算赤字。格拉姆－鲁德曼修正案是个绝妙的发明，没有它总统就不可能削减那些动不得的项目。削减将在1986年选举期之后生效，而众议院坚持应从本财政年度开始削减开支，还要求更大幅度地削减国防预算。参议院的修正版也许会有利于1986年选举中的共和党人，但是议会中的民主党人扭转了局势，他们取消了许多社会福利项目，同时迫使这一方案提前实施。白宫陷入了进退两难的境地：它必须压缩预算赤字为调低利率铺平道路，然而在1986年选举之前提高税率则无异于自杀。不过，还有一条脱身之计：在首脑会晤时，同苏联达成一定程度的和解以削减国防开支。这样既解决了预算问题，又可以使共和党作为和平党来参加1986年大选。里根是否青睐这个方案呢？我们还要拭目以待。

如果这一方案被接受了，我们就将进入一个极为繁荣昌盛的时期：低利率，低美元汇价，股票市场暴涨。由此而产生的热情将有助于经济的重新振兴，而最近，世界银行在汉城召开年度会议，并提出贝克计划（Baker Plan）。该计划将为那些债台高筑的国家提供一个可行方案，从而免于陷入崩溃境地。企业合并的热潮将得到来自低利率的最后的推动，但最终还是会冷却下来，因为不断攀高的股票价格会限制新的合并。由于能够从公司的改组中获益，因此企业利润会在一个更为良性的环境中猛增，再加上业已发生的股权资本的收缩，股票价格的涨势将一发而不可收。最终，高涨的股市走向崩溃，无法赢利的合约纷纷破产，我们又将被国际债务问题所困扰。但股票价格在崩溃之前必然上扬，这也就是我现在考虑加强股票市场敞口的原因。决定命运的时刻就要到来。如果里根没能抓住这次机会，其后果将是严重的。我们正徘徊在衰退的边缘，为了避免信贷清偿危机，必须在调低利率的同时令美元贬值，即便如此，也许还要进行大规模的货币刺激以保证经济良性运行。美元贬值需要一段时间才能缓解进口竞争带来的压力。在初期，价格上涨的预期心理会把国内需求引向进口商品，只有短期利率显著下调，同时债券和股票价格表现良好，才有可能及时扭转市场方向以避免一场衰退。如果格拉姆－鲁德曼修正案未能通过，债券市场将会感到失望，美联储只好不情愿地大幅调低利率，而抵押品将继续贬值。

表 10–6

1985 年 11 月 8 日					
	收盘价 11 月 8 日	变化 %（自 11 月 1 日）		收盘价 11 月 8 日	变化 %（自 11 月 1 日）
德国马克	2.6220	–1.2	S&P500	193.72	+1.2
日元	205.50	+1.4	美国国库券	79–21/32	+1.2
英镑	1.4170	–1.7	欧洲美元	92.14	+0.1
黄金	324.20	–0.6	原油	30.45	+1.2
			日本债券	93.70	+1.0

量子基金股本金	$782,000,000
每股资产净值	$5,267
变化 %（自 1985 年 10 月 18 日）	+3.0%
变化 %（自 1985 年 8 月 16 日）	+20.3%

资产组合结构（以百万美元计）

投资方向（1）	多头	空头	净变动（2）（自 11 月 1 日）	净外汇敞口（1）	多头	空头	净变动（2）（自 11 月 1 日）
股票：				德国马克相关货币	654		+24
美国股票	569	（127）	+44				
外国股票				日元	806		–7
期货			+46	英镑		（86）	+2
外国股票	206		–3	美元		（592）	+4
债券（3）：				其他货币	42		+8
美国政府							
短期（4）	82		+54				
长期	498		+42				
商品：							
石油		（187）	–1				
黄金							

国际锡业协会（International Tin Council）的解体为抵押品贬值提供了一个完美的例证。现在，欧佩克的解体也只不过是时间问题了。我正在加强1～3月交货期的石油空头持仓，出于同样的考虑，我也同时购入炼油厂的股票，因为石油超产会增加它们的边际收益。至于整体的发展情况，就要看今后的两个星期了。首脑会晤定在11月19日，预算赤字问题必须在下一次拍卖之前予以解决。这就是我先前决心等到拍卖时再将债券满仓的原因。

1985年11月9日　星期六

我对汇率的看法正在经受考验。日元飙升后，在周四出现了大幅回落。据说，德国央行以低于2.60马克的价格购入美元，但又于周五以2.645马克的价格抛出。鉴于前述关于汇市风险降低的结论，我对此安之若素。

平静的债券市场正酝酿着一次飙升。大量国库券期货的期权持仓将于下周五到期，如果期货价格超过80，我就打算卖出全部或部分手中的持仓，因为可以肯定市场是脆弱的。白宫不可能在11月19日首脑会晤前作出妥协，而民主党人肯定会利用他们的优势继续施加压力，这意味着下周左右将会出现僵局，一旦问题解决了，紧接着就会举行拍卖。我很乐意在获利后撤出市场，这样我在拍卖时就会有很强的购买实力。

股票市场的表现也十分强劲。背离依然存在，但周五时市场空前活跃。股票价格可能会伴随着债券价格的飚升而攀上一个短暂的高位，接下来就进入调整。我打算利用这个机会处理掉我的空头持仓，并准备建立多头持仓。如果调整没有出现，我就会忍受亏损，处理掉空头持仓，一旦首脑会议成功，我将以更高的价格建立多头持仓。

表10–7

1985年11月22日				
	收盘价 11月22日	变化% （自11月8日）	收盘价 11月22日	变化% （自11月8日）

（续表）

1985年11月22日					
德国马克	2.5665	+2.1	S&P500	201.52	+4.0
日元	210.00	+2.2	美国国库券	80–27/32	+1.5
英镑	1.4640	+3.3	欧洲美元	92.02	+0.1
黄金	326.90	+0.8	原油	30.91	+1.5
			日本债券	94.80	+1.2

量子基金股本金	$841,000,000
每股资产净值	$5,669
变化%（自1985年9月6日）	+7.6%
变化%（自1985年8月16日）	+29.5%

资产组合结构（以百万美元计）

投资方向（1）	多头	空头	净变动（2）（自11月8日）	净外汇敞口（1）	多头	空头	净变动（2）（自11月8日）
股票：				德国马克相关货币	668		+14
美国股票	664	（83）	+139				
外国股票				日元	827		−21
期货	126		+126	英镑		（87）	−1
外国股票	251		+45	美元		（567）	+25
债券（3）：				其他货币	40		−2
美国政府							
短期（4）	105		+23				
长期	969		+471				
日本政府债券	354		+471				
商品：5							
石油		（214）	−27				
黄金							

1985年11月23日　星期六

市场继续步步占先。股票与债券在首脑会议前双双出现了强劲的上涨，因此，我在公债拍卖期间获得购入机会的期待落空了，但是我没有抛出债券，而是增加了我的持仓。我还买入了一些股票指数期货，我不希望由于战术上的错误而失去一次战略机会。

在日本债券期货市场上我设立了一个很大的持仓，这对我来说是一个新的市场，并且没有任何往期经验，但我的对手们经验更少。日本政府提高短期利率后，日本公债的期货市场崩盘了（从 102 跌到 92）。经验告诉我，购入长期债券的最佳时机是在收益曲线调头（短期利率高于长期利率）的时候，这正是今天日本市场的表现。日本利率上升注定是暂时的：五国集团希望激发全球范围内的经济活力而不是抑制它。美国利率调低后，其他主要工业国一定会作出相应反应，如果能够抵消利率下调对货币汇率的影响，那么利率下调的幅度可能会超过目前的预期。我投注于日本，一如投注于美国，前者甚至更被看好。

我现在已经充分地投资于各个方向：股票、债券和外汇。如果我没有试着进行调整，或者说，我的调整奏效了，那么我可能会以更高的价格成交。但最重要的是，我获得了期望中的敞口。我正在寻找机会从债券转向股票，不过我认为，不再增加敞口总额无疑是审慎而明智的。

事件的发展基本上不出我的预料。唯有格拉姆 – 鲁德曼修正案出了点麻烦，国会决定将赤字限额展期延长一个月，使拍卖得以进行，而格拉姆 – 鲁德曼修正案的命运仍不得而知。

首脑会晤的结果也正是我所期待的。我确信，美苏关系正经历剧烈的变动，双方都迫切需要削减防务费用，并且双方都可以从密切的合作中获益。里根总统牢牢抓住了这个机会。他在“星球大战”问题上没有做出任何让步，因此他没有因为向苏联出卖美国利益而受到指责，反而迎来了一段缓和期。在这种情况下，格拉姆 – 鲁德曼修正案可以发挥积极的作用，不露声色地削减防务预算。防务预算中最容易削减的部分是退休津贴。对此，斯托克曼（Stockman）在辞职前做了一场激情洋溢的辩护，但格拉姆 · 鲁德曼也许会找出完美的理由来拒绝。我期待着格拉姆 – 鲁德曼修正案的更为强硬的版本得以通过——更接近于白宫版而不是参议院版，因为如今的形势与几个星期前大为不同，且不会对 1986 年共和党的选举构成威胁了。

格拉姆－鲁德曼修正案法案通过之后，紧接着就会降低贴现率，这也是促使我目前持有最大限度的债券持仓的原因。我很清楚拍卖后市场也许会有些消化不良，但只要我的分析能够成立，那么债券还会持续上涨。

贴现率调低后，我倾向于削减债券持仓，增加股票持仓。股票的上涨空间无疑要比债券大得多，一旦经济复苏，股票的收益将会远远超过债券；如果经济依然停滞，短期利率的下调幅度将大大超出目前的估计，但由于美元同时走低，收益曲线将会陡降。不要忘了，缓和意味着美元对欧洲货币的行情看跌，如果还想留在债券市场，那就应该站在空头一方。

股票市场恐怕已经到了暴涨的边缘。工业企业深受价格不振和需求不振的双重压迫，这种不利的环境已经促使美国公司进入了大规模的改组。许多公司在收购或杠杆收购中被兼并[①]。幸存者们个个束紧了腰带，卖掉亏损的分支机构，压缩日常开支，生产能力减大于增，市场份额日益集中在少数企业手中，相对低廉的美元正在缓和价格的压力，如果市场需求有任何回升，将直接带来净利。低利率、低通货膨胀率相结合，给企业提供了较高的收益水平，工业股经过了一段时间的贴水抛售后又将进入新的升水时期。然而在此之前，我们可能会经历另一波由利率下降引发的收购浪潮。

第一阶段的终结：1985 年 12 月 8 日　星期日

现在也许是结束实时实验的恰当时机。我已经在各个市场上都承担了最大限度的敞口，同时，我打算谨慎地将债券持仓转向股票。目前，我在股票市场中的绝大部分敞口采取了股指期货的形式。随着时间的推移，我将试图发展个股投资的概念，它们对基金成就的贡献也将日渐增大。详细记述我的投资活动会使我们远离实时实验的主题——预测大循环的发展前景，我会继续我的预测式日记，但它的目的不再是构筑预言而是为了对照控制，换句话说，从现在起我将不再预测大循环的前景，而是让它接受实际进程的考验。

---

① 杠杆收购（leveraged buyout），指小企业通过银行融资或发行垃圾债券等手段兼并大企业的方法。——译注

当然，有合适的机会我还要不断地调整手中的证券。

关于即将发生的事件的轮廓，我从未像今天这样有充分的把握，这一点，从我的仓位就可以看出。在实验开始的时候，我曾经说过，关于长期的走势，我是保持悲观态度的。经过这段实验之后，情况已经大不一样了，我已经获得了相对清晰的远期图景，并且这一图景与我开始时的那些公认的试验性想法有很大不同。我看出大循环不过是一种权宜之计，它所蕴含的内部矛盾最终会暴露。我的推测是这样的：大循环曾设法避免的问题，将在它崩溃之后重新出现，并且更加突出。显然，大循环人为地延伸了信用扩张期，而美国政府则扮演了“最后的借款人”的角色。当大循环不再能够吸引更多的外国资本的时候，经济刺激的最后一个引擎遂告熄火，接下来的信贷紧缩将造成不可收拾的局面，如果不大幅增加货币供应，那么债务负担将难以为继，而随着经济的不断扩张，美元将直线下跌。

另一项方案的轮廓逐渐清晰起来，也许它能够成功地缓解大循环的过热要素，而同时又不至于令我们陷入恶性循环。这一方案包括两个部分：在国内，从财政刺激转向货币刺激；在国际上，则利用合作关系控制美元的跌势。新的繁荣局面几乎同大循环正好相反：疲软的美元和低调的经济，伴以低水平的预算和贸易赤字，还有，最为重要的是低利率。疲软的美元将有助于价格的快速上涨，使实际利率的变动更为显著。实际利率下降，再加上出口可能回升，这将替代预算赤字成为经济发展的主要驱动力。上升的价格有助于抵消抵押品价值的进一步贬值，同时也能防止发生自我加强的通货紧缩，同时，经济政策的协调将有能力把美元的贬值控制在适当的范围内，从而也排除了自我加强的通货膨胀的可能性。其将会给我们带来一种自布雷顿森林体系解体以来从未有过的高度稳定。

表 10–8

1985 年 12 月 6 日				
	收盘价 12 月 6 日	变化 % （自 11 月 22 日）	收盘价 12 月 6 日	变化 % （自 11 月 22 日）

（续表）

1985 年 12 月 6 日					
德国马克	2.5115	+2.1	S&P500	212.02	+5.2
日元	202.10	–0.5	美国国库券	83–28/32	+3.7
英镑	1.4425	–1.5	欧洲美元	92.33	+0.3
黄金	322.30	–1.4	原油	28.74	–7.0
			日本债券	99.21	+4.7

量子基金股本金	$867,000,000
每股资产净值	$5,841
变化 %（自 1985 年 11 月 22 日）	+3.0%
变化 %（自 1985 年 8 月 16 日）	+33.4%

资产组合结构（以百万美元计）

投资方向（1）	**多头**	**空头**	**净变动（2）（自 11 月 22 日）**	**净外汇敞口（1）**	**多头**	**空头**	**净变动（2）（自 11 月 22 日）**
股票：				德国马克相关货币	729		+61
美国股票	724	（72）	+71				
外国股票				日元	826		–1
期货	368		+242	英镑		（119）	–32
外国股票	271		+20	美元		（569）	–2
债券（3）：				其他货币	33		–7
美国政府							
短期（4）	90		–15				
长期	661		–308				
日本政府债券	300		–54				
商品：5							
石油		（150）	+64				
黄金							

使用前面引入的符号，我们可以勾画出新近发生事件的主要联系，见图 10–3。

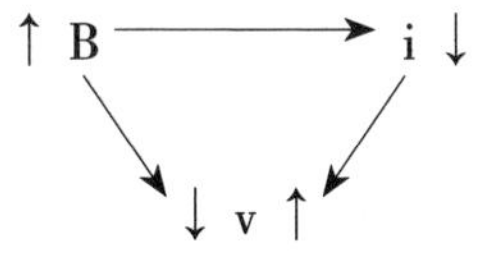

图 10–3

这张图比之大循环的那张要简单得多，因为汇率已经稳定了。利率下调的程度取决于刺激的力度，这种刺激应该能够遏制经济滑入衰退。

尽管新的繁荣局面与大循环完全相反，它们之间的根本差异还是应当予以澄清的：相互协调的经济政策一定会带来新局面，而相互矛盾的经济政策则在无意间产生了大循环。大循环在发展到过热和成熟以至于走向逆转之前是自律增长型的，它的逆转也将是自我强化的，直到它被置于审慎的控制之下为止。控制的机制首先是汇率管制，而第二步则是财政政策与货币政策的协调。

协调的经济政策的出台，使得我在实验的中途改变了自己对大循环的预期。我已意识到了可能出台这种政策，在这里应该着重指出的是两届里根政府的不同点。在为期三个月的实验过程中，一些历史性的事件出现了，它们将单纯的可能性变成了现实：五国集团财长会议、贝克的汉城讲话、格拉姆－鲁德曼修正案，以及日内瓦美苏首脑会谈。

如果说新的经济政策导向有什么能够打动人心的地方，那便是将要制定的实际政策措施还没有出台。五国集团财长会议只不过是一个贯彻协作汇率政策的委员会，它没有说明这究竟是一个什么样的政策；贝克国际债务计划与其说是一项计划，毋宁说是关于拟定这种计划的必要性的宣言；美苏首脑会谈也许标志着两大超级大国间新型关系的开端，但它并没有产生具体的成果；而格拉姆－鲁德曼修正案的命运此刻尚不清晰。

实际的政策还有待于制定。它的发展前景一部分取决于政策制定者们的远见卓识，但主要还是取决于必然性的压力。在这种情况下，必要性被界定为维护金融和贸易体系完整性的需要，或者换句话说，是防止信贷崩溃和遏制贸易保护主义的需要。这一界定相当草率，它并没有排除个别违约或贸易约束特例的可能性，问题的关键在于，违约也好，保护主义也罢，政策的界限在于不让它们达到自我加强过程的临界点。

成功远非十拿九稳，以往的经验并不令人鼓舞，一次类似的情况曾导致20世纪30年代的信贷与国际贸易大崩溃。前车之鉴犹在，至今令人谈虎色变。然而唯其如此，重蹈覆辙的可能性也就会小得多。关于某些政策目标已经达成了共识：美元受控贬值以及协调的减息，在另一些政策方面则迄今未形成一致见解：如何削减预算赤字，如何刺激债务国经济的发展。甚至即使目标达成共识，也很难采取统一行动。例如，由于美国政府未能按期解决预算赤字问题，日本被迫提高了利率，更不用说那些还未达成共识的目标，这又怎么能指望人们对行动的协调性抱有信心呢？

显然，形势绝非毫无风险，而且我们还会看到，风险将在短期内达到最大。不过风险愈高，人们更能认识到其严重性，则对必要措施的出台也应更有信心。并非仅我一人作如是想，整个金融市场都毫不犹豫地接受了新政策的出台。债券与股票价格的上扬在两个方面是有益的：它可以鼓励当局继续他们已经开始的行动，同时它也能增加成功的机会。譬如说，债券市场的强劲扩大了美联储在采取减息行动时的自由度，这是一个反身性的过程，在此过程中，经济政策与金融市场相互支持。

金融市场的积极反应赋予我勇气，以承担如此巨额的市场敞口。回想起外汇市场的情景，当转势尚不明朗时，我犹豫不决，而当市场的表现同我的判断背道而驰的时候，我几乎差一点就要砍掉手中的持仓，形势之险真可谓千钧一发。说起来，实时实验在当时起了很大的作用，它帮助我清楚地看到自己的观点是怎样形成的，这大大地增强了我的信心。市场上的成功，进一步加强了我对自己预测事件进程能力的信心。1985 年，量子基金创下了年增值超过 100% 的记录，这无疑是令人振奋的。我必须小心行事，应用反身性的概念来预测未来，这一做法本身也是一个反身性的过程，因为过分成功也许会带来严重的挫折。从实验过程中可以清楚地看到，我的洞察力还是不完备的，还必须服从实际过程的修正。如果我逐渐地过分倚重自己对长期形势的看法——或者更糟，将它们公之于众——那无异于自掘坟墓，这是一种我希望能够避免的危险。在我们控制了实验之后，再来看游戏计划的剩余部分想必就很有趣了。

应该说，在这一重要关头，持有巨额的市场敞口，较之预测、跟踪正在拟定中的政策，其风险要小得多。有人试图掌控世界经济，仅仅这一事实本身就足以让金融市场振奋不已了。即使人们会逐渐失望，失败也需要一段时间才能显现出来，尝试协调政策的举措本身就足以把目前的好势头维持下去。至于最后的结果究竟怎样，那完全是另一回事。没有任何人可以保证市场的期待将会得到满足。我必须当心，不要让我对牛市的信心影响到自己在现实世界中的判断力。我近来在市场中陷入过深，以至于很难客观地观察事物之间的相互联系。

我试图从两个不同的角度来估测大循环的前景：一方面，要澄清当前市场兴旺所体现的那种“论点”，并估测其成功的机会；另一方面，则是把当前形势纳入我的信贷扩张与信贷紧缩的理论框架之中，因为我一直试图阐述该理论框架。两种方法都引入了反身性理论，但前者集中于金融市场固有的反身性，后者则致力于探究信贷与抵押品价值之间的反身性。当然，第一种方法的把握要大得多。

我认为，市场已经接受了经济极度疲软和通货膨胀不复存在这两种观点。初夏时周期性股票的短暂反弹已经渐趋淡静，当时所达到的高位迄今仍未突破。那次反弹是由于市场错误地认为经济即将好转。另外，反弹的幅度非常小。周期性股票一枝独秀，其他个股则处于下挫行情。紧接着的就是股票市场的全面下挫，只是靠了兼并收购和股票回购行动才多少缓和了严重的形势。商品市场的价格也创下了新低，而且至今还拖着复苏的后腿，特别是与货币有关的金属，表现十分糟糕。

与早前股票的周期性波动相比，近期股市反弹的基础要宽阔得多：美元疲软引导于前，债券反弹支撑于后。显然，市场并没有把经济的疲软放在心上。至于将来市场的情况是否会趋于恶化，则仍是一个悬而未决的问题。尽管经济学家们一致预测经济不可能衰退，但是纵观股票和债券市场的表现，似乎经济不可能会衰退已成既定事实：股票价格的上涨是因为投资者的“目光越过了山谷”。也许可以将去年的经济放缓现象视作一场衰退，否则经济实力还会进一步衰弱下去。不论怎样说，这种市场表现都是极不正常的，令投资者们惊诧不已，通常标志股票市场转势的技术指标无一出现。11 月 27 日《华尔街日报》的社论标题为《不可思议的反弹》，市场的迷惑与疑虑于此可见一斑。

战后历次衰退都是以美联储紧缩通货为起点，然后就是收益曲线在某一点处调头，逆收益率曲线成为 1982 年夏季市场反弹的先兆，不过这次我们始终没有看到收益曲线调头，这样一来，有关当前市场表现的解释就只能另辟蹊径了。这时候就用得着第二种方法了，也就是我提出的关于信贷紧缩的假说。

读者也许还记得，我曾预设过贷款行为与作为担保的抵押品价值之间的反身性关联。新的贷款净额有助于加强债务人的偿债能力，但随着待偿还债务的增加，新贷款中用于偿债的比例日益升高，要想保持刺激的效果，贷款规模将不得不以指数形式增长，最终，贷款增长的步伐将被迫放慢，这对抵押品的价值产生了极为消极的影响。如果抵押品已经完全用尽了，那么其价值的下跌将突然加剧贷款的清算要求，从而呈现出典型的繁荣 / 萧条的序列节律。

应用这一模型，我认为，战后的信贷扩张已经走完了它的历程；现在，就经济的实际状况而言，我们正处于信贷紧缩的时代。战后历次衰退都发生在信贷扩张阶段，这也就是为什么它们总是由通货紧缩而引发。如今我们正处于紧缩阶段，无须迫使经济减速，因为在缺乏新的刺激的情况下，预算赤字的扩大、抵押品价值的下跌等因素将起到同样的作用。

问题在于实际情况并不像我所操作的模型那样简单，尤其是，信贷扩张向紧缩转化的过程并非发生在某一特定时间点。因为这样会导致市场内部混乱，而各国政府则会坚决抵制这种情况。官方的干预使问题复杂化了，转变并不是在某一时点上发生，在信贷结构中，不同部分发生转折的时间有所不同，要确定我们在信贷循环中的位置，就必须分解这一过程，并分别考虑信贷构成中的主要成分。

运用这一方法可以得出如下结论：1982 年为重债务国的转折点，1984 年为美国金融机构的转折点，而 1986 年则是美国预算赤字的转折点。欠发达国家的信贷紧缩可能已在 1984 年达到顶峰，调整过程在很大程度上导致了基本商品的超量供应。美国银行及储蓄与贷款机构采取的调整措施，也只是在最近才开始对作为抵押物的不动产、土地、船舶以及石油业产生影响。削减预算赤字的措施尚未生效，可以预计，减息会抵消其不利影响。在这个拼板游戏中，还有两个重要板块需要嵌放妥帖：兼并潮与消费支出。

杠杆收购以及其他形式的兼并是信贷消费的大户，但它们只是试图生成相应数量的流动资产。从表面上看，它们似乎属于信贷扩张那一块，但实际上它们应纳入信贷循环中的衰退板块。因为它们增加了债务余额却未能刺激经济的发展。大量的现金不是用于购置有形资产而是用于偿还债务，财产的出让加剧抵押品的贬值，垃圾债券的兜售令收益曲线走势陡峭，总体来说，其效果更多地体现为抑制而不是刺激。

消费支出是一项巨大的未知数。近几年来，消费债务增长极快，而还款期限则伸展到最大限度。直到最近，房屋的定金可以低达5%，而汽车贷款的还款期竟长达5年。1985年中，消费贷款的拖欠率显著上升，只不过由于同期的减息以及美元贬值等因素才缓解了紧张的形势。对于这些进展而言，其作用是否仅限于遏制违约问题呢？抑或它们将刺激新的需求？这是关涉近期经济动向的最关键的问题。

假使消费支出依然保持停滞状态，那么股票与债券的牛市市场将表现出极大的韧性，事实上，这将有可能是有史以来最为强劲的牛市市场。国内储蓄率上升将抵消外资流入减少所带来的影响，从而能在美元贬值的情况下减息，而股票市场将同时得益于此二者，低利率将提高给定收入水平的价值。美元贬值将通过减轻进口商品带来的价格压力而提高收入水平。在经济的停滞过程中，劳务支出将保持低水平；在恶劣的经济形势和公司并购的威胁下，管理部门已经重新配置了资本，压缩了日常开支。当形势开始好转时，利润几乎直接等于利润净额。随着利率的调低，还会出现最后一次公司并购和杠杆收购的热潮，在此过程中，交易价格无疑将会偏高，不过近来发生的事件使过去的收购行为变得更加可行；与此同时，那些在签订时即已不可靠的合约如今看起来也稳健多了；最后，股票价格的上涨将使杠杆收购无利可图，并购行为也将逐渐消失，这将对经济的真实增长起到十分积极的作用，因为它加强了有形资产投资的吸引力，从而在刺激了需求的同时也刺激了供给。如果真的能够做到这一点，那我们的经济将比以往健康得多。这种繁荣也许最终会失控，令我们陷入一场空前的大崩溃。但不管怎么说，在此之前股票价格将会有巨幅上涨，这也就是现在购入股票的根据。

另一方面，如果消费支出在低利率的推动下真的有所增长，那么金融市场的繁荣将只能是昙花一现，而经济的实际发展将遵循那种以英国为样板的“走走停停”模式。由于国内储蓄与投资不足，信贷与消费的超额部分只能来自国外，结果是重新陷入大循环结束时的那种不利局面。要么置国内经济于不顾，提高利率重新启动大循环；要么增发货币，启动一场反方向的恶性循环。

现实可能介于这两种极端之间，这可难住了我，因为这些极端构成了几乎无限多的可能性。同实验开始时相比，我在预测消费者行为方面并无新的进展，我所能做的就是评估各种选择所带来的后果。

可以看出，一段时期内消费支出的低迷，对于过热信贷中两个主要方面的调整都是极为有利的。股票价格的上涨对于兼并潮无异于釜底抽薪，随着储蓄率的上升以及贷款条件的日益严苛，消费者过度负债的现象得以修正。不久之后，一种更加平衡的经济增长环境就会走向成熟。

市场风险将在修正以往过热要素的过程中达到最大，而现在正是这种时候。一些小规模的灾难已然发生，继 EPIC 垮台之后，在不动产贷款的竞技场上又有了一些新的牺牲品；联邦储蓄与贷款保险公司和农场信贷系统的灾难已昭然若揭；国际锡业协会无法履行自己的职责，伦敦金属交易所的锡交易已经暂停，金属交易商们纷纷歇业；在日本，最大的海运公司破产了；就在最近，新加坡股票交易所还一度被迫中断交易好几天。很明显，这一切远未结束。我们至少还面临着两重冲击，其带来的影响比迄今为止我们所经历过的任何事件都要大。一重来自石油，另一重来自国际债务危机。

石油价格的崩溃只是时间问题。石油价格一旦开始下跌，便一发不可收拾。绝大多数国家的石油供应曲线是违背常情的，油价越低，它们就越要增加销售以满足其收入需求。如果任其发展，油价可能会暂时跌至个位数。但其实我们并不会任其发展，因为当油价低于 22 美元时，我们就必须保护国内的产油业。否则，全行业的损失将超出银行界自我消化能力的极限。可以想象，某种程度的保护措施也许会扩展到墨西哥和加拿大，我只是疑惑谁会来保护北海油田的生产商，这将是欧共体的一大难题，它的解决方式将关系到欧洲共同市场的前途。

国际债务危机的阴影并未消散。事实上，欠发达国家的债务仍在增长，尽管一些国家已经改善了它们的负债比。消极的资金转移很可能在1984年达到了顶点，由于债务国坚持通货再膨胀以刺激经济的发展，消极资金转移的势头已经开始减小。与此同时，债权国家之间的凝聚力有所削减，尤其是对南非的挤兑，使美国和欧洲的关系出现了裂痕。在美国金融界，中央银行与地方银行之间分歧重重，贝克计划只是承认存在这些问题，距离问题的解决还差得很远，除非找出一劳永逸的解决方法，否则这一系统就会风雨飘摇，永无宁日，尽管我们不确定下次意外事件是否会发生。现在，银行系统已经足够坚强，可以承受一次单一事件的冲击，然而危险的是，可能存在多重冲击。

随着股市繁荣势头的增强，还会出现第三种危险，即股市崩溃的危险。目前，市场参与者仍然非常清楚这些问题，他们的投资策略也相应地非常注意流动性，然而股市繁荣的本质便是要吸纳日益增长的信贷资金。如果正当股票市场参与者过分投入之际，突然爆发金融危机，那么在保证金清算的压力下，股票市场将分崩离析。当然，现在离那个阶段还很远：如果在目前爆发一次突然的金融震荡，比如，又一家银行倒闭了，那么这将导致股价的短暂而猛烈的下跌，不过股市还有能力复苏。股票的牛市市场在其发展过程中将不断地为类似事件所打断，直至股票市场参与者对此习以为常，无所畏惧，那也就是我们将要面对崩溃的时刻了。

金融系统经历了严峻的考验，这种考验至今尚未结束。必须承认的事实是，这个系统生存下来了，而最近在经济管制方面所发生的变化也增加了它继续生存的机会。信贷紧缩的过程一帆风顺，没有发生经济风暴，尽管这会延长低速增长期。

低速增长，从它的字面含义来看并不能令人满意，但它非常接近于目前当局的政策目标。人们早已认识到，充分利用商品与服务的经济环境，比资源充分利用型的经济环境能够给资本所有者带来更多的收益。这不光是因为资本所有者获得了更大份额的国民生产值，同时也是因为企业家在经营中享有了更为充分的自由，这无疑正是我们今天所处的形势。政府的权力掌握在笃信企业自由经营者的手中，他们鼓励企业最大限度地甚至超额地运用这种权力。

顺便说一下，日本人也发现了自己的利益之所在，出于各种不同的理由，它所控制的经济增长速度明显地低于它的潜力。日本希望能够成为当今的世界巨头，达到这一目标的途径并不在于促进国内消费，而在于保持国内的高储蓄率。这些储蓄首先可以用于在国内扩大生产能力，其次则用于购置海外资产。日本已经屈服于美国的压力，提高了它的币值，但其只会在必要的范围内调整政策来维持日元的汇价。

预计经济增长将持续低迷的最有利原因之一，是这一态势符合两大主导国家的政策目标，由此，大循环的辉煌灿烂的前景将足以称得上是资本主义的黄金时代。

很难相信资本主义的黄金时代还会重现，毕竟，绝对不受限制的自由经营曾经在以往产生过极为严重的后果。难道我们还想重蹈覆辙吗？希望不至于此。也许我们已经从过去的错误中学到了一些东西。

自由市场体系的致命弱点在于它与生俱来的不稳定性。认为金融市场能够进行自我调节的观念是完全错误的。幸运的是，贝克国务卿认识到了这一点，自他迁职财政部之后，当局已经开始在经济生活中发挥积极的导向作用。将我们带入资本主义新时代的并不是自由放任政策，而是一种协调一致的经济政策，并且这种政策旨在应对自由市场体系中的狂热行为。由此也可以看出，我们在多大程度上成功地吸取了自己以往的经验教训。

无论如何，在新的黄金时代中，利益的分配将是极其不均衡的。成功者与失败者的差别依然很大，这也正是资本主义的本质之一。许多大的企业集团，诸如金融、技术、服务以及国防产业，将会兴旺发达，而其他的那些，诸如过时的工业、农业和福利行业，则不可避免地要走向衰落。金融交易产生财富，股东们对企业的控制达到近50年来的最高点；与此同时，破产企业的规模和数量也达到了50年来的最高水平。债务国家的经济在萧条中苦苦挣扎，在非洲，整整一个大陆都在忍饥受饿，与此同时，中国正在开足马力驶向自由市场体制，在同一航道上，苏联也已生火待发，尽管它的动作要谨慎得多。

表 10–9

1985 年 12 月 9 日					
	收盘价 12 月 9 日	变化 %（自 12 月 6 日）		收盘价 12 月 9 日	变化 %（自 12 月 6 日）
德国马克	2.5345	–0.9	S&P500	204.25	–3.7
日元	203.55	–0.7	美国国库券	82–16/32	–1.6
英镑	1.4575	+1.0	欧洲美元	91.87	–0.5
黄金	316.20	–1.9	原油	27.51	–4.3
			日本债券	97.00	–2.2

量子基金股本金	$890,000,000
每股资产净值	$5,998
变化 %（自 1985 年 12 月 6 日）	+2.7%
变化 %（自 1985 年 8 月 16 日）	+37.0%

资产组合结构（以百万美元计）

投资方向（1）	多头	空头	净变动（2）（自 12 月 6 日）	净外汇敞口（1）	多头	空头	净变动（2）（自 12 月 6 日）
股票：							
美国股票	739	（66）	+21	德国马克相关货币	693		–36
外国股票				日元	828		+2
期货	277		–91	英镑		（115）	+4
外国股票	270		–1	美元		（516）	+53
债券（3）：				其他货币	45		+12
美国政府							
短期（4）	90						
长期	717		+56				
日本政府债券	253		–47				
商品：							
石油		（157）	–7				
黄金							

里根政府为何能如此成功地实现其目标，这是一个颇有吸引力的问题。从任何一种意义上讲，民主党人都是输家，这可以从下面的事实中得到证明：在国会中，居然是民主党人在推进保护主义，而要证明谁是赢家，里根总统的天赋当然是无与伦比的。不过，市场行情的改善是以基础现实状况的显著恶化为代价的，从我们的国家债务水平中就可以看出这一点。

坦白地讲，我对复苏了的资本主义的生命力感到吃惊。以前我只把大循环看成短暂的权宜之计，以为它是注定要破产的。如今眼看着它被一种新的繁荣所替代，这种繁荣足以称得上是资本主义的黄金时代，我不得不承认这一体制的适应能力与生存能力之顽强。剩下的问题就要看决策者们能否遏制它的弱点：金融市场固有的不稳定性以及由此而导致的种种不幸。

结束语：1985 年 12 月 9 日　星期一　夜

我已决定提前将债务转向股票：这部分地是因为“百年不遇牛市市场”的前景，更多地也是出于实际的考虑。格拉姆 – 鲁德曼修正案通过后，可能不会立即降低贴现率；市场十分强劲，而美联储却顾虑重重。12 月的各项统计资料可能看起来相当理想，这一方面是因为圣诞购物期集中在短短几天之内，同时也是因为投资安排通常在年内确定以逃避税制的变化。下一轮先行指标可能也会有上佳表现，因为其中包括了股票价格与货币供应，在这种情况下，债券价格恐怕极为脆弱，而股票上涨可能会带来更好的前景。我刚才阐述的观点开始引起投资者的注意，不过其反应则普遍比较谨慎。每年年末照例有一段火爆的行情，接下去的四五个星期也许会演出一段好戏。

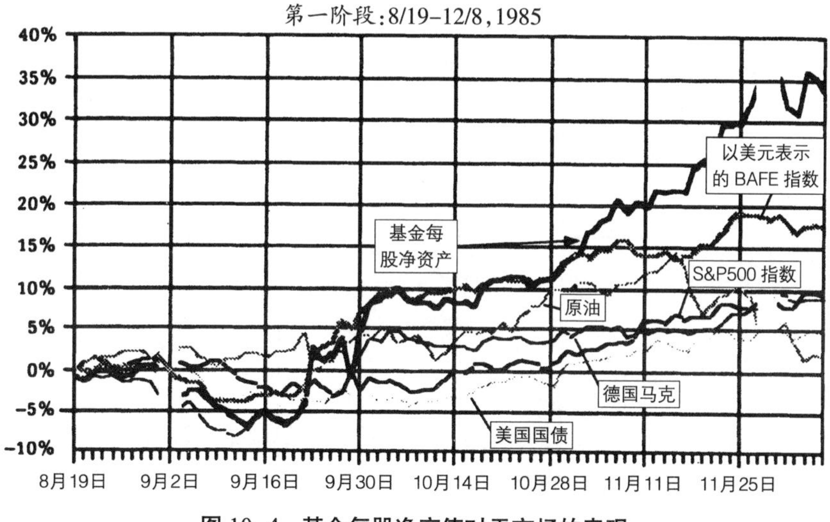

图 10–4　基金每股净产值对于市场的表现

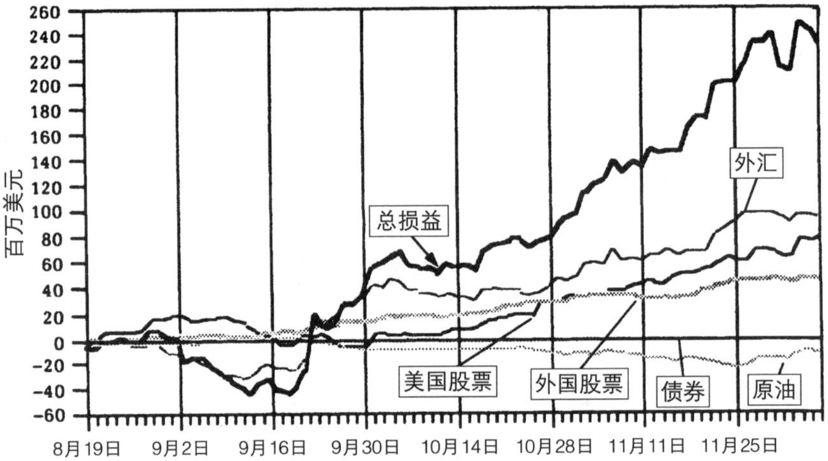

图 10-5 基金损失（按主要头寸分解）

注：①所有价格变化的百分率均以图表中第一日数据为基数。

②EAFE是摩根·斯坦利公司公布的以美元表示的欧洲、澳大利亚和远东股票市场的资本国际指数。

③原油和政府公债的价格为最近到期的期货合约的收盘价。

④外汇损益包含远期外汇和期货合约，外国股票市场上的损益包括外汇头寸损益。

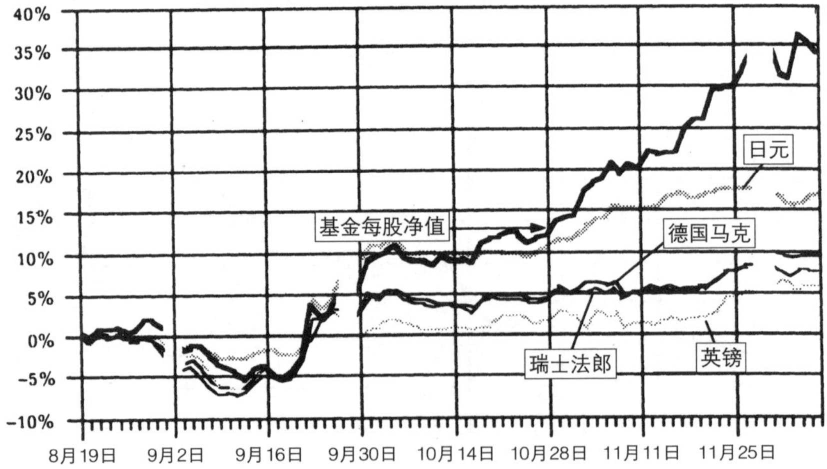

图 10-6 外汇价格

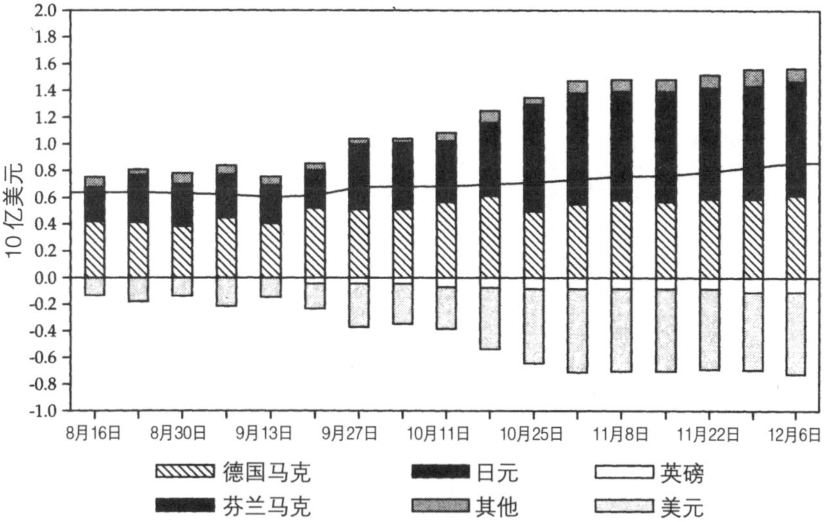

图 10-7　净外汇敞口(曲线表示基金股权资本)

注：① 以美元计算的价格百分比变化是以表中第一日的数据为基数的，该数据取自纽约收盘价。

② 净外汇敞口包括股票、债券、期货、远期合约、现金和保证金，因此其总和等于基金的全部权益。美元空头表示出外汇敞口超出基金权益的部分。

③ 基金敞口为周末数。

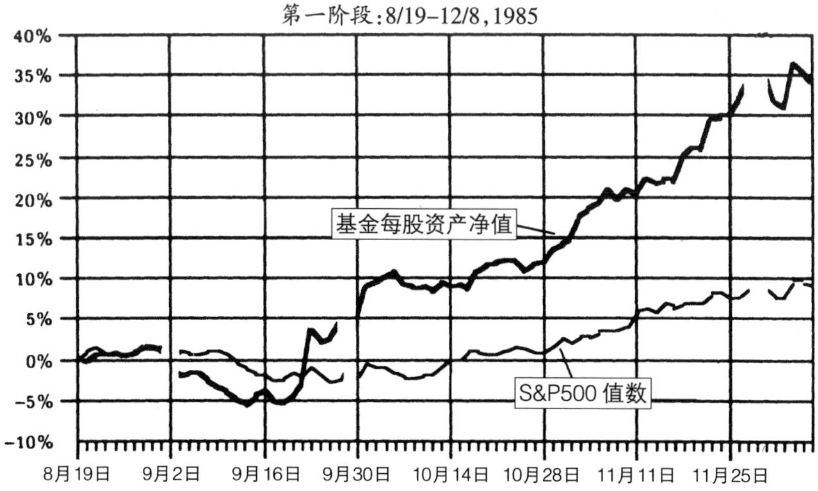

图 10-8　美国股票市场走势

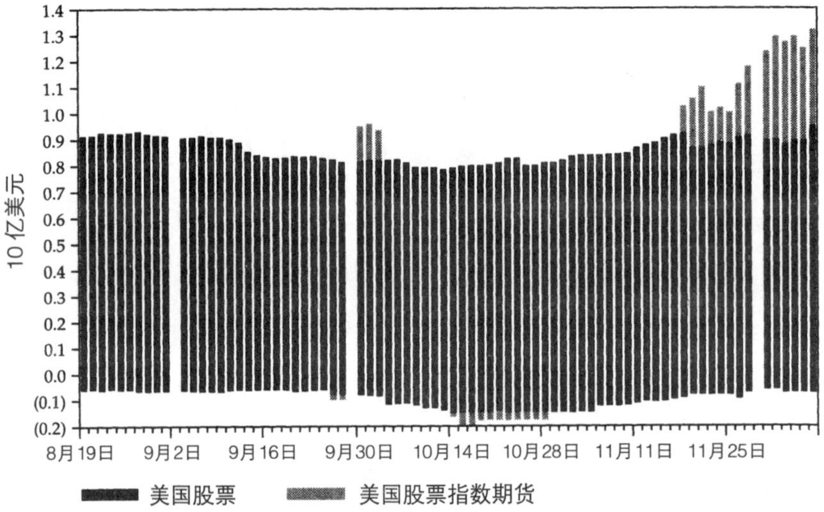

图 10-9 美国股票市场头寸

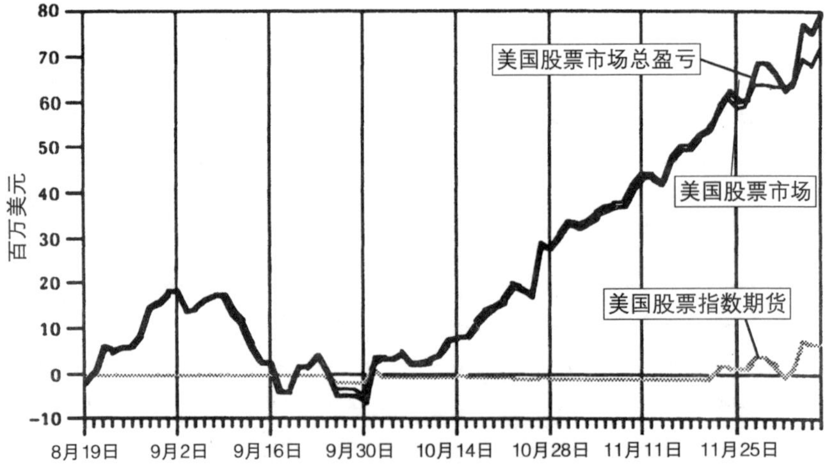

图 10-10 美国股票市场损益

注：①美国股票市场总损益包括股票头寸和指数期货。

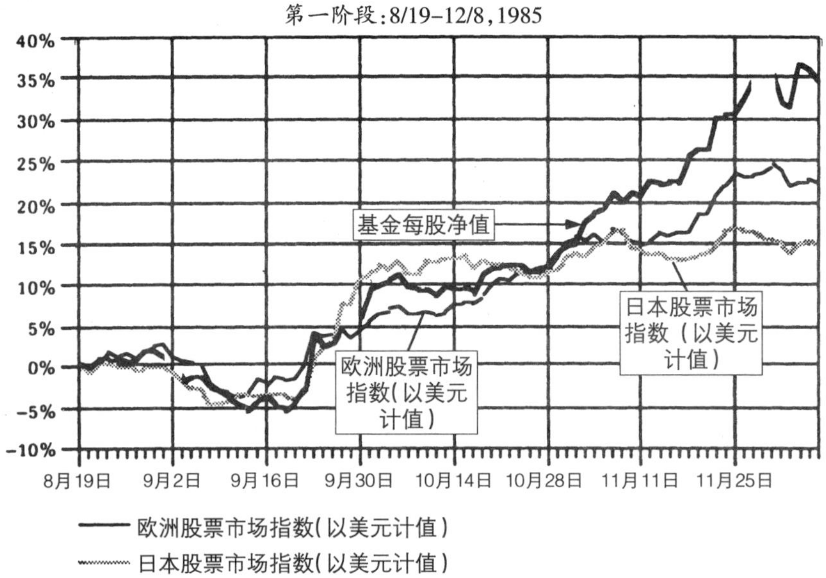

图 10-11 外国股票市场走势

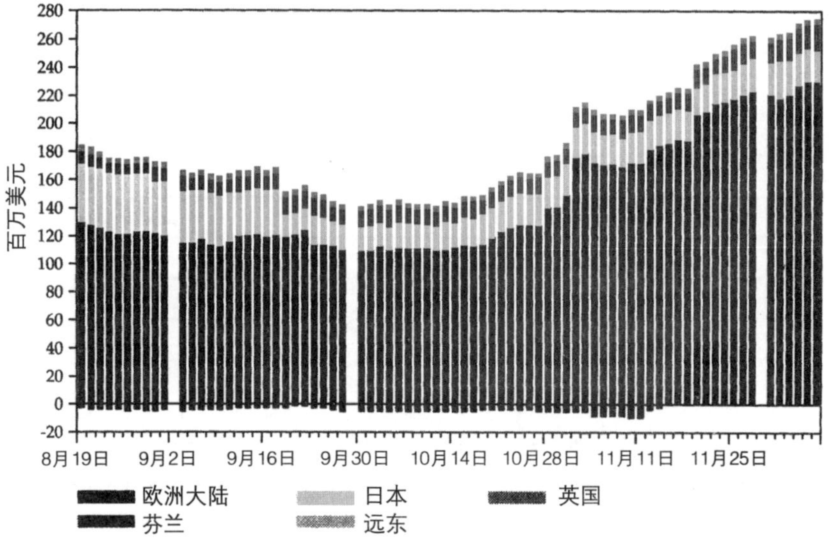

图 10-12 外国股票头寸

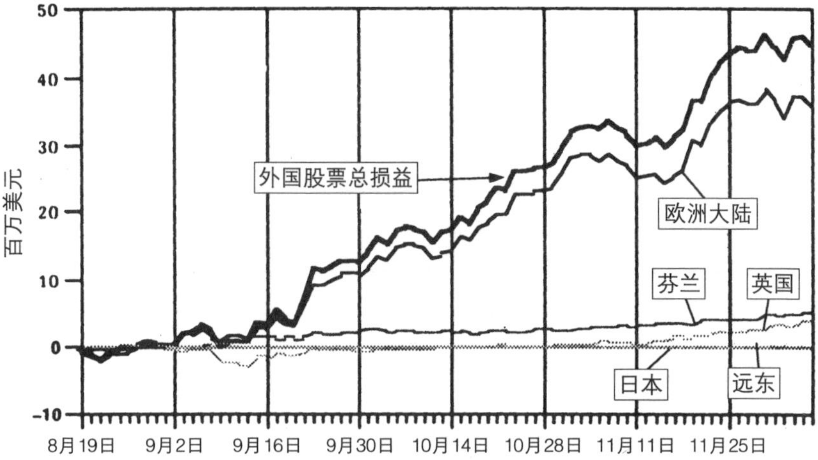

图 10-13 外国股票市场损益

注：① 外国股票市场总损益包括外国股票头寸引起的外汇盈利或亏损。

② 远东市场头寸包括中国香港、韩国、中国台湾、澳大利亚和泰国市场。

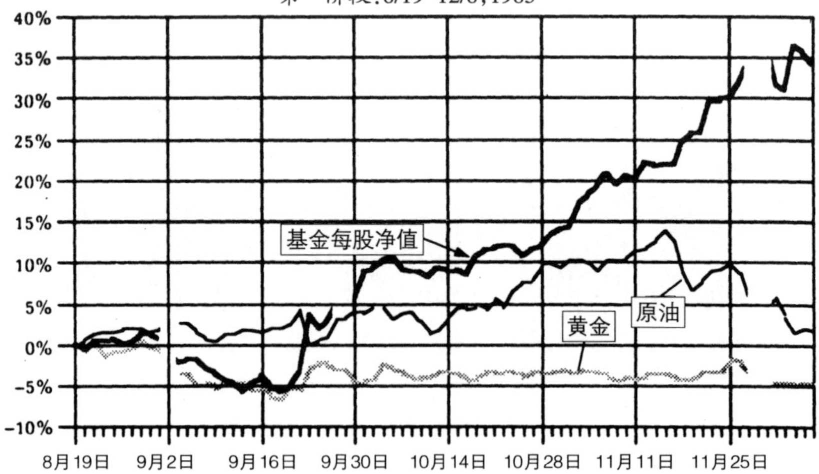

图 10-14 商品期货价格

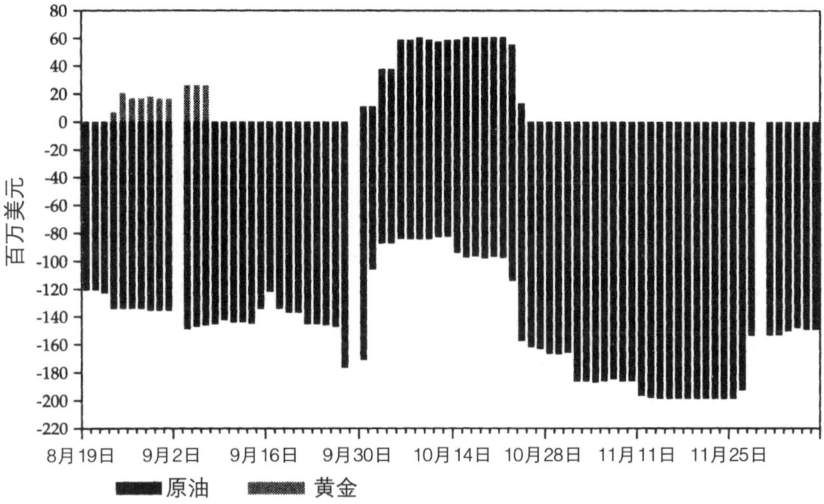

图 10-15 商品期货头寸

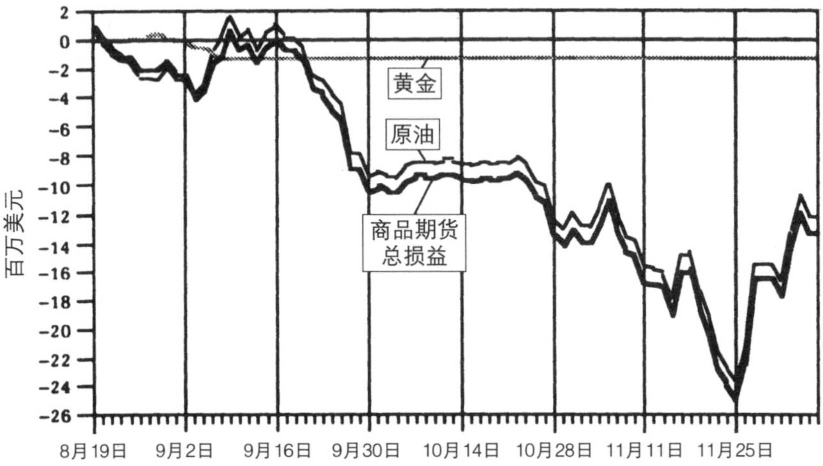

图 10-16 商品期货损益

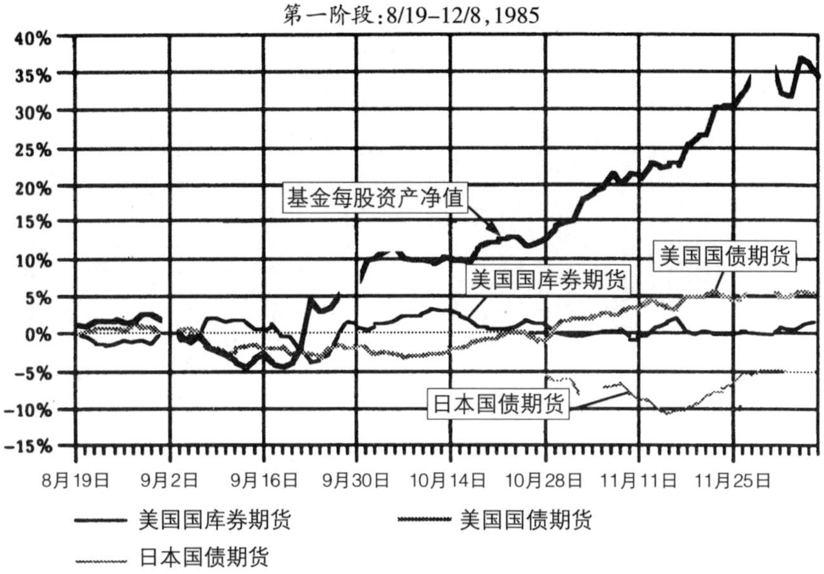

图 10-17 固定收益证券走势

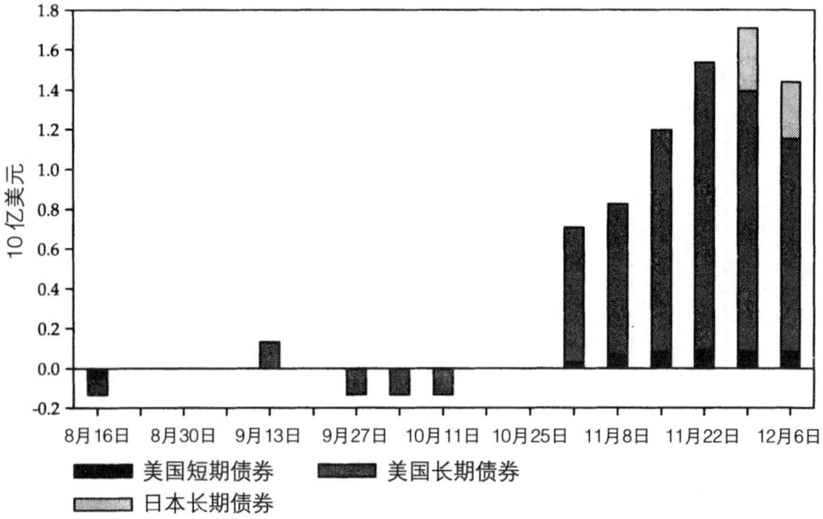

图 10-18 固定收益证券头寸

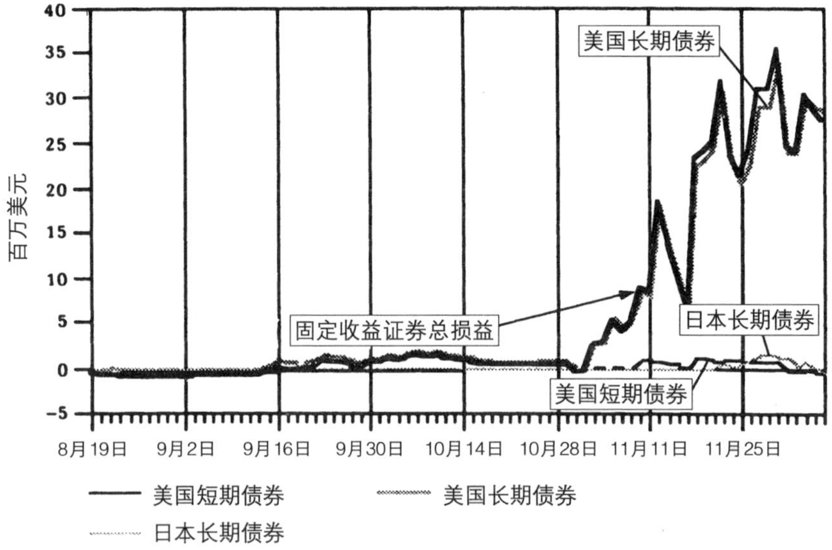

图 10–19　固定收益证券损益

注：① 美国短期债券头寸和损益数包括国库券、国库券与欧洲美元期货和偿付期在 2 年内的中期国库券。

② 所有国债均折算成普通的 30 年期国债的面额，转换的基础是收益的给定变动对价格的影响。例如，面值 1 亿美元的 4 年期国库券等于市值 28,500,000 美元的 30 年期国债的市场价值。

③ 日本国债的波动显著低于美国国债。例如，1986 年 6 月 30 日，面值 1 亿美元的日本国债的波动只相当于 66,200,000 美元 30 年期美国国债。表中数字对此未作考虑。

④ 所示头寸为周末数字。

注释：日记表中插入数字 (1)—(6) 的含义。

（1）含期货合约的美元净值。

（2）自上一报告以来的净增持（+）与净减持（–）。

（3）以 30 年期政府公债为标准折算。例如，面值 1 亿美元的 4 年期国库券，按市场价格计算，相当于市值 28,500,000 美元的 30 年期政府公债。

（4）到期期限少于 2 年的中短期国债：已按 30 年期政府公债予以折算。

（5）这些债券（价格）的波动（volatility）显著小于美国政府公债。例如，在 1986 年 6 月 30 日，1 亿美元面值的日本政府公债，其波动大约等同于市值 66,200,000 美元的 30 年期美国政府公债。表中对这种差异未作修正。

（6）净外汇敞口包括股票、债券、期货、现金以及保证金，它等值于基金股本金总值。美元空头头寸意味着市场主要货币（与德国马克挂钩的欧洲货币、日元、英镑）的敞口超过了基金净值。投资在其他货币（通常不像主要货币那样剧烈波动）中的敞口单独列出，与基金的美元敞口相比，其比例甚微。

最后，表中净资产变动的百分比数字是相对于每一股份而言的。量子基金权益总额的数字受到认股与赎回的轻微影响。

第十一章 | Chapter 11
对照实验阶段：1986 年 1 月—1986 年 7 月[①]

1986 年 1 月 11 日　星期六[②]

股票与债券市场经历了一次严重的下挫行情，我遭受了极大的损失。早在 12 月期指到期时（当时正赶上一次短暂的股市高峰）我已经在股票市场上建立了最大限度的敞口，而我的债券持仓也还没有脱手。结果，当跌势来临时，我的股票和债券头寸都得不到任何保护。是否应当将债券头寸削减一半？我对问题的严重性还有些将信将疑，尽管当市场开始下跌时我确实抛出了 1 亿美元的债券，但因为我并不相信跌势真的会持续下去，所以后来我又急不可耐地将先前抛售出去的份额又买了回来，可是当时的时机远未成熟。好在我的外汇和欧洲股票的交易策略还是正确的。趁着一次短暂上涨的机会，我取消了过度的外汇持仓，所以我现在的外币投资仅限于自有资本——英币空头与马克多头，没有动用杠杆操作，我还增加了在外国股票市场中的投入，因此尽管外汇价格上涨，我的敞口总态势还是稳定的。

① 在本书中收入这一章主要是考虑到它的文献价值，其内容相当地单调和重复，对我的宏观操作方法不十分感兴趣的读者可以跳过这一章，从第十二章开始往下看。

② 图 11-1 到图 11-16 的图表显示量子基金在 1985 年 12 月 9 日—1986 年 3 月 31 日的市场敞口及其成就。日记表中插入数字（1）—（6）的含义见第十章最后。

表 11–1

1986 年 1 月 10 日					
	收盘价 1 月 10 日	变化 % （自 12 月 9 日）		收盘价 1 月 10 日	变化 % （自 12 月 9 日）
德国马克	2.4675	+2.6	S&P500	205.96	+0.8
日元	202.45	+0.5	美国国库券	83–04/32	+0.8
英镑	1.4880	+2.1	欧洲美元	91.85	0
黄金	341.70	+8.1	原油	25.79	–6.3
			日本债券	98.55	+1.6

量子基金股本金	$942,000,000
每股资产净值	$6,350
变化 %（自 1985 年 12 月 9 日）	+5.9%
变化 %（自 1985 年 8 月 16 日）	+45.6%

资产组合结构（以百万美元计）

投资方向（1）	多头	空头	净变动（2）（自 12 月 9 日）	净外汇敞口（6）	多头	空头	净变动（2）（自 12 月 9 日）
股票：				德国马克相关货币	609		–84
美国股票	1011	（65）	+273				
外国股票				日元	612		–216
期货	277		+440	英镑		（278）	–163
外国股票	270		+48	美元		（1）	+515
债券（3）：				其他货币	21		–24
美国政府							
短期（4）			–90				
长期	958		+241				
日本政府债券	259		+6				
商品：							
石油		（224）	–67				
黄金							

同往常一样，多种因素相结合才会导致崩盘，其中最主要的是非农就业报告，它让市场相信不下调贴现率相当正常。针对利比亚的措施也引起了不安——市场上充满了未经证实的有关阿拉伯国家抛售股票、债券和美元的谣言，我利用其中一次的机会将外币头寸脱手。股票市场也许同样受到了对垃圾债券施加保证金这一规定的影响，星期五下午，在跌势初起后两日，债券市场

跌破了一个重要的支撑点——30 年期债券的 9.5% 的收益水平，其间又涉及格拉姆 - 鲁德曼修正案的违宪问题。

当时普遍存在的乐观情绪致使市场变得脆弱不堪。不幸的是，我也被套牢。价格下跌时，我正好在股票市场上占据着最大限度的敞口，我将当时的变化看成是一次典型的牛市回调。回调为金融专业术语，其强度（在两小时之间指数期货下跌 5%）似乎也表现出一种征兆，即如果牛市市场持续下去，那么后市仍然有可能会出现以暴跌结束牛市行情的局面。

这种情况是极具代表性的。股市的繁荣往往能够经受住一连串的考验，以至于人们以为这场繁荣将是坚不可摧的，但恰恰就在这时，一场危机已经酝酿成熟了。当然，现在距离这一点还相当遥远。市场情绪仍然非常谨慎，突然的下跌只是表现了市场因近期内不可能出现贴现率下调而引发的失望情绪。短期债券市场已经修正完毕——欧洲美元期货几乎下跌了 0.5 个点，长期债券的反应可能有点过头，不过，如果真是这样，我就可以指望它很快地反弹回来。和以前一样，我的持仓是基于以下信念的预测：经济并没有真正的动能，美联储也许不会降低贴现率，但也绝对没有道理允许联邦基金利率高过目前的水平。同样，我认为有关格拉姆 - 鲁德曼修正案的违宪争论并不重要——这个过程会在形成定论期间内发挥作用。如果这一观点是错误的，那我将不得不在遭受严重亏损的形势下调整自己的头寸。到目前为止，我还是倾向于硬着头皮坚持。我预计，明天的债券市场将会遭受最大的压力，究竟会造成多大的损失，这还很难说。不过，股票市场的日子从现在起应该比债券市场好过一些。

问题在于，如果我不先卖出一部分就没有资金再买入。因此，我所能做的只是坐在圈外，同时希望形势不至于失控。我的现金储备应该足够应付眼前的困难，不过这种事情是谁也不能打保票的。跌势耗尽了我的现金储备，使我的处境比大势调整之前更加危险。不过，既然我认为这是一个短暂的现象，那么现在增加现金储备也就没有什么意义。但出于同样的考虑，进一步削减现金储备也是极其不稳妥的。

附录：1986 年 1 月 15 日 星期三

五国集团于本周末召开会议。如果是由我主持会议，那么会议的目标将是很明确的，即达成多边利率下调协议。这将表明各国正在通力合作并且控制了形势，同时还可以保持外汇市场的稳定。如果做不到这一点，那就很难阻止美元的短暂上扬。基础条件已经完备，格拉姆 - 鲁德曼修正案的法律手续正在进行之中，垃圾债券已经受到抑制。日本期待美国带头降低利率。的确，M1 供应已经超出了目标范围，1985 年第四季度经济增长率很可能达到了 3.5%，但只要一切正常，也没有必要去改变它。不过，如果各国当局者希望保持主动权，那么现在已经到了应该采取行动的时候了。降低利率就意味着公开放弃货币主义，但债券市场能够接受这一变化，因为这一政策的出台得到了其他国家的协同支持，汇率将会稳定下来，同时沃尔克作为货币管理干员的声誉不会受损。问题是，他想不想这样做。

我并不打算用上面那套设想来一厢情愿地安慰自己，尽管如此，因为受限于无保护持仓，我还是愿意在这个时候押注欧元。这意味着我将买入一些欧洲美元期货，因为它们的风险相对小一些。唯一的风险就是我的头寸更加缺乏保护，一旦出现不利情况，就要被迫砍仓。我愿意承担这种风险，因为即使输掉了，我对砍仓也有充分的精神准备。不管怎样，我的看法是管理当局已经取得了主动，如果他们做不到这一点，那我也只好放弃杠杆头寸承认亏损。法国军事上有句谚语：Reculer pour mieux sauter（以退为进），我则反其道而行，只有勇往直前，才有机会变更部署。我应当准备放弃目前的敞口，将长期头寸掉换为短期头寸，因为已经发现它不可能持久。

1986 年 1 月 21 日 星期二 上午

五国集团会议未能产生任何明确的成果。在经过了会前的大肆宣扬以及从各种渠道泄露的内情的扰动之后，已经不可能指望会有什么戏剧性的声明发表了。尽管如此，简短的声明还是令人不得要领，我只好依靠自己的推理来猜测，情况究竟发展到了什么程度。

我深信，利率下调的目标已经赢得了广泛理解，然而两大主要的中央银行——德国央行和美联储拒绝承诺采取协调一致的行动。我猜想美联储甚至在会议开始之前就已经悄悄地放松了货币政策（下周四公布的指标将提供更多的结论性依据），但它还要根据市场的反应来决定降低贴现率的时机，而不会听命于政府之间的协议。任由五国集团支配美国的货币政策将开创一个危险的先例，作为一家坚持其独立性的中央银行，美联储是绝不会接受这一切的。

另一个将会扰动局面的因素是，存在于贝克同沃尔克之间的某种程度的不和。回想起来，在追加垃圾债券保证金要求这一问题上，沃尔克同行政当局之间的分歧具有极其重要的意义。沃尔克看来是担心过于激烈的减息将会引发一场股市的狂升，最终以大崩溃而收场——这是我绝对不能同意的观点。他在担心，仅仅这一事实本身就足以证明，这种旺市恐怕难以启动。无论如何，五国集团已经失去了一些推动力，这是一个危险的信号。

现在看来，除了削减我在会议前所建立的过分的敞口之外，已经是别无出路了。不过我决定再等一下，到下一轮美联储报告公布之后再行撤出。我并没有卖掉刚刚买入的欧洲美元期货，而是抛售了一些标准普尔 500（S&P500）指数期货，因为我觉得股票市场恐怕更脆弱一些。

这一天，能源价格不断下跌，直至最后演变成为一场暴跌，到临收市的时候，股票、债券都补回了当天的损失。这是一个重大的事件，期待已久的石油价格暴跌终于到来了。

除非政府出面干预，否则价格的下跌将一日千里，不可阻挡。但政府只会在紧急状态下介入。有关沃尔克与贝克之间意见相左的传闻也降低了及时行动的可能性，于是我们面临着银行体系最危险的时期。那些能源贷款以及能源依赖型债务国将会落到什么样的地步呢？

表 11–2

1986 年 1 月 20 日					
	收盘价 1 月 20 日	**变化 %（自 1 月 10 日）**		**收盘价 1 月 20 日**	**变化 %（自 1 月 10 日）**
德国马克	2.4580	+0.4	S&P500	207.53	+0.8
日元	202.45	0	美国国库券	83–17/32	+0.5
英镑	1.4125	–5.1	欧洲美元	91.91	+0.1
黄金	345.10	+3.6	原油	21.27	–17.5
			日本债券	98.00	–0.6

量子基金股本金	$1,006,000,000
每股资产净值	$6,775
变化 %（自 1986 年 1 月 10 日）	+6.7%
变化 %（自 1985 年 8 月 16 日）	+55.4%

资产组合结构（以百万美元计）

投资方向（1）	**多头**	**空头**	**净变动（2）（自 1 月 10 日）**	**净外汇敞口（6）**	**多头**	**空头**	**净变动（2）（自 1 月 10 日）**
股票：				德国马克相关货币	559		–50
美国股票	1,014	（73）	–5				
外国股票				日元	612		0
期货	277		+440	英镑		（278）	+8
外国股票	270		+48	美元	105		+106
债券（3）：				其他货币	31		+10
美国政府							
短期（4）	88		+88				
长期	1,026		+241				
日本政府债券(5)	261		+2				
商品：							
石油		（159）	+65				
黄金							

我确信形势不会失控，因为补救措施已经有了：征收石油进口税，但对墨西哥做特别的规定。不过，加税意味着里根总统背弃了他的一贯做法，只有事态的紧急性才能够给他提供采取行动的借口。因此，除非形势严重恶化，这一补救措施绝不可能实行，这些要求我尽可能不去动用杠杆操作。石油价格的下跌对股票和债券都产生了积极的影响，然而，在目前这种情况下运用杠杆操作

并不妥当，特别是在市场的最初反应似乎同我自己估计一样的时候。

1986年2月22日　星期六

我在退出杠杆操作时有些操之过急，未能从股票和债券市场的反弹中充分获利。当听说初级法院将裁决格拉姆－鲁德曼修正案违宪的消息时，我甚至还安排了一笔短暂的债券期货空头，但是这一决定延迟了一周才得以施行，那时正赶上石油价格暴跌，新的问题的急迫性高于一切，因此我被迫认亏平仓。简言之，交易成果不佳。不过，基金却表现良好，这主要应归功于石油与美元的空头，个股的选择也是成功的。

事实上，在目前这种形势下，我会因为自己的持仓缺乏保护而不安——这也许可以解释为什么当我使用杠杆时交易会变得很糟糕。我认为石油价格的下跌将造成双重的影响，即经济刺激与金融危机。证券市场正在对前者作出反应，而我则对后者极为关注。

我们已经接近于国际债务危机摊牌的时刻，石油已经跌到了15美元以下，墨西哥的偿债能力将达不到100亿美元的要求。为了应付这一情况，必须采取一系列措施：墨西哥还要将腰带再勒紧一些；银行必须承受冲击，美国将不得不以馈赠或石油价格保护的名义为墨西哥拨出一部分资金。这些做法当然不是不可行，但却会非常复杂而微妙，银行所做的让步也必须同时给予其他国家。所有的金融中心银行都在消化吸收向欠发达国家贷款利率下调所造成的影响。不过，美洲银行这次看来是在劫难逃了。它将求助于担保，一如大陆伊利诺伊银行，以保护储户的利益。储户们甚至不会将其放在心上，但股票市场却会有反应。市场的强势，再加上介入期货期权交易的信贷规模，这两者的结合，决定了市场随时可能爆发突然的行情逆转。在1月份，两小时之间下跌5%，下一次也许就会达到10%甚至15%。我确信，崩溃的危险已经从银行系统转向金融市场，我希望这次不至于被套住，否则连我自己都会觉得太愚蠢了，谨慎也许要付出一点代价，但至少可以保证生存。

我得到消息，墨西哥总统德·拉·马德里将于今晚发表演说，于是卖掉了一些 S&P500 期货和美元空头，以为安度周末的万全之计。

表 11–3

1986 年 2 月 21 日					
	收盘价 2 月 21 日	变化 %（自 1 月 20 日）		收盘价 2 月 21 日	变化 %（自 1 月 20 日）
德国马克	2.2960	+6.6	S&P500	224.62	+8.2
日元	182.20	+10.0	美国国库券	90–06/32	+8.0
英镑	1.4545	+3.0	欧洲美元	92.10	+0.2
黄金	341.00	–3.7	原油	13.53	–36.4
			日本债券	101.60	+3.7

量子基金股本金	$1,205,000,000
每股资产净值	$8,122
变化 %（自 1986 年 1 月 20 日）	+19.9%
变化 %（自 1985 年 8 月 16 日）	+86.2%

资产组合结构（以百万美元计）

投资方向（1）	多头	空头	净变动（2）（自 1 月 20 日）	净外汇敞口（6）	多头	空头	净变动（2）（自 1 月 20 日）
股票：				德国马克相关货币	783		+224
美国股票	1,064	（185）	–62				
外国股票				日元	726		+114
期货	277		–676	英镑		（343）	–73
外国股票	270		+112	美元	39		–66
债券（3）：				其他货币	81		+50
美国政府							
短期（4）			–88				
长期	215		–811				
日本政府债券(5)			–261				
商品：							
石油		（55）	+104				
黄金							

1986 年 3 月 27 日　星期四

自 1 月末削减杠杆头寸以来，我几乎没有进行任何大的调整，回想起来，当时我有些操之过急，错过了债券市场反弹的最佳时机，显然，这是因为我过分低估了石油价格的下跌对市场的刺激作用。坦率地说，我没有料到政府会任其跌到这种程度而不作干预。只有政府的干预才能制止石油价格的下跌，因为供应曲线已经调头：油价越低，供给反而越多，因为只有这样才能满足产油国的外汇需求，最终，美国将不得不采取措施以保护国内产油商，这也是我将石油空头由美原油转向布伦特原油合约的原因——这次移仓利润可观，因为正好碰到一次空头合约平仓的行情。

我只能在主观的基础上为削减杠杆头寸进行辩护。杠杆操作令人精神高度紧张，我的所得已经足够，不想再尝这种滋味了。但错过一次大好机会毕竟令人痛心，聊以自慰的是，我并没有错过行情，只是没能充分地把握住。

在外汇市场上我基本按兵不动，唯一的变化就是进一步建起了德国马克/英镑的交叉头寸。我已经意识到外汇市场的本质又发生了变化，第一次五国集团财长会议中所表现出来的协作精神，到第二次会议时已经大大减弱了，管理当局正在丧失对市场的控制能力，美元的下行比管理当局所预想的要快得多，日本和德国开始担忧。美国当局意见不一，沃尔克的立场接近德日，对此表示关注。其他官员则认为，日本的极度不安是一个值得高兴的信号，它说明美元贬值已经开始发挥预期作用了。美元在毫无遮拦的情况下一路下泻，不十分清楚下泻的真实原因是什么，肯定同石油价格的下跌存在某种联系。其中部分因素属于非经常性的（石油交易所需美元数额减少），但它所表现出来的趋向已足以吸引投机者介入了。

我保持着手中的美元空头没有进行调整，是因为我没有确定性的观点，而非我信心满满，并且我认为在外汇交易赢利的前景中，并没有出现遇到麻烦或形势恶化的迹象。保持头寸比调换头寸要轻松得多，同时保持超然的态度将有助于我在必要的情况下重新估计形势。

然后就是普雷斯顿·马丁（Preston Martin）的辞职，围绕利率的幕后斗争公开化了。美元凌厉反弹，英镑对马克也出现反弹。我面临着外汇市场中的严重亏损——自有管理的肮脏浮动以来这还是第一次，这迫使我重新审视整个宏观经济形势。

表 11–4

1986 年 3 月 26 日					
	收盘价 3 月 26 日	变化 %（自 2 月 21 日）		收盘价 3 月 26 日	变化 %（自 2 月 21 日）
德国马克	2.3305	–1.5	S&P500	237.3	+5.6
日元	179.65	+1.4	美国国库券	98–15/32	+9.2
英镑	1.475	+1.4	欧洲美元	92.83	+0.8
黄金	344.40	+1.0	原油	12.02	–11.2
			日本债券	105.50	+3.8

量子基金股本金	$1,292,000,000
每股资产净值	$8,703
变化 %（自 1986 年 1 月 21 日）	+7.2%
变化 %（自 1985 年 8 月 16 日）	+99.6%

资产组合结构（以百万美元计）							
投资方向（1）	多头	空头	净变动（2）（自 2 月 21 日）	净外汇敞口（1）	多头	空头	净变动（2）（自 2 月 21 日）
股票：				德国马克相关货币	1,108		+325
美国股票	1,272	（170）	+223				
外国股票				日元	492		–234
期货	124		+216	英镑		（389）	–46
外国股票	536		+110	美元	81		+42
债券（3）：				其他货币	63		–18
美国政府							
短期（4）							
长期	326		+111				
日本政府债券(5)							
商品：							
石油		（28）	+27				
黄金							

我的结论是，经济依然停滞。强势因素与弱势因素相当平衡，强势因素主要来自低利率以及由改善利润边际所产生的乐观情绪、房屋建筑、再储存（restocking）、新业务的形成、服务业就业情况的好转，这些也都是积极因素。主要的弱势因素来自于石油工业。石油产业是资本密集型行业，其重要性与汽车工业差不多。其他的资本开支形式也比较疲弱，尽管可以指望它们随着时间的推移有所改善。另一个弱势因素，即削减预算赤字效应，还没有开始显山露

水。储蓄率似乎有所回升，消费者的支付手段被局限于支票，投资者对低利率的反应是转向股票与长期债券市场。无论是股票市场还是债券市场，都从中获得了强有力的推动。

由于得出了经济不振的结论，因此我看不出有什么理由要削减美元的空头头寸。相反，我认为目前美元的上涨正好为进一步的减息行动提供了借口。于是，我决定重建债券多头头寸。在 9%～9.25% 收益水平上卖出，现在却又要在 7.5% 的收益水平下买入，这可不是一个轻松的决定。但是整个形势的逻辑要求我采取这一行动：美元空头而无债券多头显然缺乏一致性——现在购入美元为时已晚。那些杠杆怎么办呢？不管怎么说，以前就是因为不愿意承担杠杆才削减敞口的。无疑，这将导致心理负担的加重，不过，在另一方面，它也缓解了缺乏债券多头的美元空头所引起的紧张情绪，我应当加倍提高警惕。

股票与债券市场出现严重下挫行情的概率有多大呢？当我审视了市场的内部动力之后，我发现股市的兴盛还处于初起阶段，其强度也表明它不会由于内部原因而崩溃。投资者依然小心翼翼，包括我自己在内，即便考虑到石油价格下跌的因素，股票也不过刚刚涨到杠杆收购的成本边限，实际利率仍然过高。美元汇价和利率，要么至少其中的一个必须下调，要么两者同时下调，既然美元汇价已经回稳，那么这回就该轮到利率了。

仅从内部因素来考虑，繁荣还会持续相当长的一段时间，在市场变得脆弱之前，股票价格有可能翻倍甚至更多。一些小型的股票市场更易受到影响，意大利就是一个很好的例子。如果真的会有一场崩溃，那么首先遭殃的也应该是意大利而不是美国。

目前，唯一的危险是来自外部的危机，潜在的导因极为触目，石油价格问题正走在引发激烈冲突的道路上。油价仍在一路下滑，除非出现灾难性的事变才能遏制或扭转这一趋势。依我看，可能会有两条泄洪道：军事的和金融的。

军事 / 政治方面的变化是非常难以预料的。中东地区的紧张局势正在加剧，埃及发生了近乎革命性的变化；两伊战争出现了升级的信号，美军对（利比亚）锡德拉海湾（Sidra Bay）的入侵已经平安过去，没有招致什么严重的反应，不过我们还应该考虑到其他可能的突然事变。既然是不可预测的，那么我

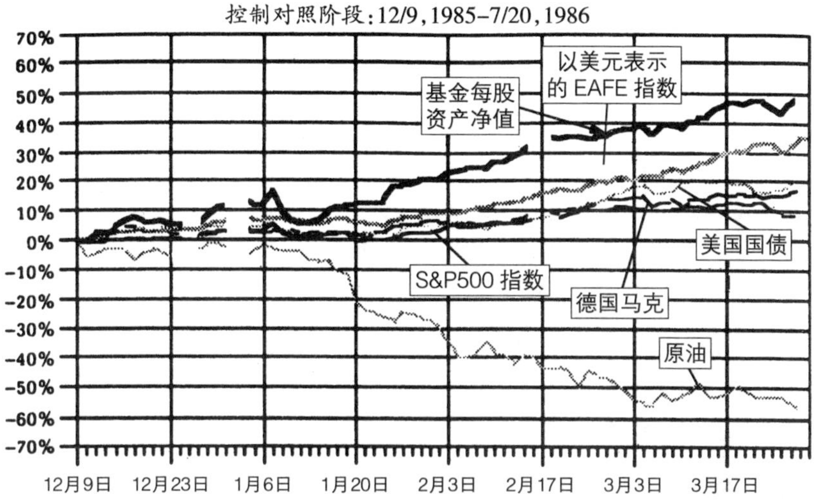

图 11–1　基金每股资产净值相对于市场的表现

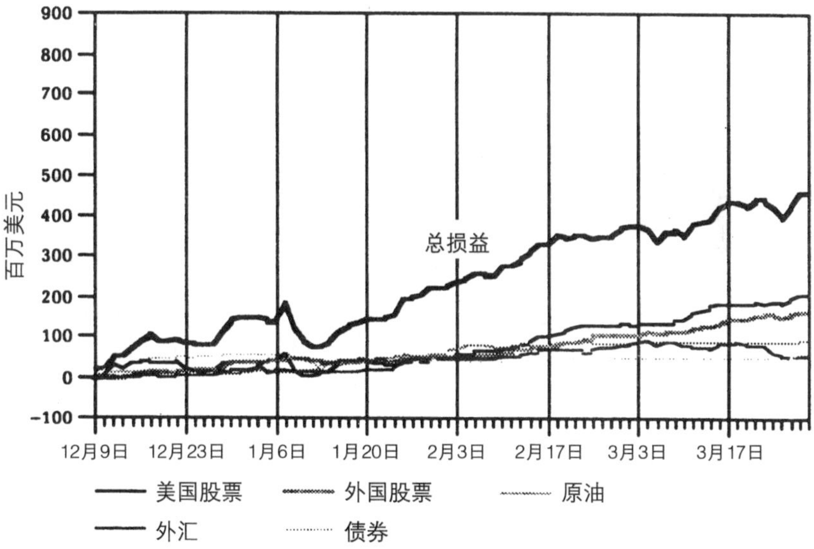

图 11–2　基金损益（按主要头寸分解）

注：① 所有价格变化的百分率均以图表中第一日数据为基数。

② EAFE 是摩根 · 斯坦利公司公布的以美元表示的欧洲、澳大利亚和远东股票市场的资本国际指数。

③ 原油和政府公债的价格为最近到期的期货合约的收盘价。

④ 外汇损益包含远期外汇和期货合约，外国股票市场上的损益包括外汇头寸损益。

图 11-3 外汇价格

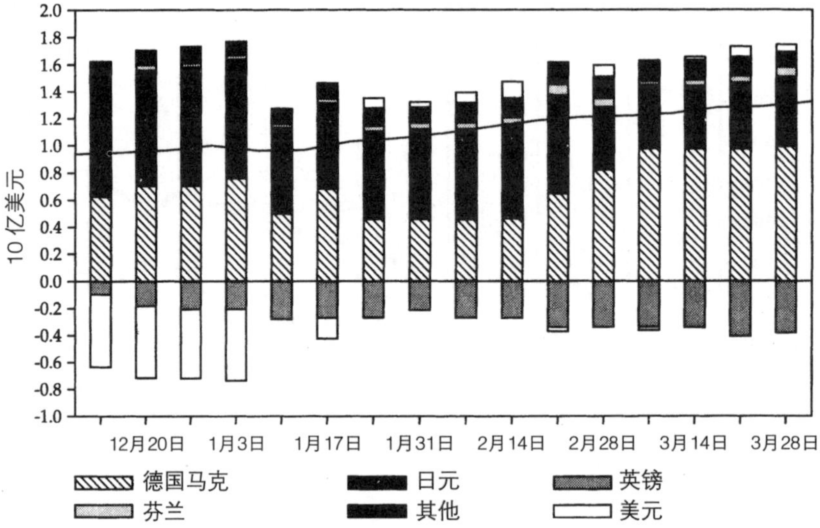

图 11-4 净外汇敞口(曲线代表基金股权资本)

注：① 以美元计算的价格百分比变化是以表中第一日的数据为基数的，该数据取自纽约收盘价。

② 净外汇敞口包括股票、债券、期货、远期合约、现金和保证金，因此其总和等于基金的全部权益。美元空头表示出外汇敞口超出基金权益的部分。

③ 基金敞口为周末数。

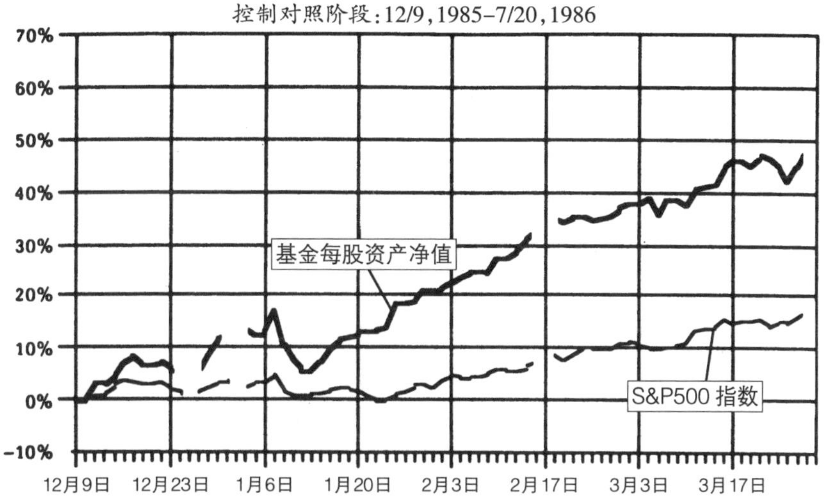

图 11-5　美国股票市场

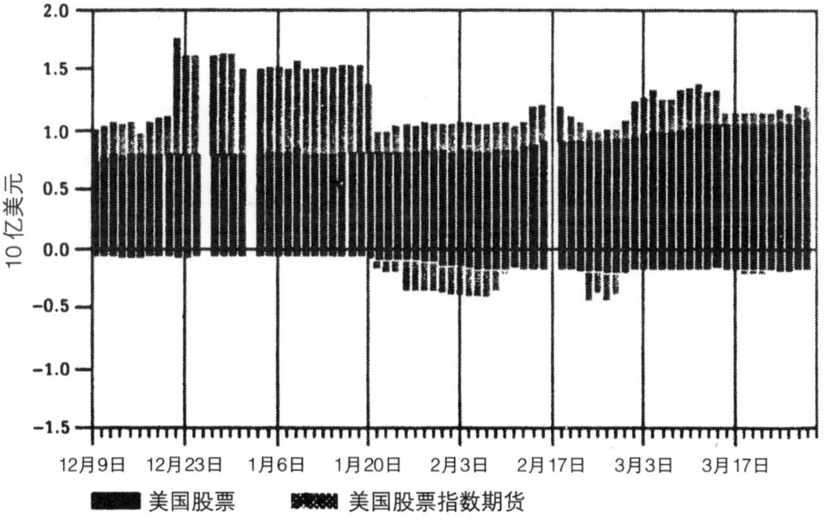

图 11-6　美国股票市场头寸

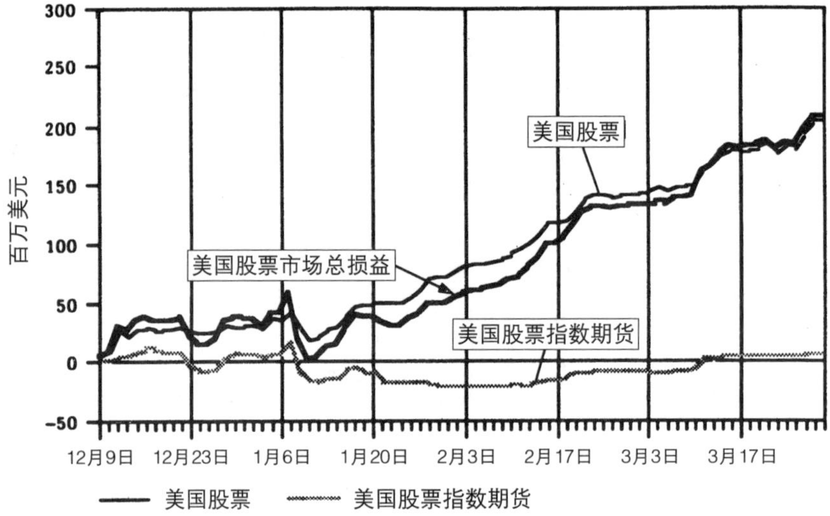

图 11-7 美国股票市场损失

注：（1）美国股票市场损益包括股票头寸和股票指数。

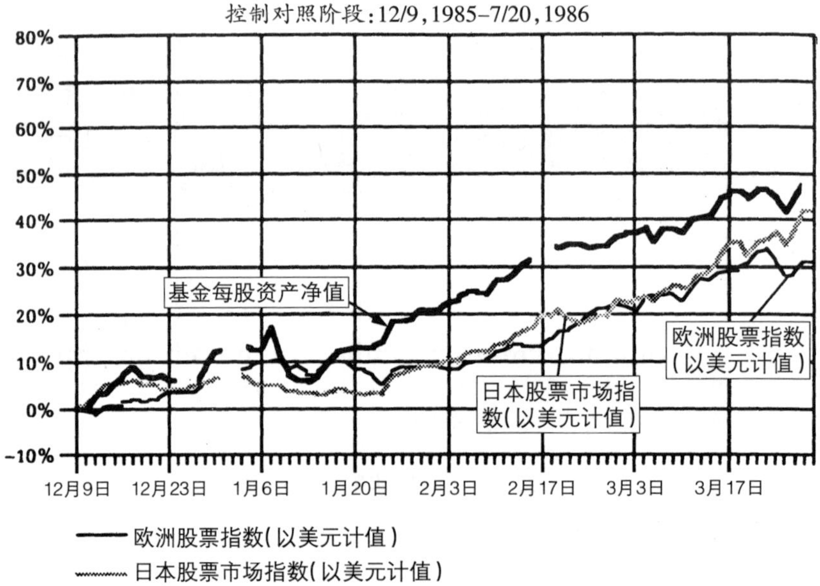

图 11-8 外国股票市场价格

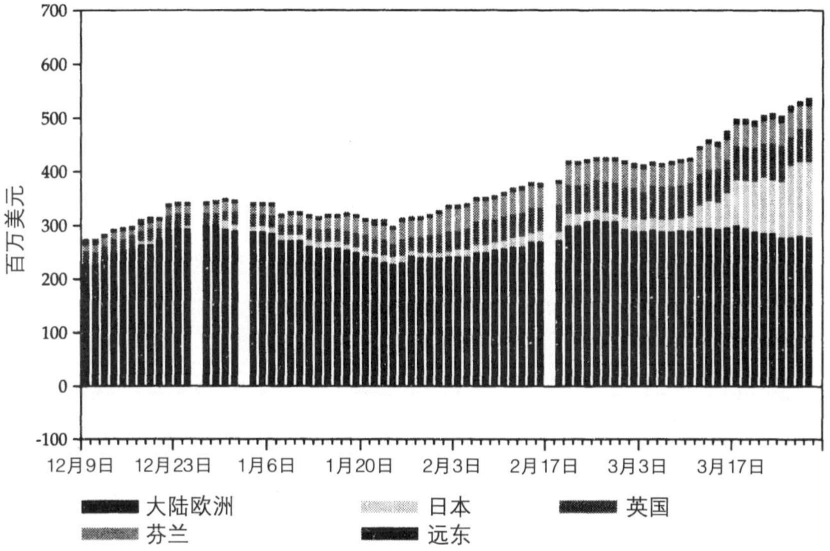

图 11–9 外国股票头寸

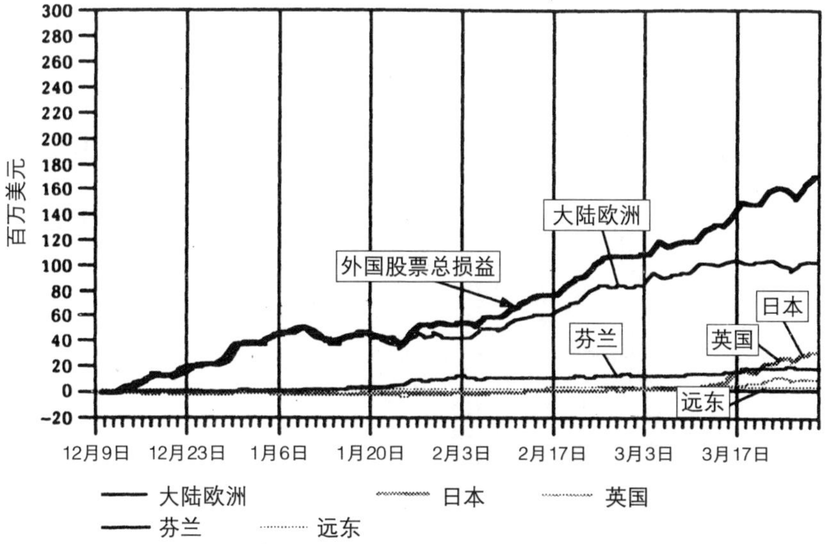

图 11–10 外国股票损益

注：① 外国股票市场总损益包括外国股票头寸引起的外汇盈利或亏损。

② 远东市场头寸包括中国香港、韩国、中国台湾、澳大利亚和泰国市场。

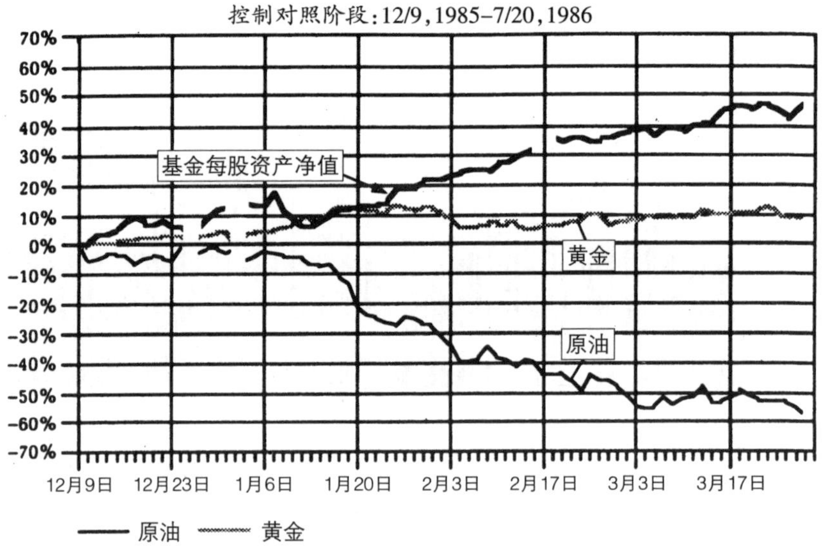

图 11-11 商品期货价格

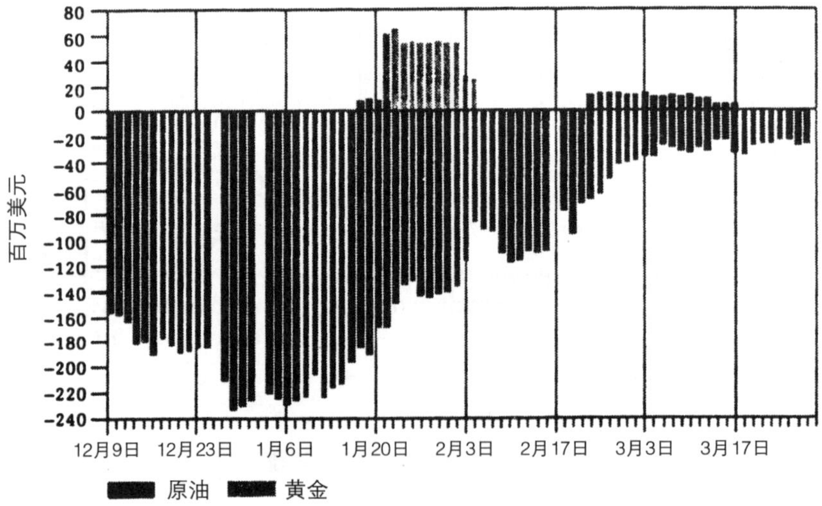

图 11-12 商品期货头寸

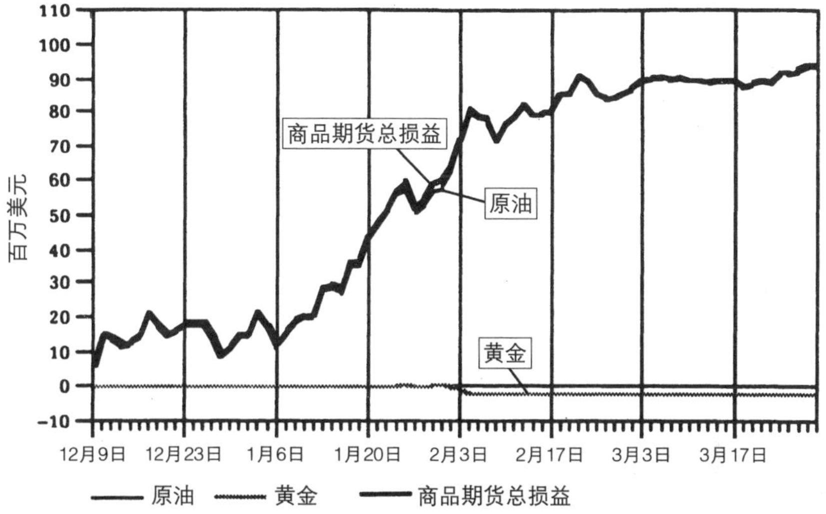

图 11-13　**商品期货损益**

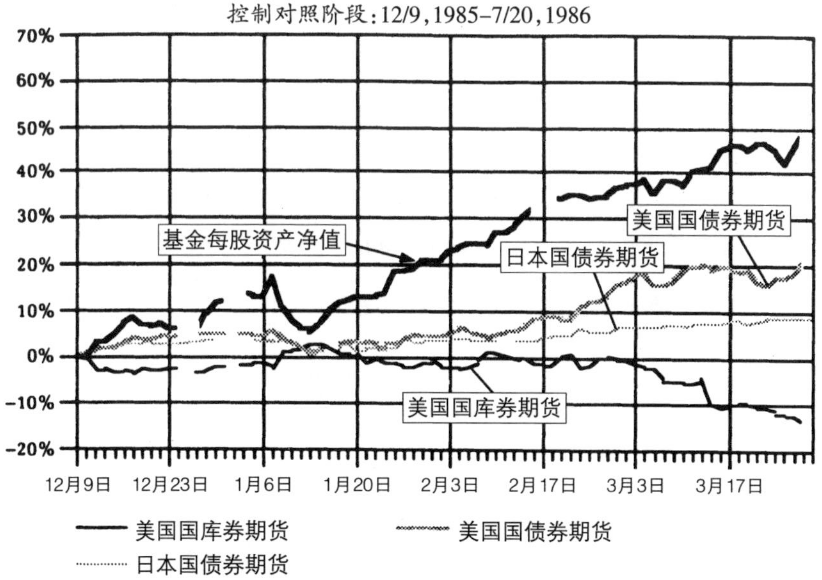

图 11-14　**固定收益证券**

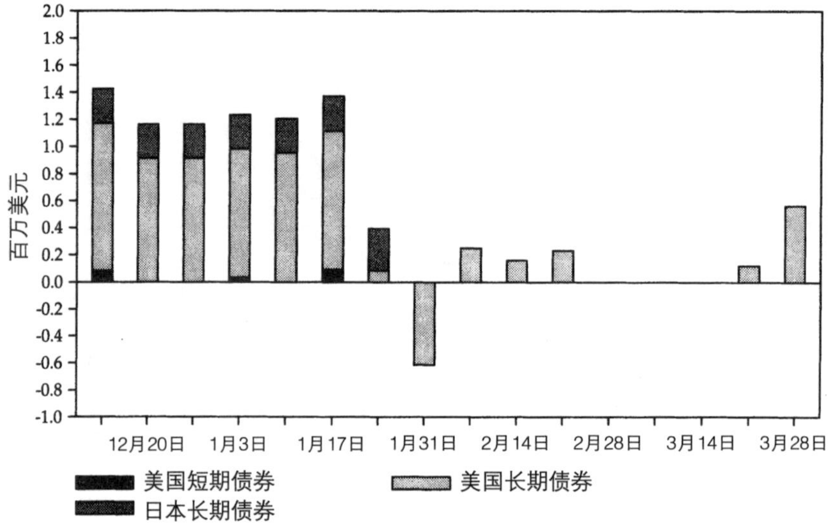

图 11–15 固定收益证券头寸

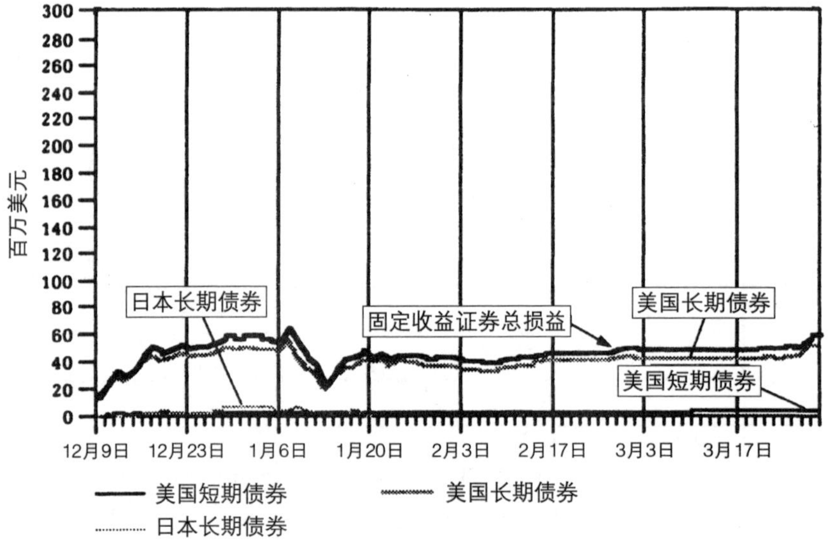

图 11–16 固定收益证券损益

注：① 美国短期债券头寸和损益数包括国库券、国库券与欧洲美元期货和偿付期在两年内的中期国库券。
② 所有国债均折算成普通的 30 年期国债的面额，转换的基础是收益的给定变动对价格的影响。例如，面值 1 亿美元的四年期国库券等于市值 28,500,000 美元的 30 年期国债的市场价值。
③ 日本国债的波动显著低于美国国债。例如，1986 年 6 月 30 日，面值 1 亿美元的日本国债的波动只相当于 66,200,000 美元 30 年期美国国债。图中数字对此未作考虑。
④ 所示头寸为周末数字。

所能做的也仅限于加强警惕而已。适度的杠杆头寸有助于保持清醒。

石油跌价对金融业的影响要明显得多，特别是墨西哥，随时可能会惹出麻烦。形势将会发展到哪一步？是适当的担保，还是一场全面的对抗？墨西哥已经放弃了利率折让的要求，它很可能会获得某种形式的以石油命名的保证，借以掩盖其所要求的让步，并防止类似的要求向其他债务国扩散。

更加难以揣摩的则是各个市场的反应。一个适当的解决方案将加强牛市的力道，不过，对于这一前景的怀疑却构成了对市场信心的考验。目前，前景似乎看好，但在结论未明确之前最好还是不要让自己的头寸过分缺乏保护。

1986 年 4 月 6 日　星期四①

上周二，我削减了 S&P500 期货头寸，数额等于我所建立的债券头寸，这一调整显著地减少了我的杠杆多头敞口。我还在寻找正确的入场时间以增加我的空头，从而进一步削减我的净敞口。

副总统布什已经公开声明，在其沙特之行中将会讨论石油价格问题。然而行政当局的反应却是消极的，这无疑是他的老对手，唐纳德·里甘在从中作梗，其净效应则是减少了征收石油税的机会。欧佩克联合起来限产保价的可能性始终是存在着的，不过我认为实现的机会比较小。旧的结构已经分崩离析，经历一个渲泄的过程以备新结构的到位，这也是很有必要的。既然已经决心采取断然行动，那沙特又何必再冒险去尝试一个权宜的解决方案呢？美国是一个高成本的石油生产国，只要油价下跌的趋势持续下去，美国国内的生产必然走向永久性的萎缩。可以预期，美国将会保护国内的原油生产商，不过近来发生的一系列事件减少了这种可能性。我估计对石油价格的压力将会持续下去。

下跌的油价对于股市是一个刺激，但最终会转化为不利因素。绝大多数预测没有把美国石油产量的下降纳入考虑，这不禁令人感到奇怪。初期

① 显示自 1986 年 3 月 31 日至 1986 年 7 月 21 日量子基金敞口与成就的图表见图 11-17 到图 11-32，日记表中插入数字注释含义见第十章最后。

的反应不是刺激经济，而将是消极的负面影响。总而言之，经济状况比人们所预期的要差得多，这也是我为什么不愿意削减美元空头头寸的原因。事实上，我还倾向于轧平英镑空头来加强美元空头，我在那个位置上已经停留过久，无利可图了。利率差吸引基金流向英镑，我没有充分的根据去对抗这股潮流。

表 11–5

1986 年 4 月 4 日

	收盘价 4 月 4 日	变化 %（自 3 月 26 日）		收盘价 4 月 4 日	变化 %（自 3 月 26 日）
德国马克	2.3955	–2.8	S&P500	228.69	–3.6
日元	180.42	–0.4	美国国库券	100–11/32	+1.9
英镑	1.4500	–1.7	欧洲美元	92.13	+0.3
黄金	335.40	–2.6	原油	12.74	+6.0
			日本债券	104.15	–1.3

量子基金股本金	$1,251,000,000
每股资产净值	$8,421
变化 %（自 1986 年 3 月 26 日）	+24.3%
变化 %（自 1985 年 8 月 16 日）	+93.1%

资产组合结构（以百万美元计）

投资方向（1）	多头	空头	净变动（2）（自 3 月 26 日）	净外汇敞口（6）	多头	空头	净变动（2）（自 3 月 26 日）
股票：				德国马克相关货币	1,094		–14
美国股票	1,171	（167）	–98				
外国股票				日元	474		–18
期货		（572）	–696	英镑		（380）	+9
外国股票	499		–37	美元	63		–18
债券（3）：				其他货币	50		–13
美国政府							
短期（4）							
长期	652		+326				
日本政府债券(5)							
商品：							
石油		（29）	–1				
黄金							

我对自己所设立的债券多头 /S&P 期货空头的交叉十分满意，但股票的多头头寸令我不安。我正在寻找机会削减敞口，我并不认为会发生崩盘，可能只会有一次范围不确定的修正。采取行动的最佳时机是在石油价格再度下跌的时候，最初的反应应该是积极的，无论是股票还是债券，不过这要等到 4 月 15 日欧佩克会议之后。

1986 年 4 月 9 日　星期三

近两天市场行情剧烈振荡，搞得我疲于奔命。星期一，石油价格猛烈反弹，债券、股票和外币市场都出现巨大的抛压，到了星期二，所有的市场却又都来了个大转弯。星期一的行情突变在各个方向上都给我造成了损失。由此我体会到自己的资产组合对石油价格的敏感达到了什么程度，同时我也发现杠杆比例比我所想象的要多一些。我忽略了德国马克 / 英镑的交叉头寸，现在它开始对我进行报复了。以净额计，在这次市场修正冲击过程中，我亏损了 1 亿美元，这个数字没有包含 S&P 期货套期交易，后者为我减少了大约 2,000 万美元的损失。

星期一，我砍掉了二分之一的德国马克 / 英镑敞口和石油空头，轧平了 40% 的 S&P 期指空头；星期二，我轧平了其余的 S&P 期指空头，廉价搜罗了一批股票，最后的净结果是，债券和股票的敞口增加，外币和石油的敞口减弱。

根据星期一早上得到的情报，我修正了关于石油走势的短期预测。一些积极因素引起了我的注意：海外航线上恐怖主义活动猖獗，汽车车主们今年夏天很可能将提高汽油消耗量，此外就是石油公司关闭北海油田进行延期维修的可能性，因为他们在同沙特的幕后交易中几乎可以获得同样多的利益，这些为交易价格在下周欧佩克会议之前的反弹预留了空间。购入布伦特原油合约之后，我建起了一个交叉盘，布伦特对西得克萨斯（国内原油），由于征收石油进口关税的前景逐渐看淡，这一安排是很有意义的。

关于英镑，我并没有什么独到的见解。它的动态主要反映了有利的利差影响。在汇价坚挺之后，利差将会缩小，因为政府不会允许英镑升值，这就限制了英镑的上行潜力，不过这倒也不能作为保持空头的理由。一个简单的事实是，我忽略了这一头寸，从而未能实现任何利润，现在则不得不无功而返。我立即结清了半数头寸，并且希望能够在更为有利的价格下结清其余的部分。事实上，星期二，英国贷款利率的确下跌了0.5%，从而激发了美国股票与债券市场的反弹。

表 11–6

1986 年 4 月 8 日					
	收盘价 4 月 8 日	变化 %（自 4 月 4 日）		收盘价 4 月 8 日	变化 %（自 4 月 4 日）
德国马克	2.3325	+2.6	S&P500	242.38	+6.0
日元	179.82	+0.3	美国国库券	101–31/32	+1.6
英镑	1.4650	+1.0	欧洲美元	93.30	+0.2
黄金	340.00	+1.4	原油	12.47	–2.1
			日本债券	103.58	–0.5

量子基金股本金	$1,290,000,000
每股资产净值	$8,684
变化 %（自 1986 年 4 月 4 日）	+3.1%
变化 %（自 1985 年 8 月 16 日）	+99.1%

资产组合结构（以百万美元计）

投资方向（1）	多头	空头	净变动（2）（自 4 月 4 日）	净外汇敞口（6）	多头	空头	净变动（2）（自 4 月 4 日）
股票：				德国马克相关货币	810		–284
美国股票	1,231	（169）	+58				
外国股票				日元	504		+30
期货			+572	英镑		（177）	+203
外国股票	578		+79	美元	153		+90
债券（3）：				其他货币	57		+7
美国政府							
短期（4）							
长期	656		+4				
日本政府债券(5)							
商品：							
石油		（12）	+17				
黄金							

股票与债券市场对石油价格的上涨作出了消极的反应，但这个结果却增强了我的信心。在我看来，真正危险的还是将来的崩盘。这次市场跌势是对牛市市场的一次有益的修正，同时也给我提供了可资利用的谨慎购入的机会，于是我充分地扩展了市场头寸。

看来复合因素开始发挥作用了，人们逐渐意识到整个经济中根本性的疲弱，出现了进一步采取协调措施降低利率的舆论。这一则好消息足以驱散利比亚事件投下的阴影，尽管美国的报复可以肯定将会是不可避免的。

1986 年 5 月 21 日　星期三

经过一段时间的紧张操作，现在我又该坐下来休息了。我希望削减杠杆比例，但也不必太急，让利润尽量延续。

4 月份，我近乎无所事事，只是减少了持仓量。我售出了少量股票，略多一些的外币以及几乎全部的债券头寸。到了 5 月初，我开始活跃起来，利用季度性替续债券（quarterly refunding）的机会抢购债券。一开始似乎很不错，不过后来却证明是极其错误的。我早早认亏出场，不过，随着债券的持续下跌，我又开始积累头寸了。另一方面，我建立了一个大规模的 S&P 期货空头，使得目前我在股票市场上的敞口呈现轻微的消极倾向，这多少可以平衡我在债券市场上的激进敞口。我还在上升的石油市场中建起了一个空头头寸，现在看来处于亏损。此外，我正在寻找机会建立黄金的空头头寸。合计起来，交易活动耗费了不少资金，但这使投资敞口得以进入令我安心的位置，我主要的还是着眼于限制亏损而不是牟取暴利。

美元前景极不明朗，多空头寸各占一半的策略看来是最安全的。美元的跌幅超出了行政当局的原意，而权贵们的意见分歧也比我所愿意看到的要严重得多。此外，美联储仍然处于货币主义的影响之下。他们认为下半年经济将会重振，所有这一切都在预示着进一步降低利率的可能性很小。

表 11–7

1986 年 5 月 20 日					
	收盘价 5 月 20 日	变化 % （自 4 月 8 日）		收盘价 5 月 20 日	变化 % （自 4 月 8 日）
德国马克	2.3100	+1.0	S&P500	236.11	–2.6
日元	168.18	+6.5	美国国库券	96–05/32	–5.7
英镑	1.5215	+3.9	欧洲美元	92.96	–0.4
黄金	339.00	–0.3	原油	16.04	+28.6
			日本债券	102.42	–1.1

量子基金股本金	$1,367,000,000
每股资产净值	$9,202
变化 %（自 1986 年 4 月 8 日）	+6.0%
变化 %（自 1985 年 8 月 16 日）	+111.0%

资产组合结构（以百万美元计）							
投资方向（1）	多头	空头	净变动（2）（自 4 月 8 日）	净外汇敞口（6）	多头	空头	净变动（2）（自 4 月 8 日）
股票：				德国马克相关货币	485		–325
美国股票	1,208	（58）	+88				
外国股票				日元	159		–345
期货		（770）	–770	英镑		（21）	+156
外国股票	573		–5	美元	744		+591
债券（3）：				其他货币	148		+91
美国政府							
短期（4）							
长期	313		–343				
日本政府债券(5)							
商品：							
石油		（75）	–63				
黄金		（29）	–29				

1986 年 7 月 21 日　星期一　对照实验阶段的终结

我已经完成了自实时实验结束以来的首次战略转变。在不放弃我们正处于“百年不遇牛市市场”观点的前提下，我还接受了一种新的观点，即这个牛市市场有可能被螺旋式的通货紧缩截短，后者是由于石油价格的暴跌所引起的。

第二个假说将在未来几个月内经受考验。如果我们通过了考验，那么这个所谓的“百年不遇牛市市场”将稳如磐石——事实上，它的寿命将会延长。

如此说来，在未来不远的一段时间里，我将置身于两种对立的观点之间。对于又一次实时实验而言，这是很合适的主题。因此，我将在这里结束对照实验阶段。

表 11–8

1986 年 7 月 21 日					
	收盘价 7 月 21 日	变化 % （自 6 月 20 日）		收盘价 7 月 21 日	变化 % （自 5 月 20 日）
德国马克	2.1195	+8.2	S&P500	236.22	–2.6
日元	179.65	–6.8	美国国库券	99–31/32	–5.7
英镑	1.4995	–1.4	欧洲美元	93.64	–0.4
黄金	355.40	+4.7	原油	13.09	+28.6
			日本债券	103.32	–1.1

量子基金股本金	$1,478,000,000
每股资产净值	$9,885
变化 %（自 1986 年 4 月 8 日）	+7.4%
变化 %（自 1985 年 8 月 16 日）	+126.7%

资产组合结构（以百万美元计）

投资方向（1）	多头	空头	净变动（2）（自 5 月 20 日）	净外汇敞口（6）	多头	空头	净变动（2）（自 5 月 20 日）
股票：				德国马克相关货币	795		+310
美国股票	1,089	（86）	–147	日元	549		+390
外国股票				英镑		（25）	–4
期货		（950）	–180	美元	159		–585
外国股票	604		+31	其他货币	202		+54
债券（3）：							
美国政府							
短期（4）	29		+29				
长期		（570）	–883				
日本政府债券(5)	1,334		+1,334				
商品：							
石油		（43）	+32				
黄金		（34）	–5				

自上一报告以来，除了股权资本投资组合之外，我几乎没有任何大的动作，主要的调整是在外币方面，这种调整耗费糜多。首先，我轧平了几乎全部美元空头头寸，然后我又在低价位重建了一个充足的套期头寸。前面的决定基于一些指示美国经济力量可能得到了加强的指标：5 月先行指标与采购经理报告的

数据好得简直令人难以置信。关于外币，我没有什么特别了不起的见解，而且我也不希望亏掉已经赚到手的利润。我相信，一个美元基金要想保持中立，最简单的办法莫过于半进半出了，当然，我的补进额接近了交易范围的上限。

实际的情况是，在振荡的外汇市场上，要想保持中立是十分困难的。市场参与者们所面对的是存在主义式的抉择，如果他们缺乏清醒的见解，那就一定会作出错误的决定。当然，也可以买入外汇期权来保护头寸的中立。但是，这种中立将迫使你付出相当可观的代价。在对照实验阶段的后几个月里，我同市场之间未能保持实验阶段中的那种密切的接触，5 月和 6 月我一直在欧洲，斟酌本书中较富于理论性的部分。整个对照控制阶段的宏观调整可以一言以蔽之曰：劳而无功。如果把外汇交易计算在内，那么甚至还会导致亏损。如同表 11–9 所指出的，利润的主要部分来自股权资本投资。

详尽地讨论股权资本投资组合将远离我们的主题，但值得一提的至少有两项主要的投资主题，一个同芬兰股票有关，另一个则同日本铁路及不动产股票有关，不动产股还包括中国香港；此二者的表现堪称“百年不遇牛市市场”的印证。总合起来，这些投资占基金海外股权投资的三分之二强，占整个股权投资的 40%。

“百年不遇牛市市场”能否再持续数月，这将是一次新的实验的主题。不论最终的结果怎样，在导致今天的成就的基金管理过程中，这一观点起到了非常积极的作用。我希望新的实验能够帮助我集中精神，一如在上次实验中那样。

表 11–9

量子基金损益 1986 年上半年（以百万美元计）	
股票	+341.2
债券	+22.3
外汇	+53.3
石油	+82.0
黄金	–2.2
其他	–16.8
总计	+479.8

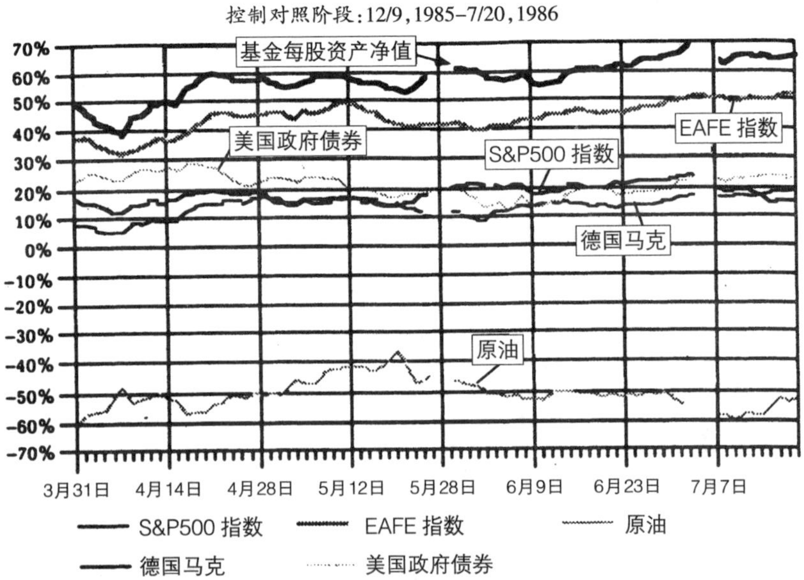

图 11-17　基金每股资产净值相对于市场的表现

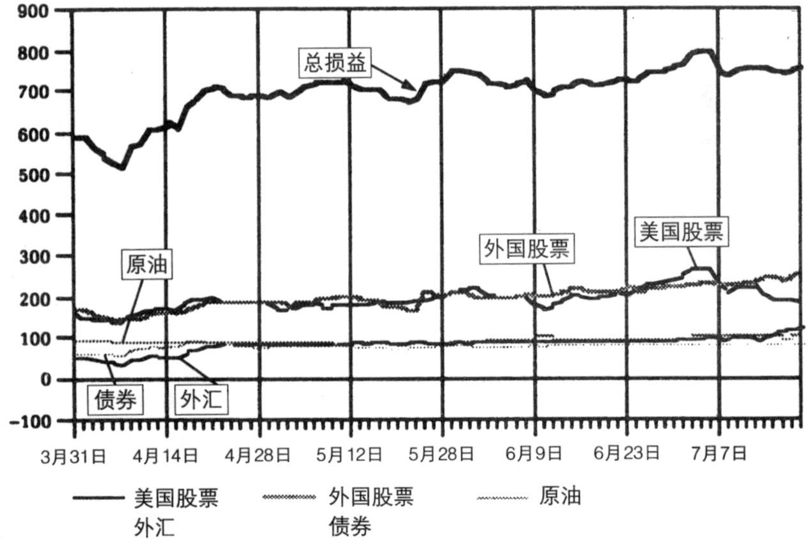

图 11-18　基金损益(按主要头寸分解)

注：①所有价格变化的百分率均以图表中第一日数据为基数。

②EAFE 是摩根·斯坦利公司公布的以美元表示的欧洲、澳大利亚和远东股票市场的资本国际指数。

③原油和政府公债的价格为最近到期的期货合约的收盘价。

④外汇损益包含远期外汇和期货合约，外国股票市场上的损益包括外汇头寸损益。

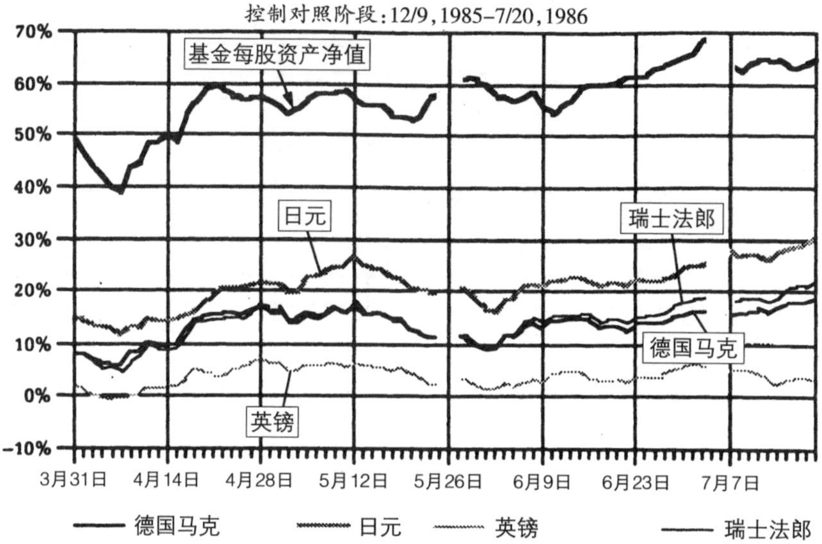

图 11-19　外汇价格

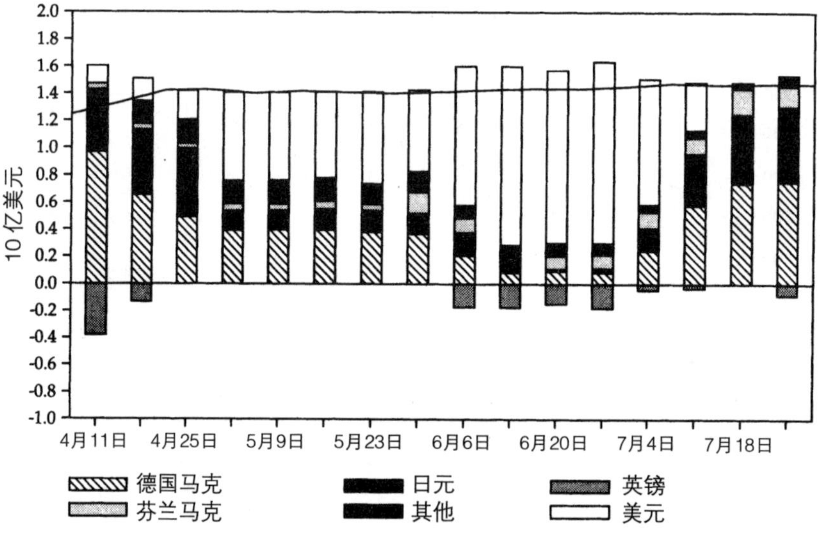

图 11-20　净外汇敞口（曲线代表基金股权资本）

注：① 以美元计算的价格百分比变化是以表中第一日的数据为基数的，该数据取自纽约收盘价。

② 净外汇敞口包括股票、债券、期货、远期合约、现金和保证金，因此其总和等于基金的全部权益。美元空头表示出外汇敞口超出基金权益的部分。

③ 基金敞口为周末数。

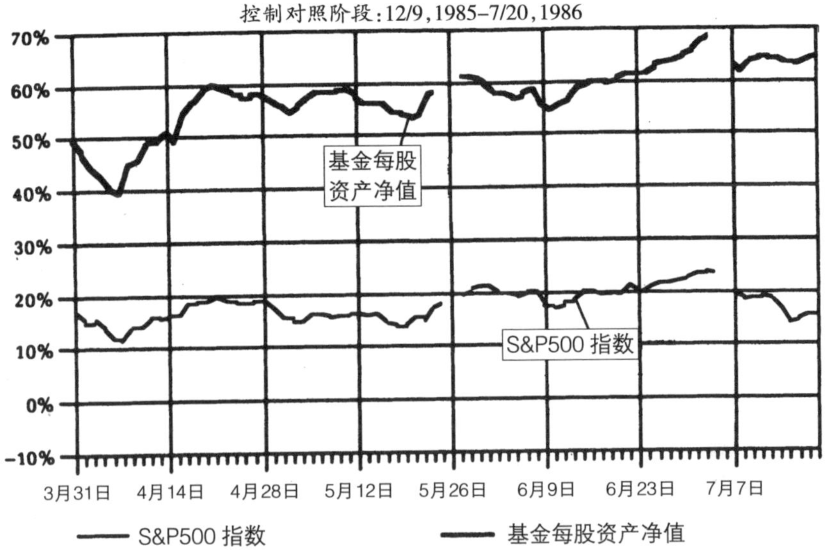

图 11-21 美国股票市场走势

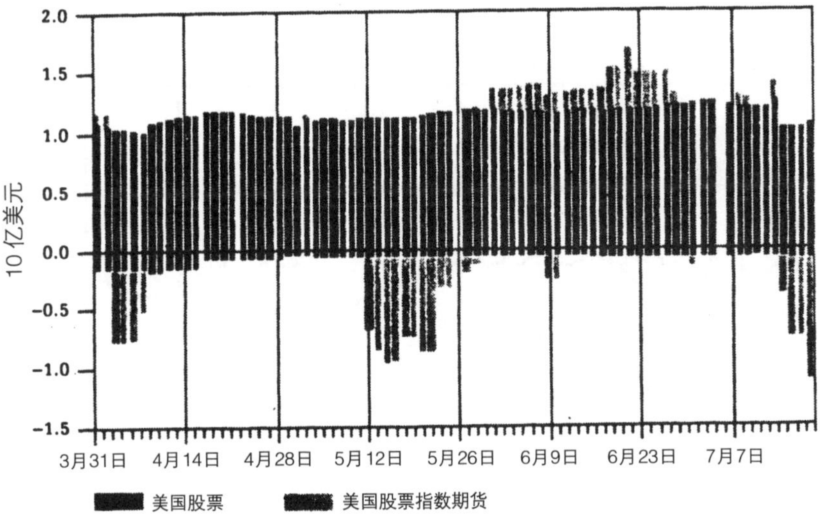

图 11-22 美国股票市场头寸

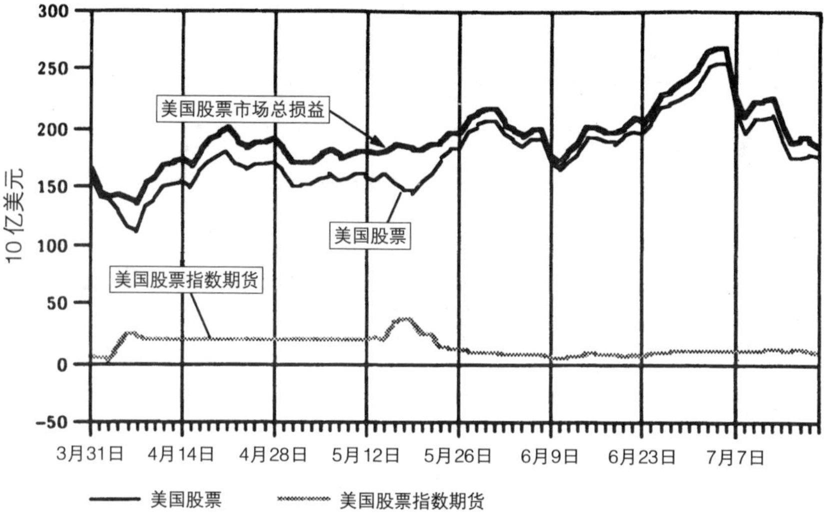

图 11–23　美国股票市场损失

注：美国股票市场损益包括股票头寸和股票指数。

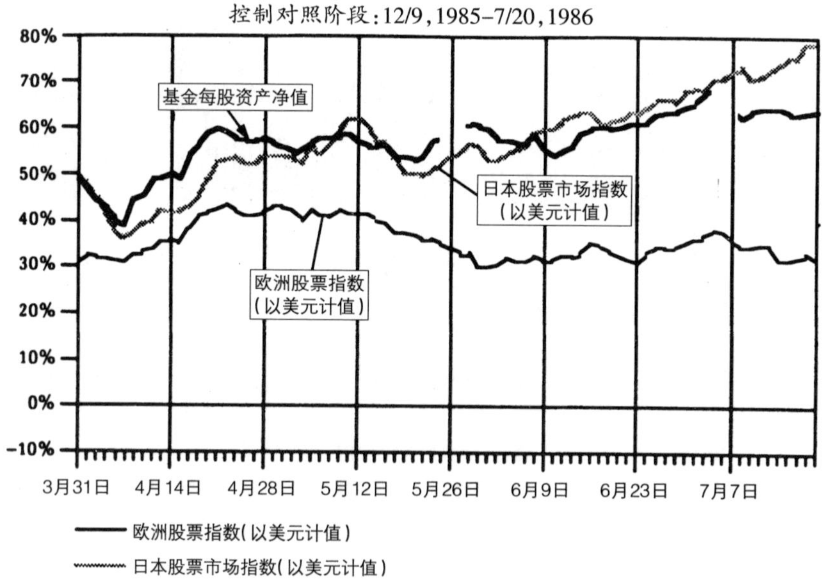

图 11–24　外国股票市场价格

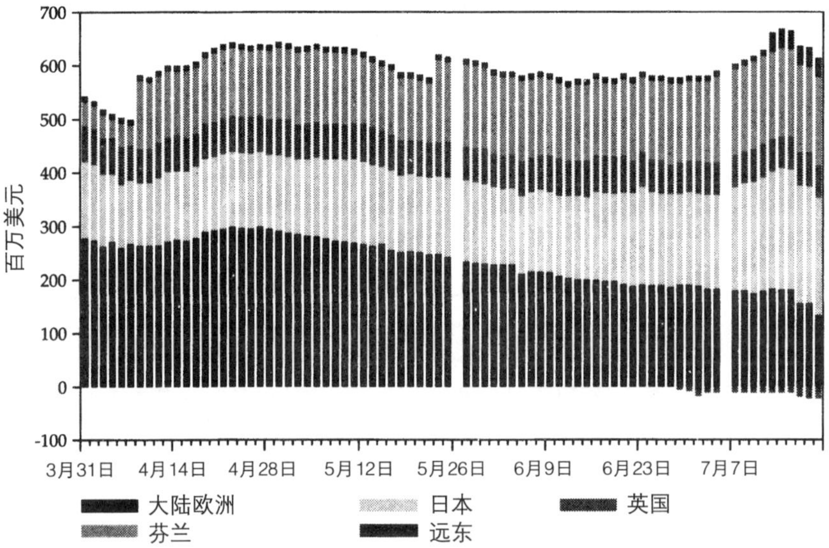

图 11-25　外国股票头寸

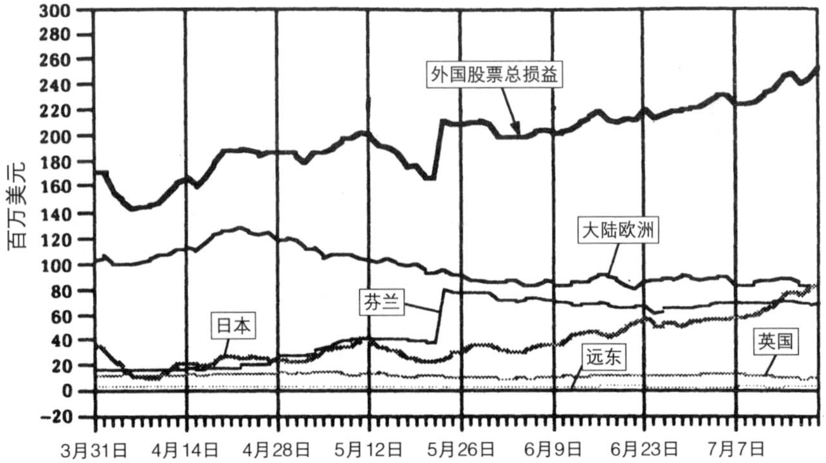

图 11-26　外国股票损益

注：① 外国股票市场总损益包括外国股票头寸引起的外汇盈利或亏损。

② 远东市场头寸包括中国香港、韩国、中国台湾、澳大利亚和泰国市场。

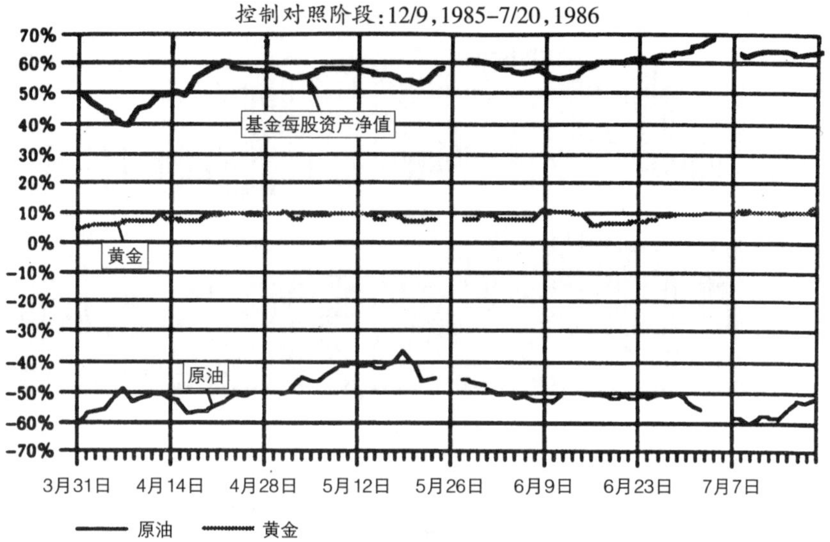

图 11-27　商品期货价格

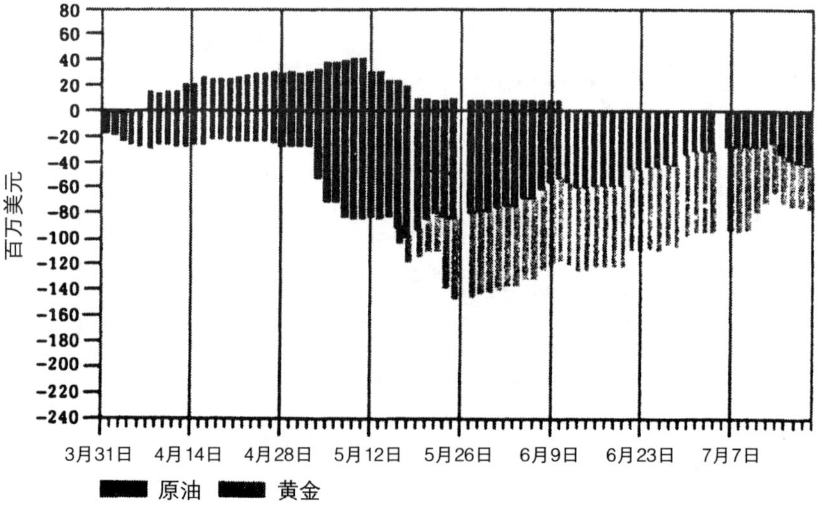

图 11-28　商品期货头寸

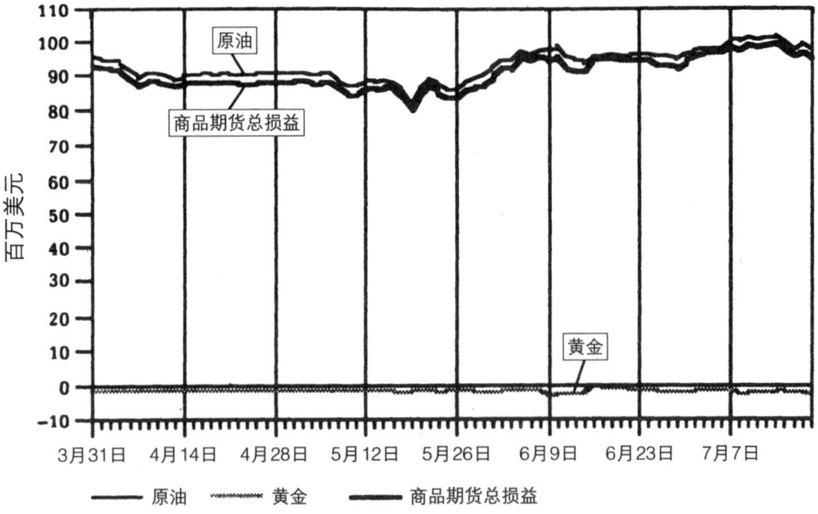

图 11–29　商品期货损益

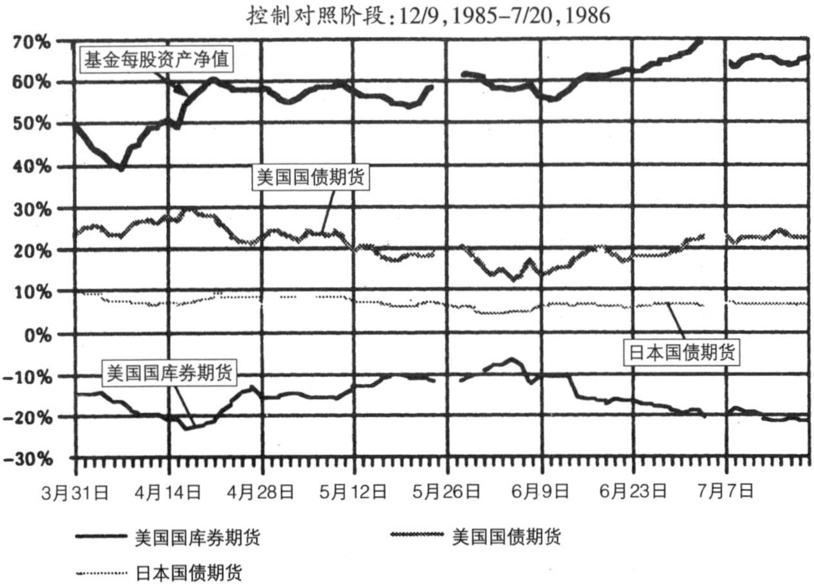

图 11–30　固定收益证券

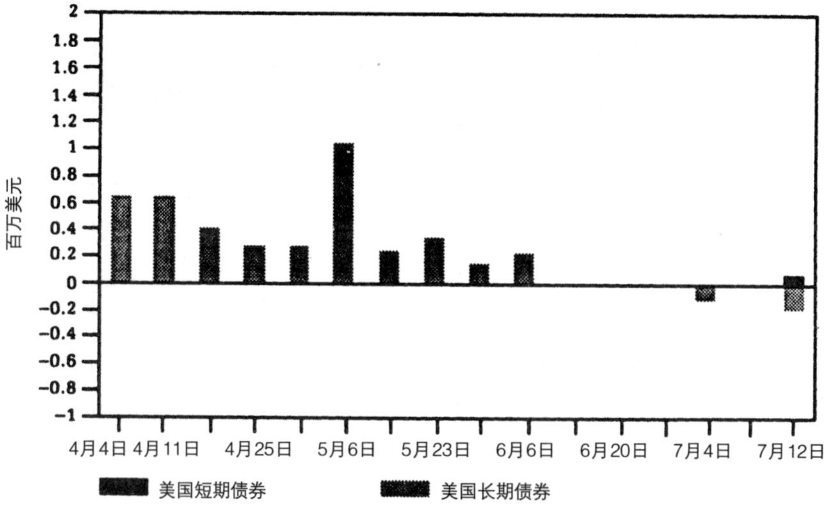

图 11-31　固定收益证券头寸

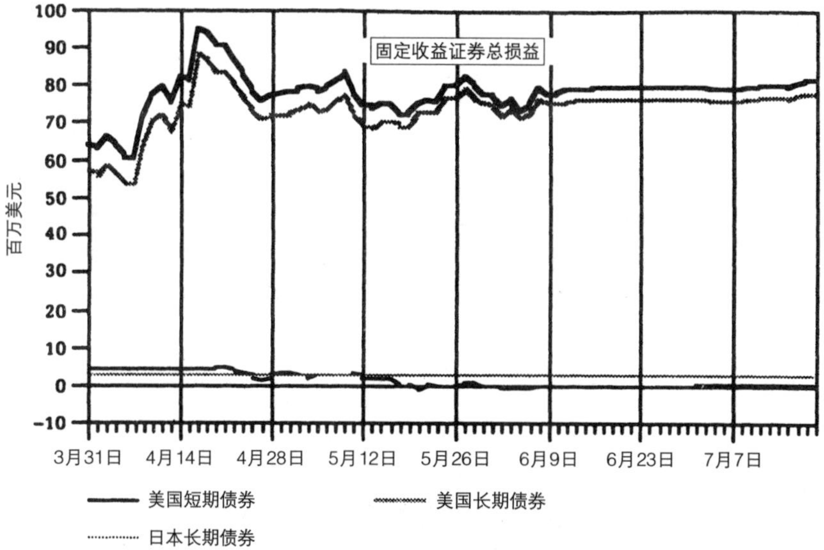

图 11-32　固定收益证券损益

注：①美国短期债券头寸和损益数包括国库券、国库券与欧洲美元期货和偿付期在两年内的中期国库券。

②所有国债均折算成普通的 30 年期国债的面额，转换的基础是收益的给定变动对价格的影响。例如，面值 1 亿美元的 4 年期国库券等于市值 28,500,000 美元的 30 年期国债的市场价值。

③日本国债的波动显著低于美国国债。例如，1986 年 6 月 30 日，面值 1 亿美元的日本国债的波动只相当于 66,200,000 美元 30 年期美国国债。图中数字对此未作考虑。

④所示头寸为周末数字。

第十二章 | Chapter 12

第二阶段：1986 年 7 月—1986 年 11 月

1986 年 7 月 21 日　星期一[①]

我一直认为可能会出现螺旋式通货紧缩。事实上，在实时实验开始的时候，我便有了这个想法；最后，我终于放弃了这一想法，倾向于牛市市场的观点；但在对照实验阶段，我仍在继续推敲这个观点，并且偶尔照此行事。

在我看来，目前的论点建立在石油价格暴跌的基础上。就长期效果而言，廉价的石油应该能够刺激经济的发展，因为生产成本降低了而可供支配的收入则增加了，其效果类似于减税，应该说还要优于减税，因为其负担是由欧佩克而不是由美国财政部来承担的。但就短期效果来看，石油价格暴跌的冲击具有相当大的负面影响。

首先，这直接减少了石油生产和勘探的费用，更重要的是，生产者价格的下跌为推迟消费提供了有力的动因。美国的名义利率约为 7%，日本为 4%；美国的生产者价格下降速度为 8.5%，日本甚至更快。还有什么比持币待购更好的策略呢？尤其是日元。通货紧缩很可能是暂时的，因为消费不会无限期地推迟，特别是在消费需求受到低利率和低油价的刺激而重振的情况下；但是只要危机仍然存在，累计的债务就存在崩溃的危险，那么需求回升的前景就会被抹杀。

① 显示第二阶段量子基金敞口及成就的图表见图 12-14 到图 12-29，日记表中插入数字（1）—（6）的含义见第十章最后。

上周LTV公司关于自愿改组的声明就体现了这一悖论。在法庭的保护下，LTV公司可以降低其成本结构，提高竞争力，直至伯利恒钢铁公司（Bethlehem Steel）也被迫宣告破产，最终整个行业都将陷入破产的危机。如果真的到了这种地步，客户就只好采取即用即订的订货方式。在很多经济部门中，类似的戏剧化过程会以各种形式发生。得克萨斯以及其他的产油区正在快速步入灾难的深渊；税务改革法案威胁着商业不动产市场，同时也削弱了早已疲弱不堪的资本商品市场；农业正处于深度萧条中；作为经济驱动力之一的国防开支也在下降；消费支出仍然是最后一个主要的支撑经济发展的力量，如果消费信心发生了动摇，最终，需求可能永远不会像预期的那样回升。正如凯恩斯所说，从长远来看，我们都将走向死亡。

外汇市场的不稳定更加剧了形势的恶化。美元的跌势极大地缩小了货币刺激的有效范围。疲软的经济与疲弱的美元相互影响，形成恶性循环，且越来越显著，自实时实验开始以来还从未达到过如此严重的程度。

短期正面影响和长期负面影响的组合可以用J曲线描述。通常J曲线适用于外汇，不过也可以应用于石油价格。它描述了价格的短促下跌效应，如果该商品继续贬值，J曲线的下降角度就会不断加大，最后不再成为J曲线，而是形成一条非常陡的斜坡。

早在市场开始认识到油价暴跌的危险之前，我就已经意识到其内在的危险，而市场却一直忽视这个事实，这让我一直处于错误的安全感中。事实上，我关注的是经济可能出现的回升现象，但是最近市场的走势给了我当头一棒。当股票市场在7月7日陷入混乱时，我的第一个反应就是把它看作是一次典型的牛市市场技术修正，因为类似的调整行情几乎在每个季度开始的时候都会出现。当然，我知道在目前的形势下，股票市场中的任何颓势都可能会演化为一场自我加强的暴跌，尽管如此，我仍然很难相信这种下跌刚好在市场面临技术性调整的时刻发生。还有，最不寻常之处在于，绝大多数技术分析家们都预测到了这一转折。一周以后，当下跌已经超越了技术修正的界限，我才开始认真地对待它。

关于熊市市场的观点，我认为它不是一个精确的预言，但它无疑将对金融市场构成潜在的影响。同时，我认为没有理由要放弃牛市市场的观点。相反，如果股票市场能够渡过眼前的难关，那么它将会得到加强，其持续时间将会延长。这样一来，我发现自己的处境相当尴尬，两种对立的观点都在指导着我的行为，至少在短期内是如此。目前，熊市观点更具说服力，但我不能说自己已经提前或在一开始就根据这一观点采取了行动。因此，当这种观点在市场上的影响力完全显现的时候，我才采取行动，进行底价出售。当然，这样做存在风险。

以前我也常常发现自己置身于类似的处境之中，因此，我也逐渐研究出一些特殊的技巧专门用于应付这类情况。事实上，我在较多的情况下都是同时运用两种相对矛盾的观点，很少会像第一阶段结束时那样完全依赖某一种观点。

作为一般原则，我从不变动那些在至今仍然有效的观点指导下所建立的头寸，而更倾向于在反方向建立新观点所支持的头寸。这样做就会产生一种脆弱的平衡，并且需要随时对其进行修正。如果平衡操作未能有力保护资产组合，我就只好砍掉多余的头寸以求生存。而如果平衡操作取得成功，那我就可以在不牺牲中意头寸的情况下赢得流动性。举例来说，如果我从一开始就建立了充足的多头持仓，然后出售等量的空头持仓，下跌了 20%，那么即使多头和空头受到同样的影响，我也只剩下 80% 的多头投资额。如果我及时地轧平了空头持仓，我就可以在市场上遥遥领先，但即使因轧平空头而遭受了损失，情况也要比在不恰当的时候出售多头持仓好得多。在实际操作中，问题当然复杂得多，因为平衡操作不限于股票市场。

以眼前的情况来说，我的反应太慢了。① 崩盘已经持续了一个星期，当我着手采取行动的时候，市场已经从峰位下跌了 5%。在 7 月 14 日，星期一，我甚至还买入了一些 S&P 指数期货，如果我们面临的是一次技术性的调整，那么在收市时将会创出新高。上个星期一，即 7 月 7 日，道琼斯指数下

---

① 同样，建议那些对于我的市场操作不十分感兴趣的读者跳过这一章的其余部分，不过 1986 年 10 月 22 日的那一段值得一读，其中分析了日本股票市场上一个令人感兴趣的繁荣 / 萧条序列过程。

跌了63点，那些熊市做手们无疑在期待着下周一能够再来一次这样猛烈的下挫，从而形成多级瀑布式的熊市市场。在市场真的以跌势收盘后，我在第二天即进行了反向操作。到了周末，我已经建起了一个空头头寸，大概在数额上已经超过了多头头寸。我还抛出了一些长期债券，购入了一些国库券的期货。此后我又进入日本的债券期货市场，并且将美国政府债券的空头增加了一倍。我之所以做出这些举措，是因为我认为最终会采取协调一致的行动来降低利率。但是，随着美元的贬值，美国债券可能作出消极反应而日本债券将会上涨。

现在我已经建立了我所希望的仓位了，但是需要不断地调整这种敞口方式。此外，在这两种观点间的对立得到解决之前，我必须比以往更加积极和灵活。例如，今天（7月21日星期一）我轧平了500张S&P指数的期货合约，准备在更高一些的价位再抛出，因为一旦“分级瀑布”难以为继，市场就会突发一次空头补进的反弹。

下一步该怎么走？这要看定于下周召开的欧佩克会议的结果。如果会议进行得不顺利，我将做最坏的打算；如果出乎大家的意料，会议能达成某些协议，那么我将必须重新评估整个形势。

1986年7月28日　星期一　夜

详尽地说明我的操作过程将是十分困难的，在这里只能对上周的调整做一总结：我将S&P指数期货的空头头寸削减至5,000张合约（5.87亿美元），亏损并不算多；轧平了一部分美国政府债券期货的空头头寸，小有获利；最近购入的部分美元空头头寸也获利了。总的来说，调整的结果是全面削减了我的风险边际，并且将资产置于充分的套期保护之下，至少我自己觉得如此。

今天，星期一，我在美国政府债券期货的空头头寸中获利，接着美元莫名其妙地创下新低，再不跳进熊市派的篱笆就来不及了。于是我加入了抛售债券和股票指数期货的行列，我抛出了上周以较高价格购回的S&P指数期货，并且在今天上午早些时候抛出了以较高价格轧平的债券期货。我不十分清楚市场企盼欧佩克会议得出积极的还是消极的结果，我只知道美元在下跌，这将对债券和股票产生不利影响。没有明确的市场动向最让人恐慌，我决定先行动起来，然后再去搞清原因。明天，我将再次审视当前的形势，如果有必要，也可纠正今天的调度。

表 12–1

1986 年 7 月 28 日					
	收盘价 7 月 28 日	变化 % （自 7 月 21 日）		收盘价 5 月 20 日	变化 % （自 7 月 21 日）
德国马克	2.1515	−1.5	S&P500	240.23	+1.7
日元	158.30	+11.9	美国国库券	97	−3.0
英镑	1.4795	−1.3	欧洲美元	93.43	−0.2
黄金	347.9	−2.0	原油	10.90	−16.7
			日本债券	103.31	0

量子基金股本金	$1,514,000,000
每股资产净值	$10,126
变化 %（自 1986 年 7 月 21 日）	+2.4%
变化 %（自 1985 年 8 月 16 日）	+132.2%

资产组合结构（以百万美元计）

投资方向（1）	多头	空头	净变动（2）（自 7 月 21 日）	净外汇敞口（6）	多头	空头	净变动（2）（自 7 月 21 日）
股票：				德国马克	678		−117
美国股票	1,020	（99）	−82	相关货币			
外国股票				日元	434		−115
期货		（1053）	−103	英镑		（25）	0
外国股票	581		−23	美元	427		+268
债券（3）：				其他货币	341		+139
美国政府							
短期（4）	59		+30				
长期		（572）	−2				
日本政府债券(5)	1,663		+329				
商品：							
石油		（37）	+6				
黄金			+34				

1986年7月31日　星期四　夜

星期二那天，我从星期一售出的S&P指数期货中获得了微薄的利润，同时我还轧平了债券头寸，只不过是为了能够在更高的价位上再抛售一部分。

星期三，股票市场再创新低，我试图轧平更多的S&P指数期货，可是期

表12–2

1986年7月31日					
	收盘价 7月31日	变化% （自7月28日）		收盘价 7月31日	变化% （自7月28日）
德国马克	2.1040	+2.2	S&P500	236.59	–1.5
日元	155.30	+1.9	美国国库券	97	0
英镑	1.4928	+0.9	欧洲美元	93.46	0
黄金	352.00	+1.2	原油	11.73	+7.6
			日本债券	103.64	+0.3

量子基金股本金	$1,503,000,000
每股资产净值	$10,050
变化%（自1986年7月21日）	–0.8%
变化%（自1985年8月16日）	+130.2%

资产组合结构（以百万美元计）

投资方向（1）	多头	空头	净变动（2）（自7月21日）	净外汇敞口（6）	多头	空头	净变动（2）（自7月21日）
股票：				德国马克	679		+1
美国股票	983	（106）	–44	相关货币			
外国股票				日元	431		–3
期货		（973）	+80	英镑		（15）	+10
外国股票	582	（44）	–43	美元	408		–19
债券（3）:				其他货币	171		–170
美国政府							
短期（4）	124		+65				
长期		（442）	+130				
日本政府债券(5)	1,686		+23				
商品：							
石油		（73）	–36				
黄金							

货市场反弹了，我只做成了 1100 张合约。我仍旧在不断上涨的石油市场继续建立空头头寸。

今天早上，美元创下新低，我倾向于回到股票指数期货的更大规模的空头敞口。看来欧佩克会议除了掩盖分歧外，并没有取得任何进展。石油价格将会下跌，我正在等待这一信号以决定向哪个方向做调整。

经济萧条的迹象越来越明显了，除了表现在短期的螺旋式通货紧缩，还表现为长期的资本支出下降。金融市场的不稳定在全世界范围内都有力地抑制了固定资产的形成。在美国，税制改革增加了经济的不确定性；在欧洲和日本，美元的贬值对利润边际构成了压力。困难在于，政府在执行反循环政策时的回旋余地小多了，特别是美国，因为它还负有保持外国投资者信心的责任。日本和欧洲也许可以更有作为，可它们却步履蹒跚。与此同时，积累债务的压力愈益沉重，被看好的伯利恒钢铁公司暂停了优先股股息的支付。

下行空间是开放的，上行空间则是有限的。经过昨天的反弹，股票市场的表现仍然符合一次规范的技术性修正的模式，今天也许将打破这一模式。如果真是这样，那么其中无疑也有我的一份功劳。

1986 年 8 月 4 日　星期一　夜

上周四进入的空头头寸看来开始生利了，上周五，指数期货以新低收盘，打开了通向又一个黑色星期一的大门。今天，股票市场开盘走低，但油价却在开盘后走高。我担心欧佩克也许会达成某种协议，于是试图轧平半数的空头头寸。接着，条约的细节开始泄露出来，股票市场进入了反弹，我只设法轧平了 1/4 的空头头寸。我在已完成的交易中获得了一些利润，不过，在未及轧平的部分中却出现了账面亏损。目前我倾向于认亏出场，因为石油市场配额交易的达成损害了熊市实现的前景。伊朗与沙特商订条款，这一事实是极为重要的，它说明沙特认为石油价格继续下跌并不符合自己的政治军事利益。这种交易也可能会告吹，不过那需要一段时间。与此同时，持有股票空头或石油空头都是没有意义的，不幸的是，我恰好持有这两种空头头寸。我希望能够及早脱身，不过这需要耐心，还有许多人同我的处境一样，在第一次反弹之后还存在着第二次反弹的空间。无论如何，我不得不准备认亏出场。

表 12–3

1986 年 8 月 4 日					
	收盘价 8 月 4 日	变化 %（自 7 月 31 日）		收盘价 7 月 31 日	变化 %（自 7 月 31 日）
德国马克	2.0865	+0.8	S&P500	236.00	–0.2
日元	154.30	+0.6	美国国库券	97–25/32	+0.8
英镑	1.4695	–1.6	欧洲美元	93.57	+0.1
黄金	360.30	+2.4	原油	13.29	+13.3
			日本债券	104.11	+0.5

量子基金股本金	$1,504,000,000
每股资产净值	$9,834
变化 %（自 1986 年 7 月 31 日）	–2.1%
变化 %（自 1985 年 8 月 16 日）	+125.5%

资产组合结构（以百万美元计）							
投资方向（1）	多头	空头	净变动（2）（自 7 月 31 日）	净外汇敞口（6）	多头	空头	净变动（2）（自 7 月 31 日）
股票：				德国马克	601		–78
美国股票	1,015	（96）	+42	相关货币			
外国股票				日元	421		–10
期货		（703）	+270	英镑		（15）	0
外国股票	562	（44）	–20	美元	497		+89
债券（3）：				其他货币	197		+26
美国政府							
短期（4）	122		–2				
长期		（442）	+59				
日本政府债券(5)	2,388		+702				
商品：							
石油		（85）	–12				
黄金							

1986 年 8 月 9 日 星期六

本周内，我全面削减了自己的敞口。

星期二，我轧平了指数期货、石油、银行股票的空头头寸，还抛出了一部分外币和短期债券。星期三，当第一波空头回补的浪潮退去之后，我开始着手轧平我的石油空头头寸。星期四，我轧平了债券期货中的空头头寸。今天，我又抛出了大部分的外币。

剩下的主要头寸是股票和日本债券期货。唯一的新进敞口是美国政府债券的空头头寸，这是我今天在空头回补大幅反弹后采取的战术性转移，这一头寸在一定程度上得到了日本债券期货的套期保护。

基金资产经受了自去年 1 月以来的首次亏损，本周内每股净值下降了 4.2%，亏损主要来自石油投机以及一些股票头寸。我终究没能躲过市场趋势的不利变化，我的某些股票投资观念是错误的，而由于缺乏充分的套期保护，基金资产遭受了损失。很可能还不止眼前这些，在这种时候往往祸不单行，这也就是为什么在情况不利时我倾向于全面收缩。在整整两周时间里，频繁的调整未能产生任何实质性的结果，现在应该安分一些了。对于市场的风吹草动我还是有些过分地敏感，但我将尝试恢复洞察力。由于收缩了敞口，重新进行评估和布置将会容易得多。

我认为欧佩克达成协议是一个重要的事件。石油生产国已经面临深渊了，不过还是退了回来，看来它们还能对付一段日子。掉头的供应曲线在两个方向上发生着作用，一旦石油价格上升，不计成本拼命采油的压力就会消失。简言之，石油卡特尔获得了新生，整个过程将持续多久尚未可知，不过足以让我据此做出投资决定。我预计年末石油价格不会低于 15 美元，很有可能为 18 美元。

现在我该怎样做呢？我的悲观设想建立在石油价格崩溃的基础上，是否应该放弃这一观点再回到牛市论的立场上呢？这是我的第一个念头，不过我有些踌躇，因为我了解太多的不利因素，石油只是其中的一个，后面还有很多，其中影响最大的就是美元的疲软。在美元回稳以前，我宁愿保持谨慎。

表 12–4

1986 年 8 月 8 日					
	收盘价 8 月 8 日	变化 % （自 8 月 4 日）		收盘价 8 月 8 日	变化 % （自 8 月 4 日）
德国马克	2.0660	+1.0	S&P500	236.88	–0.2
日元	153.75	+0.4	美国国库券	99–03/32	+0.8
英镑	1.4765	+0.5	欧洲美元	93.61	+0.1
黄金	375.60	+4.2	原油	14.83	+13.3
			日本债券	104.01	+0.5

量子基金股本金	$1,472,000,000
每股资产净值	$9,628
变化 %（自 1986 年 8 月 4 日）	–2.1%
变化 %（自 1985 年 8 月 16 日）	+120.8%

资产组合结构（以百万美元计）

投资方向（1）	多头	空头	净变动（2）（自 8 月 4 日）	净外汇敞口（6）	多头	空头	净变动（2）（自 8 月 4 日）
股票：				德国马克相关货币	164		–437
美国股票	1,002	（47）	+36				
外国股票				日元	141		–280
期货			+703	英镑		（25）	–10
外国股票	593	（30）	+45	美元	1,192		+695
债券（3）：				其他货币	177		–20
美国政府							
短期（4）	49		–73				
长期		（552）	–169				
日本政府债券(5)	2,385		–3				
商品：							
石油			+85				
黄金		（15）	–15				

在搜罗不利因素的过程中，我发现自己再度置身于实时实验开始时的那种困境之中了。当时，大循环正在展开，不过同样也存在着急剧逆转的危险，疲弱的经济可能导致疲软的美元，从而阻碍利率的下调。疲软的经济和美元都有可能将这种阴暗的前景转化为现实。做什么才能够阻挡这些呢？我相信，只有充分意识到危险才能够拯救我们。股票市场的表现说明我们正在走向萧条：呆账在积累；保护主义的压力已经使得国会仅因几票之差而未能驳回总统的否决。各国行政当局想必很清楚，已经到了不得不采取一些措施

的时候了。他们曾在广场会议上达成过共识。迫于环境的压力，重新合作并不十分困难。日本和德国可以降低利率；而美国则以支持美元的方式参与合作。沃尔克周末飞赴德国去参加埃明格尔（Emminger）的葬礼，我相信他将会在那里讨论这一问题，所以我就在昨天抛出了外币。除了作为套期保值，增加美国债券期货空头没有多大意义，如果美元继续走低，我会建立那种头寸作为美元空头的替换；而如果美元回稳，我就增加指数期货的多头以作为套期保护，不管怎样，我总可以用美国债券的空头来保护日本债券期货的多头。

总之，我仍在这两种情形下进行操作。但是，美元取代了石油成为关键变量。如果各行政当局能够成功地稳定住美元，我将对牛市更加有信心；一旦他们失败了，恶性循环也就近在眼前了。目前，我宁愿把赌注压在积极的结果上，不过还是要非常地谨慎。既然已经越过了一道障碍，那么下一个也就应该能够通过。但是，如果轧平美元头寸的操作被证明是错误的，那么我又会陷入疲于奔命的频繁操作，否则将坐视亏损。由于至今为止我的套期保值还未见成效，所以，我很可能不得不选择后者，毕竟，在我资产组合中没有杠杆成分，所以无须担心。

1986 年 8 月 18 日　星期一　夜

股票市场表现非常强劲，债券市场持续坚挺，外汇市场看来也已经稳定下来了，基金资产创下了新纪录。现在，我将以极大的信心转入牛市图景。

我们已经走到了危险的边缘，现在正奋力摆脱这种处境。协调减息的基础已经奠定，石油价格的回升导致了库存的增加。随着外汇市场稳定，美元贬值的好处也开始显现。这些短期的积极因素将压倒那些长期的消极因素，诸如建筑业的不景气以及资本开支下降等。最终，我们一直经历的那种低速增长会延续下去。在这一背景下，全球股市仍将迭创新高。本年度余下的时间里，税务改革法案的影响将会减弱，因为无论是长期资本收益还是短期的亏损，今年比明年的税务待遇总要更优惠一些，不过，这一因素很可能已经反映在市场上了，职业投资家们已经筹集大量的现金建起了不少的套期保值头寸。如果说将会发生什么令人吃惊的事情，那一定是上行突破。仅仅几周前我还认为上行空间有限而下跌的空间则是开放的，相形之下，变化不可谓不大。

表 12-5

1986 年 8 月 18 日

	收盘价 8 月 18 日	变化 % （自 8 月 8 日）		收盘价 8 月 18 日	变化 % （自 8 月 8 日）
德国马克	2.0170	+2.4	S&P500	247.38	+4.4
日元	154.32	–0.4	美国国库券	101–04/32	+2.0
英镑	1.4900	+0.9	欧洲美元	93.81	+0.2
黄金	376.40	+0.2	原油	15.61	+5.3
			日本债券	105.08	+1.0

量子基金股本金	$1,594,000,000
每股资产净值	$10,423
变化 %（自 1986 年 8 月 8 日）	+8.3%
变化 %（自 1985 年 8 月 16 日）	+139.0%

资产组合结构（以百万美元计）

投资方向（1）	多头	空头	净变动（2）（自 8 月 8 日）	净外汇敞口（6）	多头	空头	净变动（2）（自 8 月 8 日）
股票：				德国马克相关货币	169		+5
美国股票	1,088	（40）	+93				
外国股票				日元	199		+58
期货	347		+347	英镑		（19）	+6
外国股票	677	（19）	+95	美元	1,245		+53
债券（3）：				其他货币	223		+46
美国政府							
短期（4）	43		–6				
长期		（465）	+87				
日本政府债券(5)	2,427		+42				
商品：							
石油		28	+28				
黄金		11	+26				

现在我要准备结束实验的第二阶段了。但它并不是一个转折点，只是牛市市场的一曲间奏。我将恢复较为闲适的管理风格，而不再像最近这样不断地进

行自我检查。基金的状态很好，当然股票多头最好能再扩展一些，还可以冒险建立一个石油的多头头寸。

上个月所进行的激烈调整，见图 12-1 至图 12-12、表 12-6 至表 12-9。

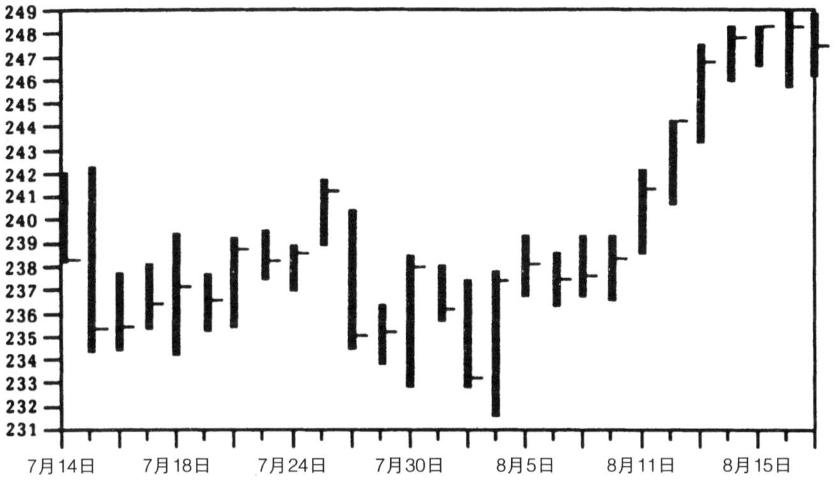

图 12-1　S&P500 指数期货(9 月合约)

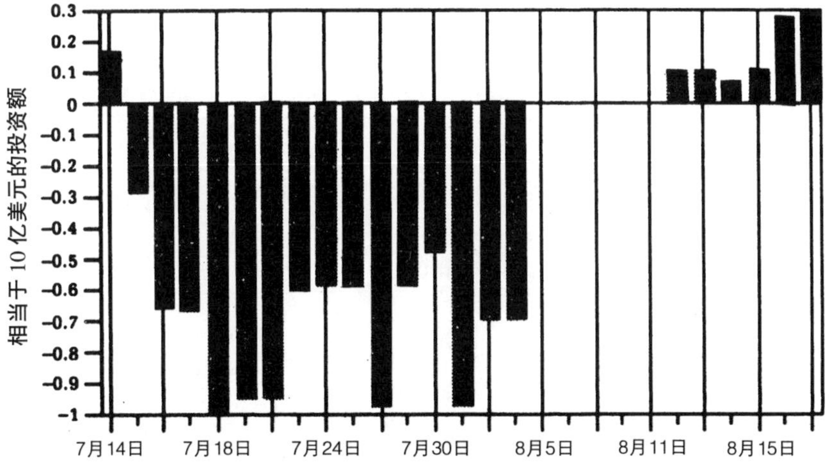

图 12-2　头寸

表 12-6

S&P 指数期货交易一览表							
日期收盘价	头寸余额（百万美元）	买入		卖出		实现盈亏累计（百万美元）	未实现盈亏（百万美元）
		数额（百万美元）	价位	数额（百万美元）	价位		
7 月 14 日 238.30	153	153	238.98				（0.435）
7 月 15 日 235.05	（301）					（0.986）	3.059
7 月 16 日 235.10	（647）			（456）	237.44	（0.986）	4.377
7 月 17 日 236.15	（655）			（347）	236.04	（0.986）	1.523
7 月 18 日 236.85	（982）			（6）	237.50	（0.986）	（1.421）
7 月 21 日 236.35	（921）	59	236.10	（324）	236.12	（0.884）	0.613
7 月 22 日 238.40	（929）	35	235.45			（0.576）	（7.376）
7 月 23 日 237.95	（602）	334	238.75	（36）	237.50	（3.709）	（3.607）
7 月 24 日 238.40	（595）					（3.709）	（4.732）
7 月 25 日 240.90	（602）					（3.709）	（10.982）
7 月 28 日 234.85	（939）					（3.709）	4.668
7 月 29 日 235.10	（588）	374	234.58	（353）	235.20	（1.417）	2.215
7 月 30 日 237.70	（484）	156	234.79	（22）	235.20	（0.623）	（3.565）
7 月 31 日 235.95	（952）			（47）	235.61	（0.623）	1.458
8 月 1 日 233.15	（671）	360	233.76	（473）	236.68	2.713	8.893
8 月 4 日 237.05	（682）			（35）	234.93	2.713	（2.334）
8 月 5 日 237.75	0	685	237.80			（1.779）	
8 月 6 日 237.30	0					（1.779）	
8 月 7 日 237.45	0					（1.779）	
8 月 8 日 238.10	0					（1.779）	
8 月 11 日 241.30	0					（1.779）	
8 月 12 日 244.20	61	103	241.18			（1.382）	0.755
8 月 13 日 246.45	55			（43）	234.45	（1.246）	1.186
8 月 14 日 247.55	37			（6）	246.62	（0.772）	0.955
8 月 15 日 248.05	70	32	247.97	（19）	247.50	（0.772）	1.041
8 月 18 日 248.25	256	185	247.11			（0.772）	1.951
8 月 19 日 247.40	292	37	246.44			（0.772）	1.220

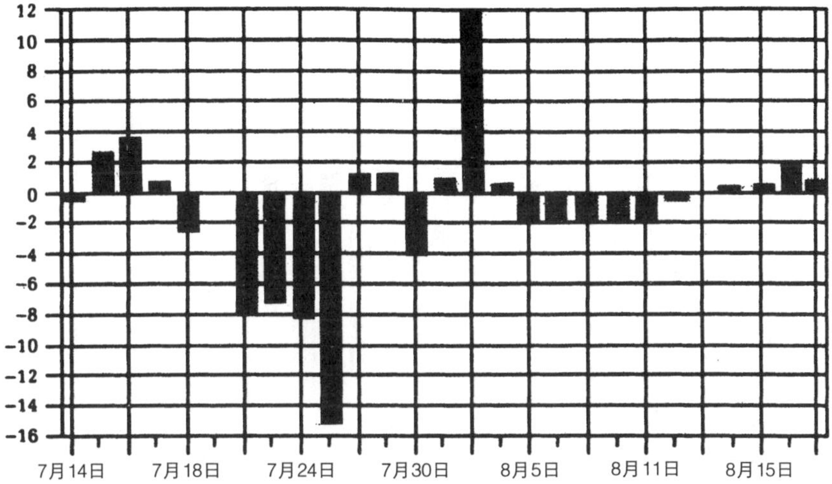

图 12-3　S&P 指数期货损益(百万美元)

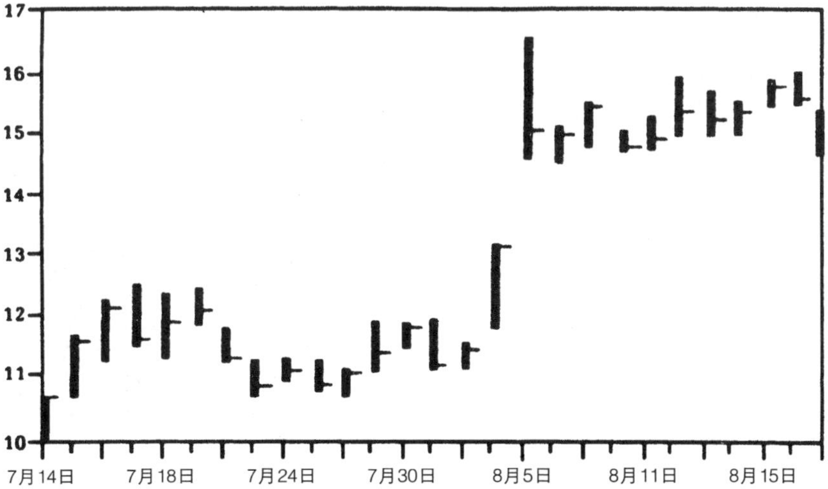

图 12-4　原油(NYM,9 月合约)

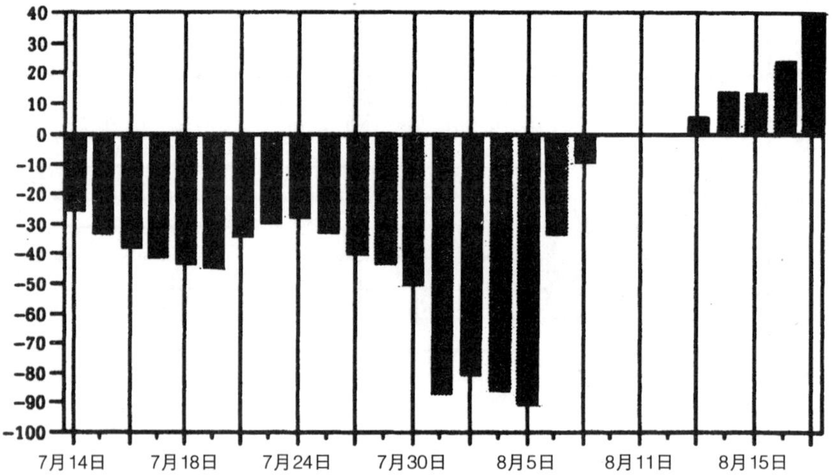

图 12-5 头寸(百万美元)

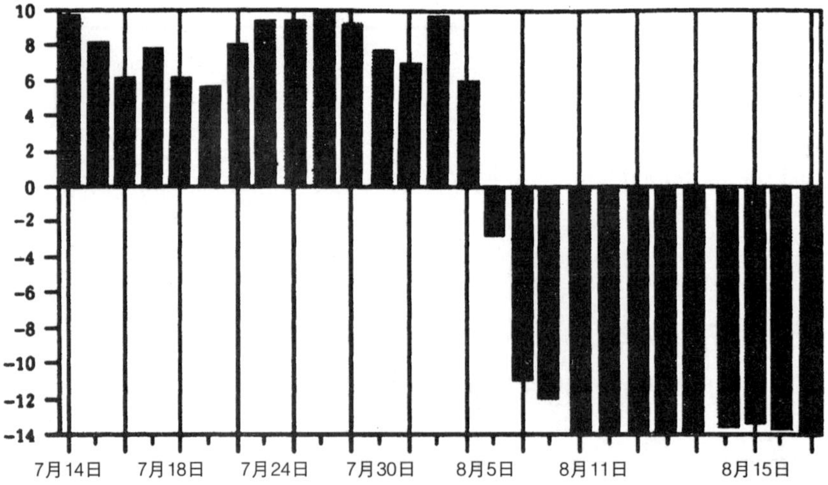

图 12-6 原油投资损益(百万美元)

表 12–7

石油相关合约交易交易一览表							
自	迄	完成交易	交易额（百万美元）	平均价格（桶 / 美元）	未清算头寸总额（百万美元）	当期实际盈亏（百万美元）	盈亏总额（百万美元）
	7 月 14 日	未清算头寸		15.478	（25.534）		7.750
7 月 15 日	7 月 17 日	追加空头	（14.029）	13.038	（41.924）	0.000	7.466
7 月 21 日	7 月 24 日	回补空头	13.737	12.455	（26.535）	3.090	9.032
7 月 25 日	7 月 31 日	追加空头	（49.679）	11.449	（87.654）	0.877	9.395
8 月 1 日	8 月 8 日	轧平空头	99.156	15.271	0.000	（19.924）	（13.186）
8 月 12 日	8 月 19 日	新建空头	29.44	15.405	28.837	0.000	（13.789）
注：所列数据包括纽约商品期货交易所各月份原油及燃料油（heating oil）合约。价格按所有合约进行加权平均，以美元 / 桶标价。							

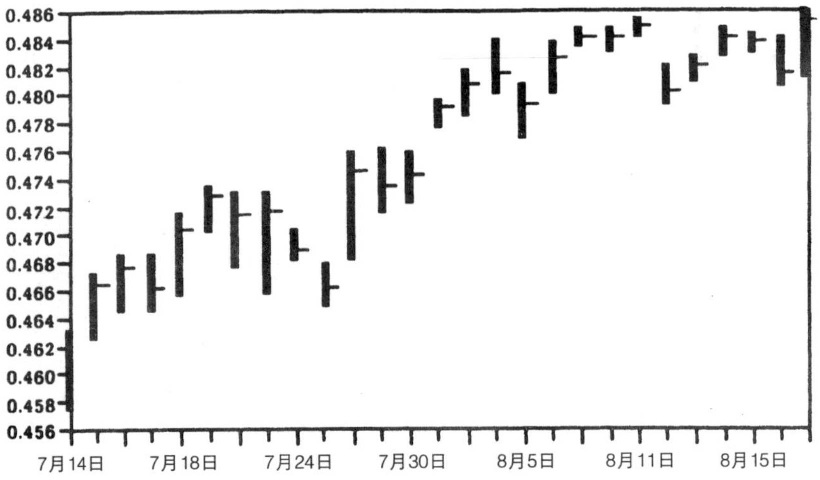

图 12–7　德国马克（9 月合约）

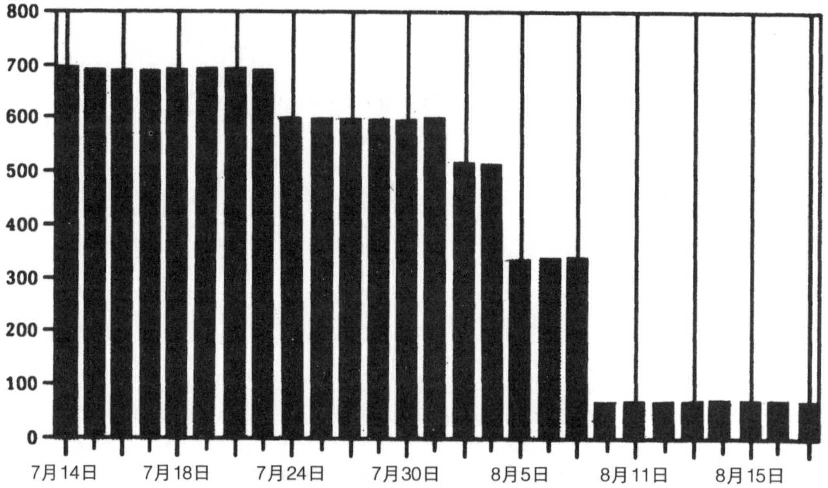

图 12-8 头寸(百万美元)

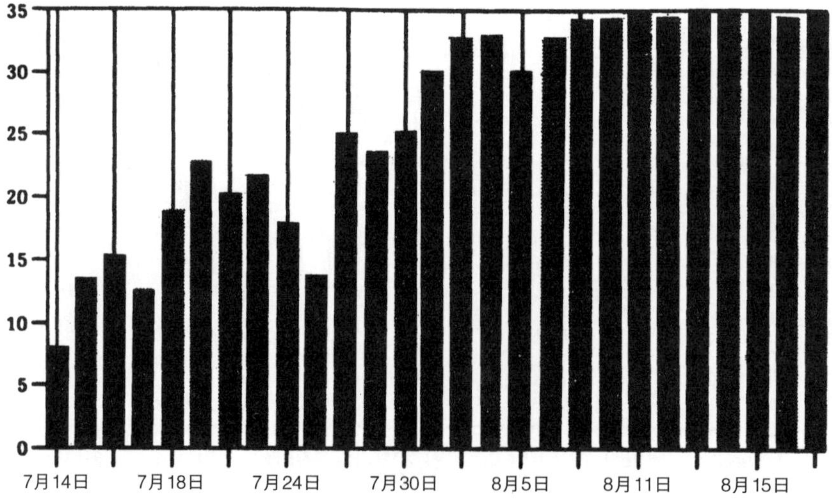

图 12-9 德国马克投资损益(百万美元)

表 12–8

德国马克期货与远期合约交易一览表						
日期	完成交易	交易数额（百万美元）	平均价格（美元 / 马克）	未清算合约总额（百万美元）	交易盈亏（百万美元）	盈亏总额（百万美元）
7 月 14 日	未清偿多头		0.4580	712.067		7.855
7 月 24 日	削减多头	125.182	0.4692	598.683	2.990	17.108
8 月 1 日	削减多头	81.000	0.4809	530.133	3.857	32.10308
8 月 5 日	削减多头	150.380	0.4784	377.627	6.418	29.977
8 月 8 日	削减多头	297.205	0.4843	84.431	16.131	33.986

注：所列数据包括 9 月德国马克期货以及 9 月 17 日到期的远期合约。假设远期合约的价格同期货一样。

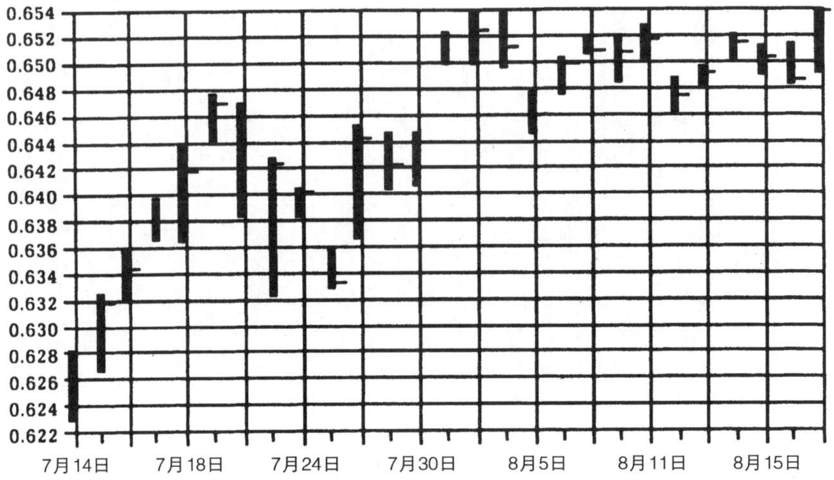

图 12–10 日元(9 月合约)

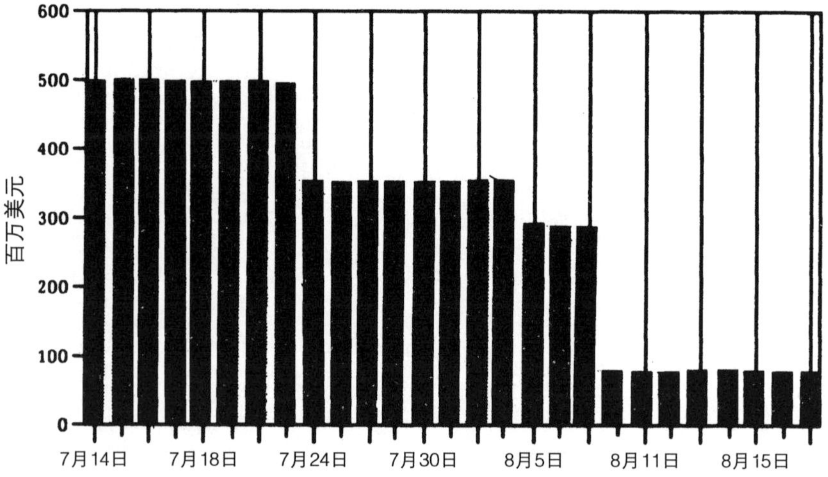

图 12-11 头寸(百万美元)

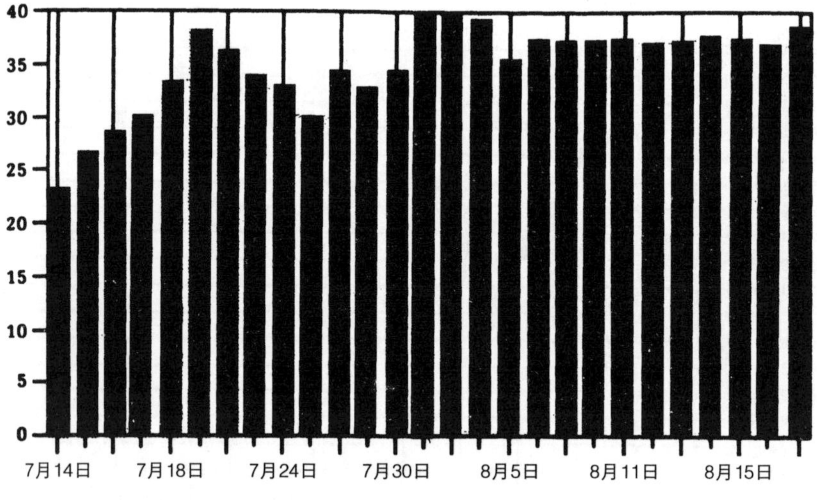

图 12-12 日元投资损益(百万美元)

表 12–9

日元期货远期合约交易一览表						
日期	完成交易	交易数额（百万美元）	平均价格（美元/马克）	未清偿头寸总额（百万美元）	交易盈亏（百万美元）	交易盈亏（百万美元）
7 月 14 日	未清偿头寸		0.6122	486.666	16.742	23.634
7 月 24 日	削减头寸	（132.040）	0.6408	364.170	5.215	33.178
8 月 5 日	削减头寸	（96.870）	0.6458	269.812	3.140	35.747
8 月 8 日	削减头寸	（188.307）	0.6507	83.977	8.382	38.161
注：所列数据包括日元 9 月期货以及 9 月 17 日到期的远期合约。假定远期合约的价格同期货一样。						

1986 年 9 月 8 日　星期一

上星期一，受蓬勃发展的铂金市场影响，黄金突破了 400 美元大关，出现了狂抛债券和股票的风潮。对于抛售，我未加理睬，到了上星期四，道琼斯指数创下新高，似乎证明我是对的。但其他指数并未尾追而上。上星期五，整个市场又趋于疲软。股市的主导力量也发生了变化，周期性股票和石油股票走向前列，而收益丰厚的老牌主流股票则表现不佳。我确信，这是税法在起作用，明年长期资本收益的税率将会提高。与此同时，市场还在关注着通货膨胀。我的战略观点从未改变，只要各国当局能够协调他们的政策，那么经济就会保持和缓增长。美元的相对稳定鼓舞了我，不过，股票市场看来还要考验股指的下行支撑力度，就目前情况来看，我认为道琼斯指数调整的幅度不会超过 40 点。尽管如此，为了保持主动权，我决定削减一半的 S&P 期货头寸。

日本股票与债券市场的回落令基金蒙受了损失，不过对此我是无能为力的。

表 12–10

1986 年 9 月 5 日					
	收盘价 9 月 5 日	变化 % （自 8 月 18 日）		收盘价 8 月 18 日	变化 % （自 8 月 18 日）
德国马克	2.0480	−1.6	S&P500	250.48	+1.3
日元	155.40	−0.7	美国国库券	97−12/32	−3.7
英镑	1.4940	+0.3	欧洲美元	94.09	+0.3
黄金	422.80	+12.3	原油	16.37	+4.9
			日本债券	105.15	+0.1

量子基金股本金	$1,638,000,000
每股资产净值	$10,606
变化 %（自 1986 年 8 月 18 日）	+1.8%
变化 %（自 1985 年 8 月 16 日）	+143.2%

资产组合结构（以百万美元计）

投资方向（1）	多头	空头	净变动（2）（自 8 月 18 日）	净外汇敞口（6）	多头	空头	净变动（2）（自 8 月 18 日）
股票：				德国马克相关货币	153		−16
美国股票	1,214	（33）	+133				
外国股票				日元	199		−37
期货	499		+152	英镑	5		+24
外国股票	654		−4	美元	1,318		+73
债券（3）：				其他货币	247		+24
美国政府							
短期（4）	11		−32				
长期			+465				
日本政府债券(5)	2,385		−42				
商品：							
石油	76		+48				
黄金			−11				

表 12–11

1986 年 9 月 8 日					
	收盘价 9 月 8 日	变化 %（自 9 月 5 日）		收盘价 9 月 8 日	变化 %（自 9 月 5 日）
德国马克	2.0750	−1.3	S&P500	248.14	−0.9
日元	156.00	−0.4	美国国库券	96–24/32	−0.6
英镑	1.4835	−0.7	欧洲美元	94.04	−0.1
黄金	411.00	−2.8	原油	15.62	−4.6
			日本债券	104.30	−0.8

量子基金股本金	$1,592,000,000
每股资产净值	$10,304
变化 %（自 1986 年 9 月 5 日）	−2.8%
变化 %（自 1985 年 8 月 16 日）	+136.3%

资产组合结构（以百万美元计）

投资方向（1）	多头	空头	净变动（2）（自 9 月 5 日）	净外汇敞口（6）	多头	空头	净变动（2）（自 9 月 5 日）
股票：				德国马克相关货币	151		−2
美国股票	1,198	（32）	−24				
外国股票				日元	137		−25
期货	261		−238	英镑	6		+1
外国股票	647		−7	美元	1,298		−20
债券（3）：				其他货币	223		−24
美国政府							
短期（4）	8		−3				
长期							
日本政府债券(5)	2,360		−25				
商品：							
石油	72		−4				
黄金							

1986 年 9 月 11 日　星期四　早晨

我已决定采取更中立的措施，这意味着售出剩余的 S&P 期货，甚至建立空头以抵补我的股票头寸，或者在国库券上建立一个小规模的空头。我还决定做空美元，同时做多德国马克。

表 12–12

1986 年 9 月 10 日					
	收盘价 9 月 10 日	变化 %（自 9 月 18 日）		收盘价 9 月 10 日	变化 %（自 9 月 8 日）
德国马克	2.0630	+0.6	S&P500	247.06	–0.4
日元	154.60	+0.9	美国国库券	97–21/32	+0.9
英镑	1.4812	–0.2	欧洲美元	94.05	0
黄金	404.70	–1.5	原油	14.88	–4.7
			日本债券	104.10	–0.3

量子基金股本金	$1,586,000,000
每股资产净值	$10,269
变化 %（自 1986 年 9 月 8 日）	–3.0%
变化 %（自 1985 年 8 月 16 日）	+135.5%

资产组合结构（以百万美元计）

投资方向（1）	多头	空头	净变动（2）（自 9 月 8 日）	净外汇敞口（6）	多头	空头	净变动（2）（自 9 月 8 日）
股票：				德国马克相关货币	153		+2
美国股票	1,098	（30）	–89				
外国股票				日元	135		–2
期货	259		–2	英镑	5		–1
外国股票	673		+26	美元	1,293		–5
债券（3）：				其他货币	277		+54
美国政府							
短期（4）	1		–7				
长期		（96）	–96				
日本政府债券(5)	2,377		+17				
商品：							
石油	96		+24				
黄金							

我预计美国经济将在第三季度强劲增长，并且有消息表明德国经济在第二季度强劲回升。为了共同稳定美元，美国和日本已经达成协议，一致降低利率。虽然德国并不情愿，但我相信它会加入这一行列。既然美元已经得到了短暂的加强，除非新一轮贬值重新开始，否则各国当局不会出手相助。正是为了预防这种可能性，我购入了马克。当然，如果

美元继续回升，我可能会在马克和日元债券上遭受损失，不过我认为这种风险并不很大。

股票市场日益受到税务方面考虑的支配。这些考虑是难以预测的，不过我相信在未来数月内，将会产生下挫压力，从而为一次强有力的年终反弹做好准备。只要还没有掌握非常可靠的证据，我宁肯削减自己的头寸。

1986 年 9 月 13 日　星期六

前两天市场大幅抛售让我措手不及。我在周四开盘前完成了自己设计的方案，但这显然还不足以保护我的资产组合，我们正遭受着全面回调带来的重大挫折。我不愿意对仓位再做任何的调整，因为那样可能带来危险。一方面，我的敞口并不算很过分，不必急于紧缩；另一方面，我也没有可用的储备来进行下一步行动了。我倾向于尽可能保持不动，这同七八月间那次崩盘时的策略形成鲜明的对照，那一次我成功地躲避了危险。在某种意义上说，我被上次崩盘蒙骗了。套期保值弄得我心力交瘁，当更严重的崩盘到来时，我却坐失良机。

回想起来，我当时应该已经意识到税务改革法案将会扰动市场，因为市场只不过刚刚得到了一点巩固。先抛后买的诱惑是无法抗拒的。现在的问题是：市场下跌的程度和速度是什么样的？这就要观察共同基金是否遭受赎回的冲击。有趣的是，我认为跌势的下行空间有限，形势并不像 7 月份时那样严重，不论价位在今后三个月中跌到什么程度，无非都是在为年终的强力反弹做准备，我相信到那时价位反弹将会超过目前的水平。

表 12–13

1986 年 9 月 12 日					
	收盘价 9 月 12 日	变化 % （自 9 月 10 日）		收盘价 9 月 12 日	变化 % （自 9 月 10 日）
德国马克	2.0597	+0.2	S&P500	230.68	−6.6
日元	155.30	−0.5	美国国库券	94–22/32	−3.0
英镑	1.4772	−0.3	欧洲美元	93.96	−0.1
黄金	416.50	+2.9	原油	15.06	+1.2
			日本债券	103.05	−0.9

量子基金股本金	$1,484,000,000
每股资产净值	$9,610
变化 %（自 1986 年 9 月 10 日）	−6.4%
变化 %（自 1985 年 8 月 16 日）	+120.4%

资产组合结构（以百万美元计）

投资方向（1）	多头	空头	净变动（2）（自 9 月 10 日）	净外汇敞口（6）	多头	空头	净变动（2）（自 9 月 10 日）
股票：				德国马克相关货币	905		+752
美国股票	1,109	（42）	−1				
外国股票				日元	355		+220
期货	55		−204	英镑	3		−2
外国股票	629		−44	美元	221		−1,072
债券（3）：				其他货币	249		−28
美国政府							
短期（4）			−1				
长期			+96				
日本政府债券(5)	2,348		−29				
商品：							
石油	97		+1				
黄金							

1986 年 9 月 28 日　星期日

股票市场已经恢复了某种稳定性，我可以集中精神理顺思路并着手建立新的长期战略。摆在我面前的主要问题是，我所称的资本主义黄金时代的经济运行体系能否继续繁荣下去？我们是否正向另一时期过渡？如果是的话，那么下一个运行体系将会是什么样子的？这同实时实验开始时我给自己出的题目如出一辙：大循环的结局将会怎样？事实上，问题也可以换一种表述方式，所谓“资本主义的黄金时代”究竟是长存的盛世，抑或是已经穷途末路的权宜之计？

许多迹象指向后一种可能性，可以在此略举数例：收益曲线日趋陡峭；金价上扬；五国集团步调不一。尽管还没有完全实现“百年不遇的牛市”这一最为乐观的预期，但股票市场已经持续疲软了，换句话说，气泡还没有膨胀到爆裂的程度。事实上，这也是我始终不愿意承认价位已经见顶的原因，我总觉得崩盘不过是一种技术性的修正，还不能证明牛市已经结束。但是下跌的幅度又过于严重，不能仅仅把它看作持续着的牛市市场的一部分。最好的办法还是承认所谓“资本主义黄金时代”的终结，并试图确定下一个阶段的发展方向。即使以后发现它仍然构成“百年不遇牛市市场”的一个新阶段，但也必定会有许多迥然不同的特色，从而构成一个独立的阶段。目前，我还不确定形势会如何发展。即使这一阶段只是延续老格局，也还是宣称它是一个新的阶段，这样我的思维也就不必局限在一种不合时宜的模式中，同时我还迫使自己保持开放性的思维方式。至于说要得出一个确定的结论，那还为时尚早。

前面这一阶段建立在国际合作的基础上，这种合作使美元在控制下的贬值以及协调的减息行为成为可能。

世界经济持续低迷，货币刺激导致金融资产市场兴旺。“真实”经济与“金融”经济之间的不平衡导致了紧张的状态，已经威胁到国际合作的基础，要想避免一场大崩溃，就必须启动一个新的运行机制。不幸的是，目前还没有新政策启动的迹象，喧嚣在耳旁的只有盟国间喋喋不休的争吵。现在还谈不上做出怎样打破僵局的预测，我只能谈到三种可能性。

表 12–14

1986 年 9 月 26 日					
	收盘价 9 月 26 日	变化 %（自 9 月 12 日）		收盘价 9 月 26 日	变化 %（自 9 月 12 日）
德国马克	2.0530	+0.3	S&P500	232.23	+0.7
日元	154.60	+0.5	美国国库券	95–21/32	+1.0
英镑	1.4360	–2.8	欧洲美元	94.01	+0.1
黄金	427.20	+2.6	原油	14.43	–4.2
			日本债券	104.36	+0.3

量子基金股本金	$1,503,000,000
每股资产净值	$9,728
变化 %（自 1986 年 9 月 12 日）	+1.2%
变化 %（自 1985 年 8 月 16 日）	+123.1%

资产组合结构（以百万美元计）

投资方向（1）	多头	空头	净变动（2）（自 9 月 12 日）	净外汇敞口（6）	多头	空头	净变动（2）（自 9 月 12 日）
股票：				德国马克相关货币	990		+85
美国股票	1,071	（53）	–49				
外国股票				日元	295		–60
期货		（275）	–330	英镑		（10）	–13
外国股票	623		–6	美元	228		+7
债券（3）：				其他货币	238		–11
美国政府							
短期（4）							
长期		（180）	–180				
日本政府债券(5)	1,986		–362				
商品：							
石油	94		–3				
黄金							

1. 胡乱应付：J 曲线最终开始发挥作用，刺激了美国经济，但同时却会损害我们主要贸易伙伴的利益。世界经济仍然疲弱不振，货币政策不断地进行调整。一旦人们了解到国际贸易与金融体系崩溃的危险已经过去，信心就会重新恢复。积累起来的巨额游资再度投入金融资产。果真如此，“百年不遇牛市市场”将会重现风采。

2. 恶性循环：疲弱的经济和疲软的美元相互推动，造成了高利率与巨额预算赤字，保护主义占了上风，它会激起报复，包括拒偿债务。

3. 新政策：在金融市场的压迫下（美元贬值，债券与股票下跌，黄金价格上扬），行政当局开始齐心协力，稳定美元，同时进行新一轮的减息。美苏签订裁军条约，削减军费预算。最后，人们意识到国际债务危机是一个政治问题，开始采取措施振兴欠发达国家的经济。

既然恶性循环必然会导致政策上的强烈反应，我们可以将上述观点归结为两种主要的可能：胡乱应付与恶性循环继之以新政策。实际过程很可能是此二者的某种形式的结合。不管怎样，金融市场在短期内恐怕仍将感受到极大的压力。

欧佩克会议之后，我寄希望于美国和德国之间的分歧能够得到解决，这样我们就可以应付过去。最近，我已经开始为我的这一赌注做套期保值，不过，新近召开的广场会议让我落了空，我打算对此作出果断的反应。

这种结果是可以理解的。贝克想找一只替罪羊，德国拒绝承担这种角色，甚至连协议的细节都是很清楚的，美国以稳定美元的承诺换取德国降低利率的承诺。在我的印象里，似乎是贝克退缩了。如果真的是这样，那就暴露了他处境的软弱：他不可能同意在 11 月大选前稳定美元，因为他没有别的办法来抵御保护主义的压力。在选举之前，金融市场还有足够的时间去作出更充分的政策反应。我决定采取行动了，计划将德国马克的头寸增加 5 亿美元，将美国政府债券的空头头寸由 1.8 亿增加到 5 亿，股票指数期货空头由 2.75 亿增加到 7.5 亿，还打算增设 1.5 亿的黄金空头。市场下行的空间似乎也比几周前大得多，待到政策分歧得到解决的时候，一场恶性循环可能早已开始了。

1986 年 10 月 1 日　星期三　夜

战术错误一个接着一个，星期一所进行的调度中，除了购入马克那一宗，其余的看来都是错误的。我无意过分低估昨天宣布的首脑会谈预备会议的重要性，不过我必须小心提防，以免自己先陷入恶性循环。眼下，我应该不动如山，尽管为进入目前的位置我付出了代价，但我相信自己的资产组合已经经过了充分合理的套期保护。如果是这样的话，我准备在去中国做访问的这一个月时间内，静观股市和债券市场的涨势。

表 12–15

1986 年 10 月 1 日					
	收盘价 10 月 1 日	变化 % （自 9 月 26 日）		收盘价 10 月 1 日	变化 % （自 9 月 26 日）
德国马克	2.0175	+1.7	S&P500	233.60	+6
日元	153.85	+0.5	美国国库券	96–22/32	+1.1
英镑	1.4450	+0.6	欧洲美元	94.03	0
黄金	425.20	–0.5	原油	15.16	+5.1
			日本债券	103.02	–0.3

量子基金股本金	$1,511,000,000
每股资产净值	$9,562
变化 %（自 1986 年 9 月 26 日）	–1.7%
变化 %（自 1985 年 8 月 16 日）	+119.3%

资产组合结构（以百万美元计）

投资方向（1）	多头	空头	净变动（2）（自 9 月 26 日）	净外汇敞口（6）	多头	空头	净变动（2）（自 9 月 26 日）
股票：				德国马克相关货币	1,415		+425
美国股票	1,014	（83）	–87	日元	282		–13
外国股票				英镑	1		+11
期货		（575）	–300	美元		（187）	–415
外国股票	635		+12	其他货币	240		+2
债券（3）：							
美国政府							
短期（4）							
长期		（466）	–286				
日本政府债券(5)	1,987		+1				
商品：							
石油	99		+5				
黄金	150		+150				

1986 年 10 月 22 日　星期三

由于对资产组合中的日本部分深感忧虑，我缩短了自己的访华之行。在东京停顿一天之后，我现在正在赶往纽约的路上。

近几天里东京股票市场的下挫看来已成定局。从整体上讲，市场下跌了近 15%，但是我手中的股票全部是不动产相关股，它们从最近的高价位上下跌了 25%～40%。我在债券市场也持有巨额头寸，但其表现也趋于疲弱。

深思熟虑后，我很快弄清了其中的缘由。日元的升值幅度太大，日本正在输给亚太地区的新兴工业国，出口公司受害尤甚。放松的货币政策不足以缓解这一局面，反而会变成反生产力的，因为可能会引发一场投机热潮，而最终则以崩溃收场。有鉴于此，行政当局已经决定积极鼓励资本输出而不是进一步调低利率以缓解日元的上行压力，这一政策获得了成功，日元汇率稳定下来了，但股票和债券市场却崩溃了。

作为一名积极的参与者，我未能从这场十分典型的繁荣 / 萧条序列过程中及时脱身。现在已经深陷其中，无法挣脱。很显然，我应当设法退出市场，但是采取什么方式、又怎样选择时机呢？我不知道该怎么办，因为我对日本市场的了解非常有限，我准备为自己的无知付出高昂的代价。

整个情况有点令人尴尬，当我正在大写特写所谓“一代兴盛”的时候，却被“罕见的崩盘”所套牢，然而事实就是如此，我确信，日本股票市场的崩溃将成为金融史上的一座里程碑。这次崩溃比我们可能在本国市场中看到的任何一场危机都要经典。日本市场，从总体上讲，被严重高估了。这种狂热逐渐地弥漫开来，从我自己的表现中就可以看出。日本央行的总裁澄田智，曾经反复发出警告，但市场对此置若罔闻。我刚刚听说单位信托曾经口头许诺保证投资者 9% 的收益——简直是天方夜谭。我本来应该能够注意到投机过热的信号，但我未能给予应有的重视。

表 12–16

1986 年 10 月 21 日							
	收盘价 10 月 21 日	变化 % （自 10 月 1 日）			收盘价 10 月 21 日	变化 % （自 10 月 1 日）	
德国马克	1.9845	+1.6		S&P500	235.88	+1.0	
日元	155.10	–0.8		美国国库券	94–22/32	–2.1	
英镑	1.4340	–0.8		欧洲美元	93.92	–0.1	
黄金	425.20	0		原油	15.19	+0.2	
				日本债券	101.35	–1.6	
量子基金股本金				$1,488,000,000			
每股资产净值				$9,422			
变化 %（自 1986 年 9 月 8 日）				–1.5%			
变化 %（自 1985 年 8 月 16 日）				+116.1%			
资产组合结构（以百万美元计）							
投资方向（1）	**多头**	**空头**	**净变动（2）（自 10 月 1 日）**	**净外汇敞口（6）**	**多头**	**空头**	**净变动（2）（自 10 月 1 日）**
股票：							
美国股票	1,104	（108）	+65	德国马克相关货币	1,316		–99
外国股票				日元		（104）	–386
期货		（575）	–300	英镑	3		+2
外国股票	635		+12	美元	273		+460
债券（3）：				其他货币	235		–5
美国政府							
短期（4）	1		–7				
长期		（466）					
日本政府债券(5)	1,607		–380				
商品：							
石油	102		+3				
黄金	122		–28				

唯一的借口是我从未在日本长期居留，上一次在日本短暂停留还是 15 年前的事。那时我是一个经纪人，为外国投资者提供咨询服务，因为我有内线，故而能识破危险，从容脱身。现在我自己成了一名外国投资者，我的命运在那些为市场繁荣所吸引的国外临时投资者中间是极为典型的，在上升的市场中买入，在跌势市场中卖出，账面上获利，实际却发生亏损。

当初吸引我奔赴日本市场的动机如今已不再成立，当时过多的游资涌入，带动地产与股票市场的繁荣。铁路股票，自 1973 年前次旺市以来一直十分稳定，现在却以资产价值的分数比例折扣出售。铁路公司有一套办法能够积聚资产而又不显示其收益，由于商业不动产的收益一向低于利率，它们可以通过借入资金投资于更多不动产的方式来掩盖其收益。这样一来，既能够获得实物增值又可以坐享地产升值。问题在于，股东们从中得不到任何好处：铁路公司受到管制，如果它们想要提高增长速度就不可能增派股利。可是风向开始变了，国营铁路私有化，必须表现出良好收益才有可能在公众市场中打开销路。此外，要想刺激国内需求，就要加快资产扩张的步伐，这意味着铁路公司需要额外的资金来源，因此，铁路公司及其承销商都希望股票上涨，而绝大多数铁路公司一直在以上涨的价格发行附权债券。海外投资者们首先认识到了这一反身性的概念，但是只有在国内投资者敢跟进的前提下它才能够转化为现实。这种希望正在走向现实，在新财政年度伊始（10 月 1 日），新成立的单位信托基金（即确保投资者获得 9% 收益率的基金）推动房地产相关股票创下历史最高成交量的纪录。纽约市场崩盘后，富达国际信托投资基金（Fidelity International Investment Trust）被迫进行清偿，它在日本不动产相关股票中投资比重很大，不得不在日本进行抛售。当时我已经掌握了这一情况，但却寄希望于市场能出现反弹，可是反弹始终没能出现，下跌演变成为崩溃。不过，当时我的确没有意识到日本政府的鼓励资本输出的政策发生了转变。日元汇价开始稳定，我本该领会这中间的暗示，但我当时正在自鸣得意，没有给予足够重视，这一责任无可回避。现在，反身性的概念开始从反方向发挥作用了。破坏股票市场的那些因素看来也会拖慢不动产增长的步伐。虽然建筑业还会大幅增长，但地价可能不会再出现暴涨的情况了。所以我要力图最快、最好地摆脱自己的头寸。

我必须极其小心，以免感情用事、重蹈覆辙。在此之前为新的态势所做的（套期）保值未能保护我免于日本股灾的损害，事实上它们还额外增加了我的耗费。现在，我还能承受在日本股票市场中的损失，可是如果再加上别的什么亏损，那我将受到沉重的打击。因此，我不能坐以待毙，必须适应变化了的环境。但是，新环境包括一些什么内容呢？

首先，日元升值似乎已经到头了，如果它现在下跌 10%，那我丝毫不会感到奇怪。资本输出远远超出了经常项目的盈余，仅仅由于很大一部分资本交易经过了（套期）保值，近两个月内日元的供需状况才能保持平衡。当市场参与者们相信日元峰位已经过去了的时候，他们也许会更愿意持有美元，从而导致潮流的逆转。然而，出于对政治后果的考虑，政府不太可能允许日元大幅下跌。

昨天，我抛出了手上全部的日元，接下来我打算建立一个大致半数于马克多头的日元空头。如果马克没有跟随日元同步下跌，我也许会进一步增加马克多头——一半是为了交叉抵补美元，一半是为了交叉抵补日元的变化。同时，我还打算削减半数的黄金多头，直至我对形势更加有把握时为止。

我还抛出了20%的日本债券，这只是为了恢复资金调度中的弹性，但我认为在当前价位下跌时期进行平仓也许是一个错误。收益已经增加了大约50～70个基础点。同以前相反，政府似乎不打算再支持利率了，特别是在市场发生持续下跌以及日元疲软的背景之下。出于同样的考虑，我在美国政府债券上的空头同几个星期前相比已经没有很大意义了。日本投资者很可能会在下一轮拍卖中大显身手，到那时，欧佩克协议的效应也可以看得很清楚了，我打算利用那个机会轧平我的空头，甚至进一步建立多头头寸。

基金的美国股票组合目前看来已经得到了理想的套期保护，我为此感到欣慰，也无意再做什么调整。实际上我更倾向于空头，但为了避免自己再次犯错，我控制住了自己。我毫不犹豫地兑现了香港不动产股票的盈利，由于来自日本的买盘推动，这些股票的价位目前正处于峰位。

我还将非常乐意地在11月下半月合约到期时出售我的石油合约。事实上，我准备在1月和3月以几乎相同的价格做空，以便以更高的价格抛出空盘。我预计，随着价格的上升，远期的贴水将会加大。

现在我确信，所谓“百年不遇牛市市场”已经终结，也许偶尔还会出现昙花一现式的投机，但肯定也是大不如昔，因为它的主要推动力量已经耗尽了。盲目的乐观情绪是一个成熟的牛市市场不可或缺的，但是不可能在匆忙调整的情况下重建。同人们的预期相反，转势过程并不激烈，尽管在意大利、法国以及现在在日本发生了典型的崩盘。在美国，最近乎爆发崩溃的时刻是在9月份，当时出现了共同基金清偿的短暂浪潮。我因自己未能充分地理解这些信号的意义而痛心疾首，事实是牛市市场在全面发展之前即已被当局截断了。他们可能会降低利率，但与之前的效果截然不同。牛市市场的基础在于由实物资产转向货币资产的跃进，进一步的货币刺激很可能会危及包括黄金在内的流动性外溢。

目前市场正处于暂时的平静，欧佩克总算是达成了某种程度的默契，但是仍然缺乏坚实的基础；汇率已经稳定，但缺乏适当的国际合作；在税务改革生效前，美国经济正赢得短暂的喘息机会；出于同样的原因，股票市场也得到了那些必须在年终前履行的合约的支持，下一年将会给我们带来些什么呢？

1986 年 10 月 25 日　星期六

我设法在日元崩溃之前建立了约 7.5 亿美元的日元空头。到了德国马克也抵挡不住美元升势的时候，我将德国马克的头寸削减到 7.5 亿美元的水平。现在，我的套期保值相当地充分，可有德国马克的多头和日元的空头。我在操作调度过程中没有赚钱，但也没有回吐我的利润。

我还指望在第一次反弹时抛出半数日本股票头寸，但未能成功，日本经纪人食言，只做到承诺数额的一半，相当于我的总敞口的 1/8。最糟糕的是，他现在摸清了我的意图，看来，惨重的损失势难避免。

美国政府债券和 S&P 指数期货的空头头寸开始令我感到不安了。随着美元的反弹，加息的压力正在减小。如果债券反弹，S&P 指数期货空头就要遭殃了。现在所有人都预计日本会在 10 月份债券清偿后大举购入新的政府债券。因此，我必须先发制人，星期二将进行 7 年期债券的拍卖，我必须利用这个机会采取行动，我希望在拍卖成功结束后出现反弹，那样我就可以卖出或减少我的多头头寸。

目前，股票市场受制于程序交易和证券组合保险方案（Pro gram trading and portfolio insurance schemes），这些方案在根本上就是毫无益处的。对于下跌市场而言，它们实际上是在以亏损换取心理安全感。除非跌势持续下去，或者投资者有能力在弱市市场中摆脱套期——这看来不大可能，否则他也不至于求一开始就不会购买证券组合保险了——才有可能赢利。“证券保险”这一表述本身就是荒谬的，它显然是在附会人身保险。可是死亡是注定的，而崩溃却不然。

表 12–17

1986 年 10 月 24 日					
	收盘价 10 月 24 日	变化 %（自 10 月 21 日）		收盘价 10 月 24 日	变化 %（自 10 月 21 日）
德国马克	2.0355	–2.6	S&P500	238.26	+1.0
日元	161.70	–4.3	美国国库券	95–29/32	+1.3
英镑	1.4130	–1.5	欧洲美元	93.99	+0.1
黄金	407.50	–4.2	原油	15.02	–1.1
			日本债券	101.95	+0.6

量子基金股本金	$1,455,000,000
每股资产净值	$9,414
变化 %（自 1986 年 10 月 21 日）	–2.2%
变化 %（自 1985 年 8 月 16 日）	+111.3%

资产组合结构（以百万美元计）

投资方向（1）	多头	空头	净变动（2）（自 10 月 21 日）	净外汇敞口（6）	多头	空头	净变动（2）（自 10 月 21 日）
股票：				德国马克相关货币	792		–524
美国股票	1,069	（123）	–50				
外国股票				日元		（735）	–631
期货		（675）	–96	英镑	2		–1
外国股票	535		–49	美元	1,396		+1,123
债券（3）:				其他货币	216		–19
美国政府							
短期（4）							
长期		（465）	+1				
日本政府债券(5)	1,234		–373				
商品：							
石油	99		–3				
黄金	80		–42				

股票市场的反弹将暴露出证券组合保险的缺陷，这样续行下跌时反倒安全一些。我预计，再次降低利率后将会出现一轮这样的下挫行情，同时，股票市场将会再次考验最近的高位。在其他方向上，情况大致相同。只不过受此前税务因素诱发的各种抛售的影响，将会出现一次有力的年终反弹。当然，11 月

份的选举也会影响市场，具体方向则不得而知。

1986 年 11 月 1 日　星期六

亢奋而难挨的一星期。刚开始，沙特决定参加新的幕后交易，导致石油价格暴跌，我竭尽全力在暴跌之前将绝大多数石油头寸予以转移，然而石油价格

表 12–18

1986 年 10 月 31 日					
	收盘价 10 月 31 日	变化 % （自 10 月 24 日）		收盘价 10 月 24 日	变化 % （自 10 月 24 日）
德国马克	2.0611	–1.5	S&P500	243.98	+2.4
日元	163.25	–1.0	美国国库券	98–3/32	+2.3
英镑	1.4065	–0.5	欧洲美元	94.11	+0.1
黄金	403.60	–1.0	原油	15.27	+1.7
			日本债券	102.96	+1.0

量子基金股本金	$1,469,000,000
每股资产净值	$9,296
变化 %（自 1986 年 10 月 24 日）	+0.9%
变化 %（自 1985 年 8 月 16 日）	+113.2%

资产组合结构（以百万美元计）							
投资方向（1）	多头	空头	净变动（2）（自 10 月 24 日）	净外汇敞口（6）	多头	空头	净变动（2）（自 10 月 24 日）
股票：				德国马克相关货币	1,280		–524
美国股票	1,015	（99）	–30	日元		（955）	–220
外国股票				英镑	3		+1
期货		（327）	+348	美元	1,141		–255
外国股票	460		–63	其他货币	201		–150
债券（3）：							
美国政府							
短期（4）							
长期	1,073		+1,538				
日本政府债券(5)	1,232		–2				
商品：							
石油		（28）	–127				
黄金	79		–1				

的暴跌使我不得不付出更大的代价来完成剩下的计划。尽管如此，到星期二的下午，我已经轧平了半数的股票指数期货空头头寸，将5亿美元的政府债券空头转化为8亿美元多头。然而7年期债券的拍卖结果不尽如人意——想必我成了最大的买家——到星期二晚上时，我在各个方向上都招致了亏损。随后出现了两件令我意想不到的事情：沙特石油部长谢赫·亚马尼（Shedik Yamani）被免职和有迹象表明日本可能降低贴现率。突然之间，我的处境柳暗花明。我抓紧这个机会削减了日本不动产相关股票，并且把美国政府债券的头寸增加到12亿美元，我在加强马克多头这一交叉头寸的同时，还加强了日元空头，并使它们达到了10亿美元的规模。我又额外增购了2.5亿美元的马克，这使我在美元上有了适度的净头寸。

增购美国国库券的时机选择极为不当，因为在新任沙特石油大臣发出倡议要求召开欧佩克价格委员会紧急会议之后，石油价格剧烈反弹。形势错综复杂，舆论却认为这一变化代表着伊朗的胜利，沙特将会提高价格，即使这意味着减少销售。对此，我有自己的看法，不过还不十分的有把握。在我看来，沙特将公开表示要将油价稳定在18美元，不过一定不肯放弃幕后交易，他们将继续为争夺市场份额而苦苦奋斗。由于无法在全面削减产量之前将油价稳定在18美元，谈判很可能陷于破裂，然后再来一轮价格战，但沙特必须小心谨慎，以免惹恼伊朗。我又开始设立石油空头头寸，但额度并不大，因为我不能太冒险，我在债券方面已经过于冒险了。如果能够从债券中顺利脱身，也许在石油方面会更大胆一些——只要还来得及。

在本周的最后两天，一些更为强劲的经济数据出炉，动摇了我的战略地位。美元反弹了，不过日元/马克交叉头寸现在开始对我有利了（见图12–13），尤其是在星期五日美联合声明公布之后。这一声明确认了交叉头寸由以建立的基础：无论美元面临何种压力，这种压力最终都将集中于欧洲货币，或是黄金。

当然，如果美国经济能够比我所设想的更强有力，德国马克的贬值可能会比日元厉害得多，因为它的波动幅度更大，因此，这一头寸不是毫无风险的，不过，我觉得美元不会再升值了。我的主要危险是在债券以及一个新形成的交叉头寸：债券多头与股票指数期货空头。我并不过分担心经济统计数据，

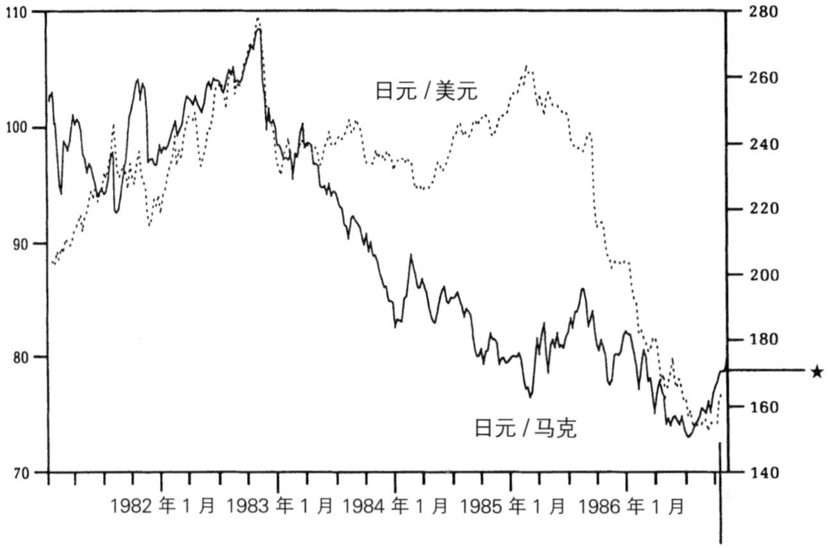

图 12–13　日元/德国马克和日元/美元汇率

*10/27/86—10/29/86 期间于 160.28 水平卖出价值 25,000 万美元的日元，并于 2.0217 水平买入价值 25,000 万美元的德国马克，交叉汇率为 79.28。

10/21/86—11/31/86 期间于 155.84 水平卖出价值 78,600 万美元的日元，并于 1.9931 水平买入价值 5,000 万美元的德国马克，交叉汇率为 75.94。

因为这些数据所证实的只不过是税制改革之前一次短暂的兴旺；对于石油问题我也有自己的见解。我主要担心的是下星期二举行的选举，因为我无法评估它可能带来的影响。困难还在于，由于最近所遭受的亏损，我的亏损承受能力下降了，这既表现在宏观操作上，在中国之行前安排的套期交易付出了昂贵的代价，也同时表现在投资组合方面，后者仍然有待于调整。因此，我觉得自己的头寸极度缺乏保护，不免令人紧张。

1986 年 11 月 8 日　星期六

押在政府债券拍卖活动上的赌注输掉了：最初的盈利变成了亏损，我砍掉了头寸以限制亏损。有关石油的消息则相互矛盾，我决定撤回观望，同时我也退出黄金投机。现在手上只有一个交叉头寸——债券多头与股票指数期货空头——作为权宜之计；还有日本债券的多头，我可能会逐渐平仓或将一部分转投德国债券，至于外汇头寸，看来还是颇为稳健的。

表 12–19

1986 年 11 月 7 日					
	收盘价 11 月 7 日	变化 % （自 10 月 31 日）		收盘价 10 月 24 日	变化 % （自 10 月 31 日）
德国马克	2.0610	+0.2	S&P500	245.77	+0.7
日元	163.00	+0.2	美国国库券	96–10/32	–1.8
英镑	1.4310	+1.7	欧洲美元	93.92	–0.2
黄金	388.60	–3.7	原油	15.17	–0.7
			日本债券	103.09	+0.1

量子基金股本金	$1,461,000,000
每股资产净值	$9,320
变化 %（自 1986 年 10 月 31 日）	+0.3%
变化 %（自 1985 年 8 月 16 日）	+113.7%

资产组合结构（以百万美元计）							
投资方向（1）	多头	空头	净变动（2）（自 10 月 31 日）	净外汇敞口（6）	多头	空头	净变动（2）（自 10 月 31 日）
股票：				德国马克相关货币	1,334		+54
美国股票	1,022	（71）	+35				
外国股票				日元		（956）	–1
期货		（544）	–217	英镑	7		+4
外国股票	436		–24	美元	1,076		–65
债券（3）：				其他货币	201		0
美国政府							
短期（4）							
长期	750		–323				
日本政府债券(5)	983		–249				
商品：							
石油			+28				
黄金	41		–38				

最近，我的大多数宏观举措都失败了，只有抛空日元这一举措挽救了局面。我可以将日元投机的利润用于弥补其他方向上宏观调整的亏损，或者用于保护德国马克的利润，但不可能兼顾两者，不管怎样，我的整体操作未能保护

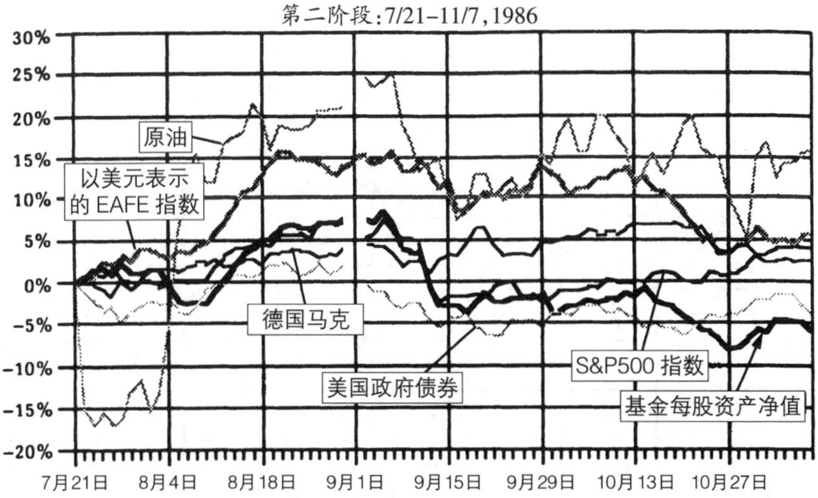

图 12-14　基金每股资产净值相对于市场的表现

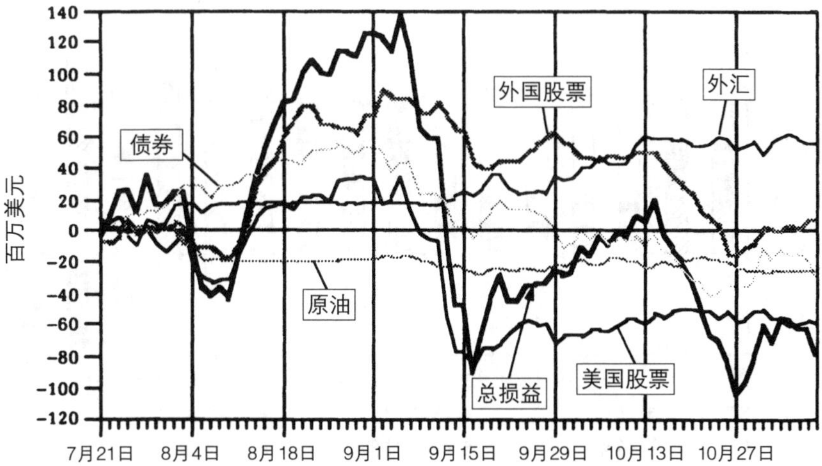

图 12-15　基金损益（按主要头寸分解）

注：① 所有价格变化的百分率均以图表中第一日数据为基数。

② EAFE 是摩根 · 斯坦利公司公布的以美元表示的欧洲、澳大利亚和远东股票市场的资本国际指数。

③ 原油和政府公债的价格为最近到期的期货合约的收盘价。

④ 外汇损益包含远期外汇和期货合约，外国股票市场上的损益包括外汇头寸损益。

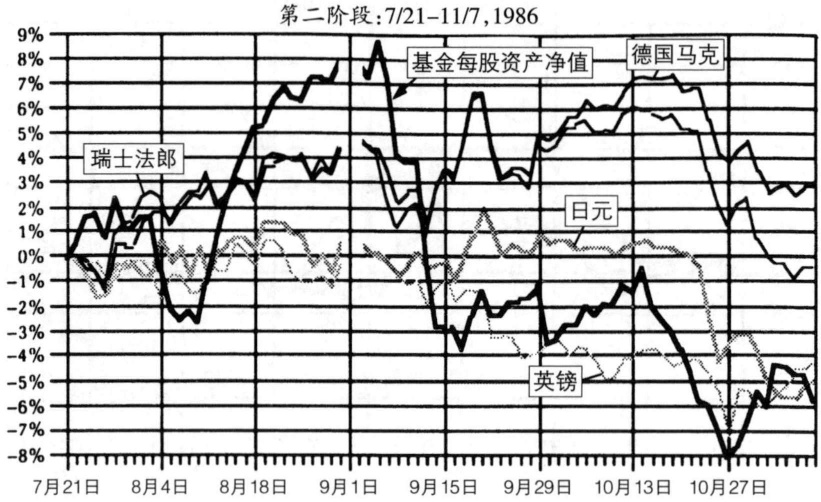

图 12-16 外汇价格

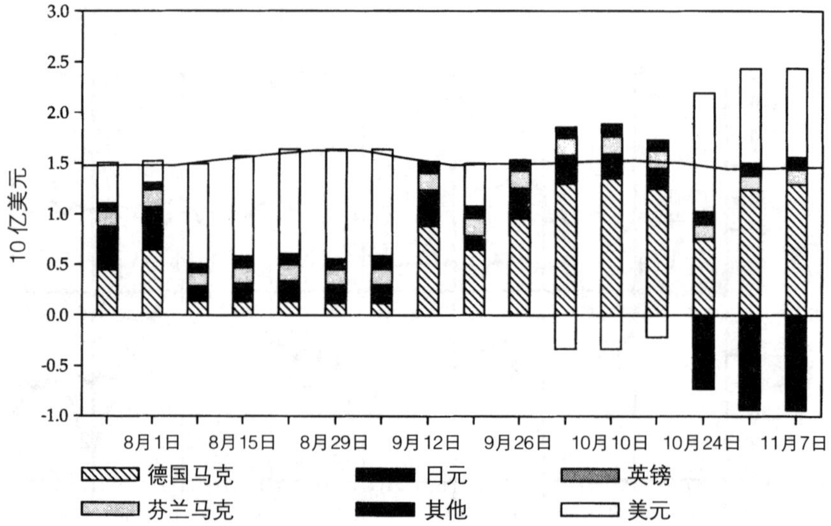

图 12-17 净外汇敞口(曲线表示基金股权资本)

注：①以美元计算的价格百分比变化是以表中第一日的数据为基数的，该数据取自纽约收盘价。

②净外汇敞口包括股票、债券、期货、远期合约、现金和保证金，因此其总和等于基金的全部权益。美元空头表示出外汇敞口超出基金权益的部分。

③基金敞口为周末数。

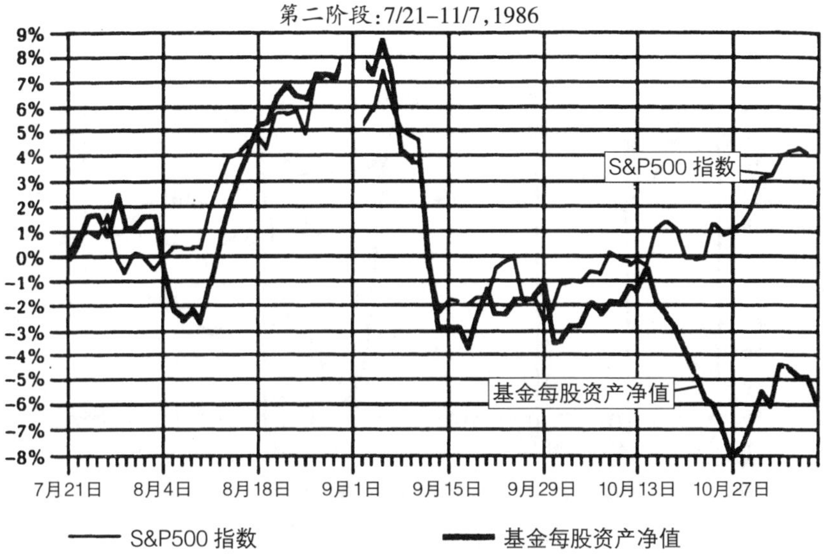

图 12-18　美国股票市场走势

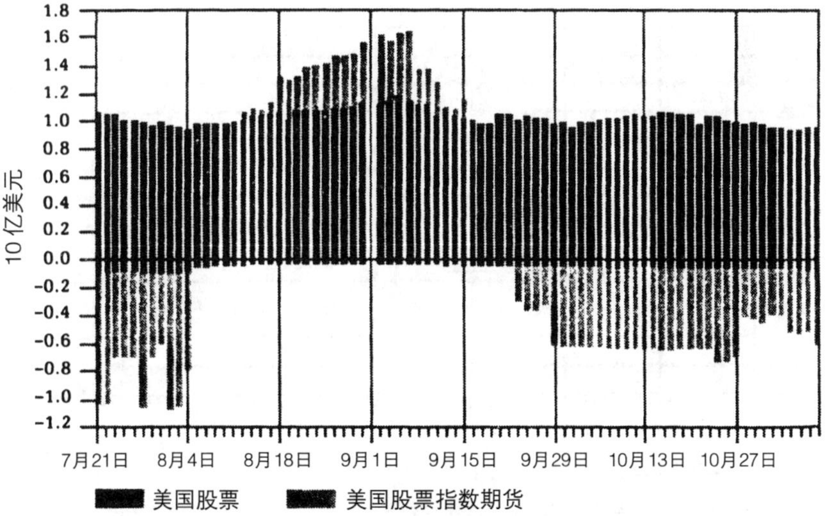

图 12-19　美国股票市场头寸

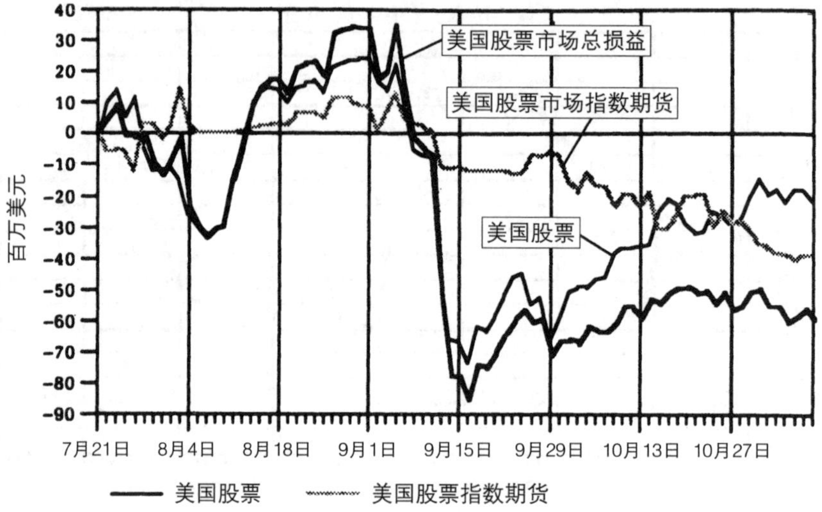

图 12-20　美国股票市场损益

注：①美国股票总损益包括股票头寸和指数期货。

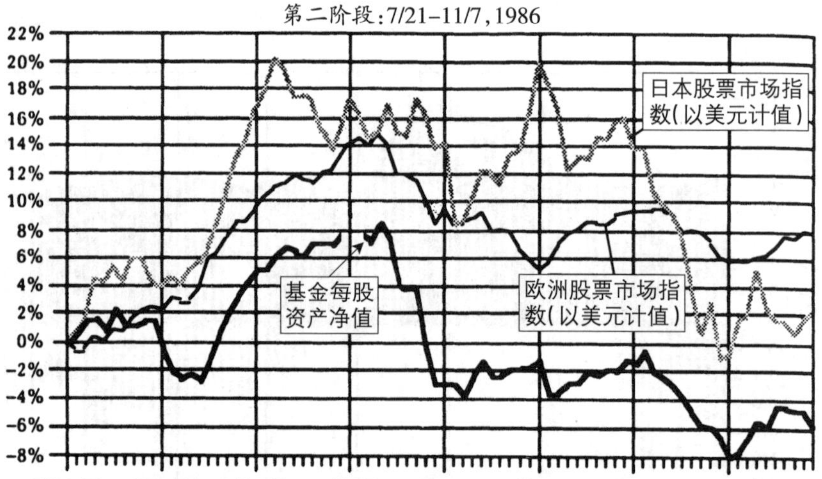

图 12-21　外国股票市场走势

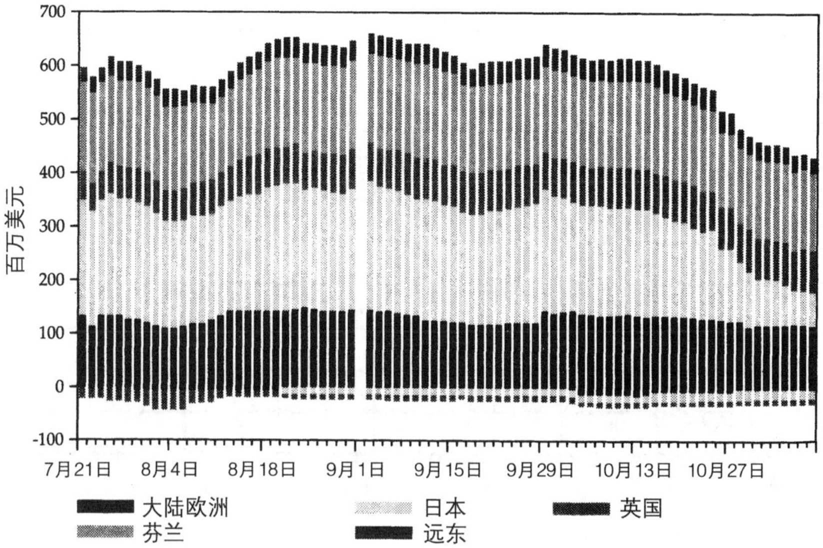

图 12-22　外国股票头寸

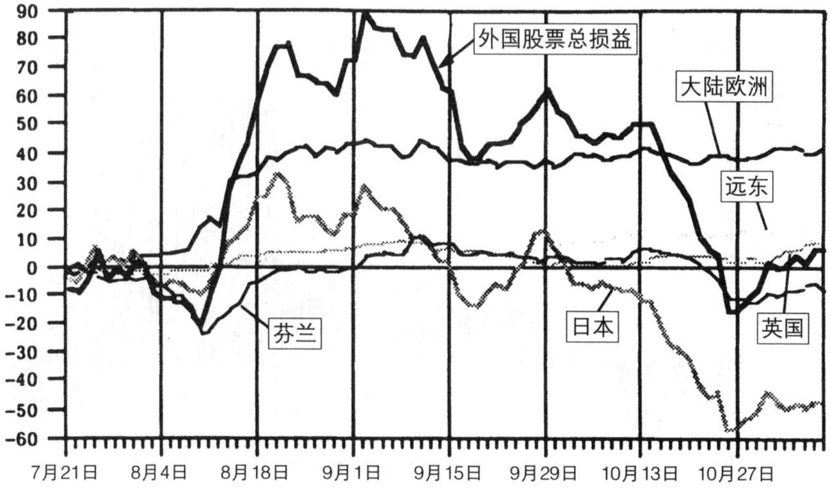

图 12-23　外国股票损益

注：① 外国股票市场总损益包括外国股票头寸引起的盈亏。

② 远东头寸包括中国香港、韩国、中国台湾、澳大利亚和泰国市场。

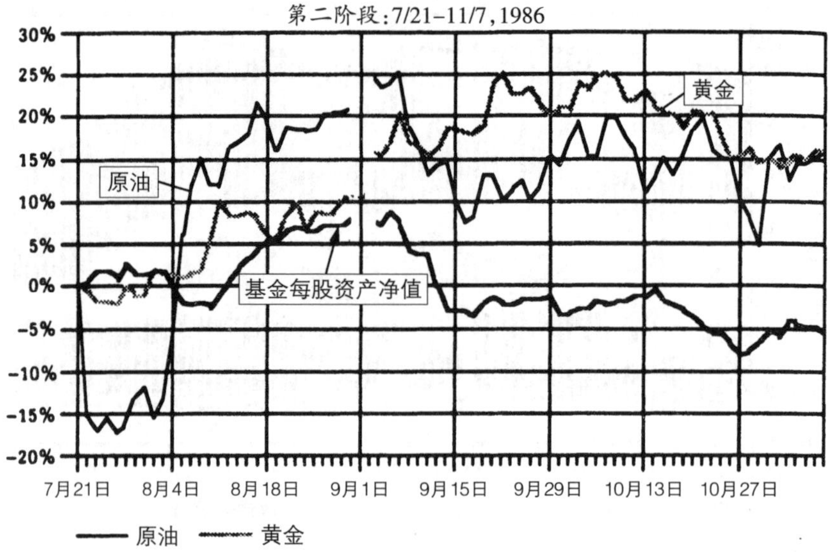

图 12-24 商品期货价格

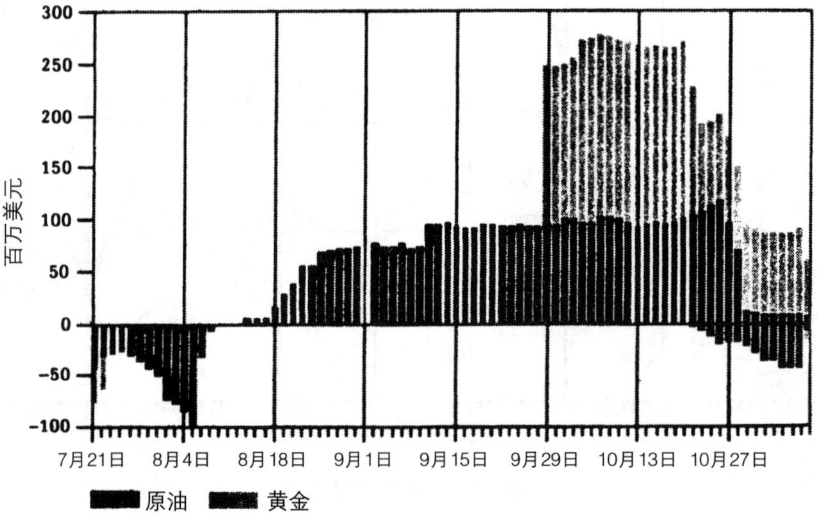

图 12-25 商品期货头寸

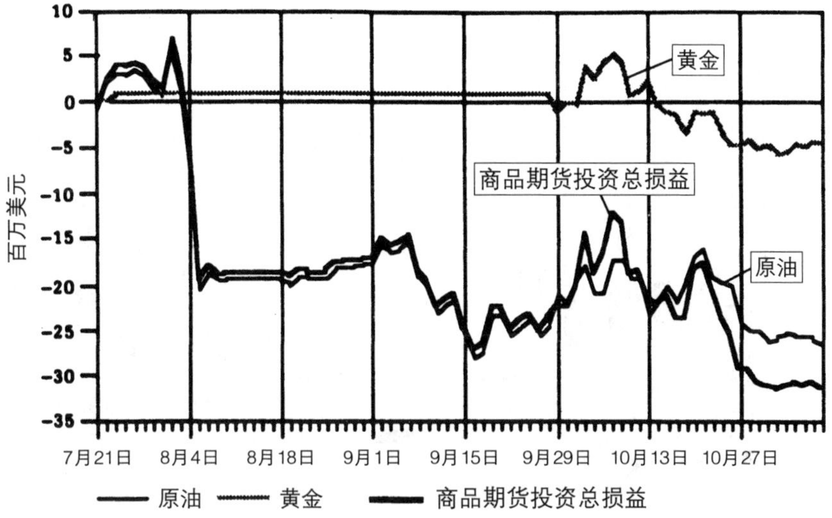

图 12–26　商品期货投资损益

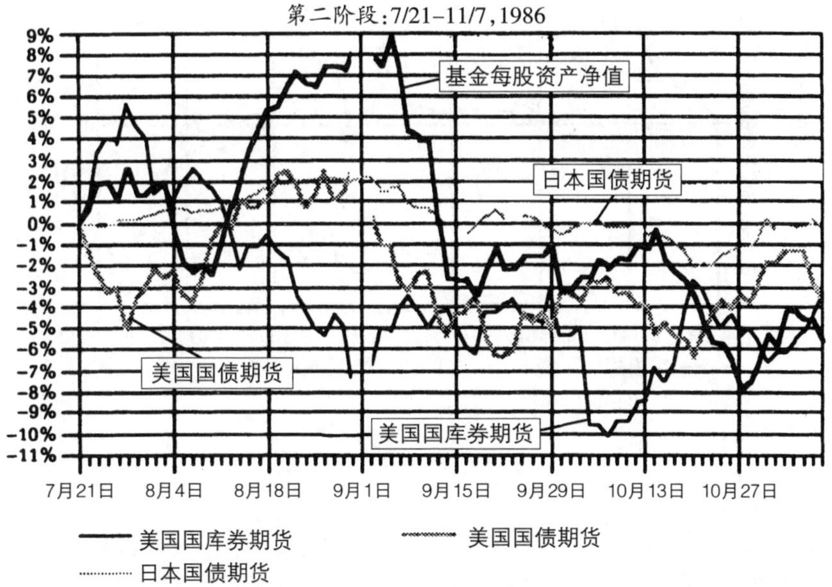

图 12–27　固定收益证券

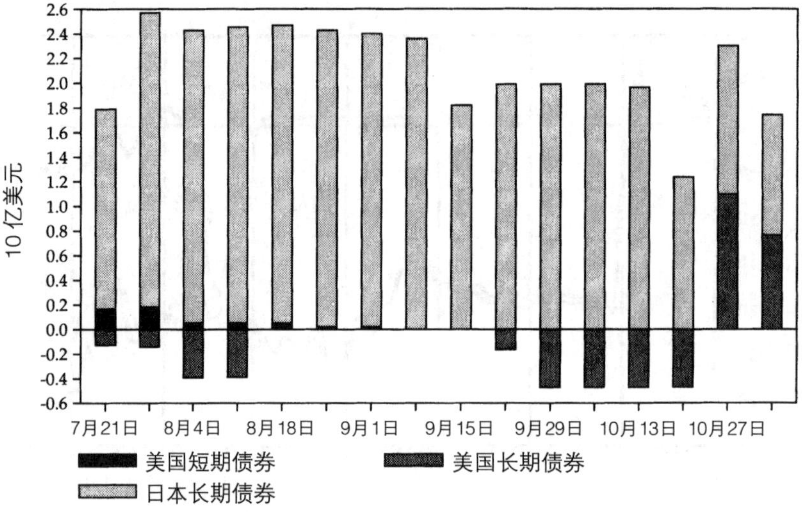

图 12–28　固定收益证券头寸

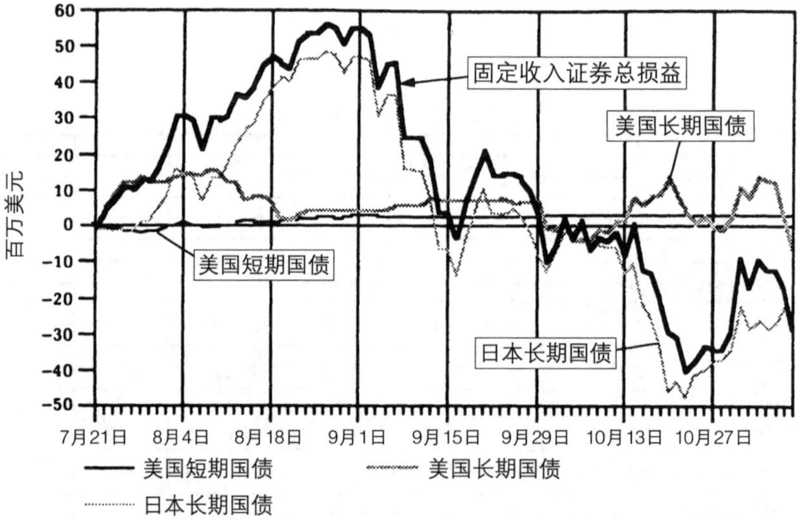

图 12–29　固定收入证券损益

注：① 美国短期债券头寸和损益数包括国库券、国库券与欧洲美元期货和偿付期在两年内的中期国库券。

② 所有国债均折算成普通的 30 年期国债的面额，转换的基础是收益的给定变动对价格的影响。例如，面值 1 亿美元的四年期国库券等于市值 28,500,000 美元的 30 年期国债的市场价值。

③ 日本国债的波动显著低于美国国债。例如，1986 年 6 月 30 日，面值 1 亿美元的日本国债的波动只相当于 66,200,000 美元 30 年期美国国债。表中数字对此未作考虑。

④ 所示头寸为周末数字。

自己免于投资地位的恶化，基金的资产总值已经减少了。

现在是结束实时实验的恰当时机，因为它正在逐渐沦为我记录日常交易活动的工具。这当然并非毫无意义，因为我采用的是一种随机性的反复实验法。总的来说，它似乎能够产生积极的效果，但是因为此前受到错误观念的干扰，它开始产生混乱的影响，并且使我们偏离了实验的初衷。引导读者跟随我继续深入总体调度的曲折历程，这是很有意义的——至少可以提供一幅比之第一阶段更加全面完整的图景——但我却不得不在这里驻足，并且回到最初的问题，即解决大循环中固有的矛盾。顺便说一下，我已经开始担心，将我的想法记录下来供公众使用的过程可能会妨碍我正视并及时纠正自己的错误，因为这样一来记录就会更加零乱。现在我正在反省访华前所设立的套期头寸，我已经为此付出了巨大的代价。

第十三章 | Chapter 13

结论：1986 年 11 月

“百年不遇牛市市场”过早地结束了，我不排除牛市可能会再次出现，但到那个时候，便是一种不同的发展历程了。[①]

“百年不遇牛市市场”的夭折为我们洞察整个形势提供了有价值的启发，经历类似过程的并非只此一例，大循环就是另外一例。只要愿意找，就还可以发现不少的例子：欧佩克几乎就要分裂了，但还是从断崖边上退了回来；国际贷款问题也是如此，我们已经分析了为什么作为应急系统的集团贷款只有在紧急状态下才能维持下去，而它本身的结构恰足以不断制造出维持其运行所必不可少的紧张状态；关于自由浮动汇率机制，我早已断言，它们会越来越不稳定，然而在不稳定因素带来的影响变得无法容忍之前，五国集团进行了干预，由此我们转向了“肮脏浮动”体制。

同样，美国的预算赤字构成又一个极为恰当的例证。我曾以为赤字融资将在 1985 年达到顶峰，此后则无论是否通过格拉姆 - 鲁德曼修正案，形势都将有所改观。现在我却不得不修正自己的观点。1985 年的确形成了一个高潮，但这一转折点并未启动反向的过程。危机结束后，对策也随之而去。目前，预算赤字几乎没有丝毫减少，很快又会导致一场新的危机。

① 1987 年 1 月：我的断言下得过早了。但是如果市场因此而开始乐观，那么我在本节中所描述的“边缘”模型将会更加贴切。

归纳上述例证，可以构造一个这样的假说：我们赖以生存的金融体系倾向于逼近边缘，然后再退回去。这一假说符合我们的经济趋势——面临衰退，即使力不从心也要勉强进行反弹。在两种倾向之间存在着逻辑上的联系，经济衰退带来的危险促使人们采取补救措施。尽管我们可以指望这个系统每次都能够从边缘退回，但却不可能下断语；信心越强，则失败的危险也就越大，也许可以称之为自动折返的预言机制。

上面描述的这套机制有些类似于经典经济学理论中的修正过程。不管怎么说，自动折返的预言毕竟也是一种修正机制，不过这中间还有一些极其重要的区别。首先，经典的调整过程趋于平衡，这是新机制所缺乏的。此外，在这种机制中，实体经济服从于变幻莫测的金融体系，出现了从固定资产向金融资产的转移。尽管特定工业部门的资产随着汇率的变动而此长彼消，不过总的说来，牺牲实体经济来维持金融经济正常运行的这种说法并不公平。这种基础性的不平衡所时时激发着的紧张局势有可能演化为政治问题，主要的危险，在国内是保护主义，在国外则是债务国的债务拒付。这也是造成该体系如此不稳定的原因。

情况并非一向如此。我们头一次临近边缘是在1982年，尽管经济形势自1973年固定汇率体制崩溃以来便越发不稳定（1973年的崩溃就是一种不稳定的迹象）。以1982年为界，情况似乎发生了根本性的变化。在1982年以前，形势可能已经开始恶化，但体系还是健全的，在那时崩溃是一种自然的过程。到了1982年，整个体系已经极不可靠了，只是在崩溃的威胁之下，它才能够保持完整。是否可能在一个更可靠的基础上进行重建呢？我会在第十八章讨论这一问题，现在我必须将我所描述的体系与信贷及监管周期的概念协调起来。

从一开始我就清楚这个模式已被打破，我还强调说我们正在穿行于没有任何标记的未知领域。但我并未理解这一事实的真正含义，我仍然试图用旧的循环图标在新的未知领域中导航，无怪乎一直走在歧途上。第一次意外是大循环的出现，此后又有实验过程中“资本主义的黄金时代”的流产。在实验的第二阶段，我终于被迫承认繁荣 / 萧条的模式不适用于当前的形势，需要建立一个新的模式。在想象中，这种模式仿佛是置于唱片纹中的唱机针，不过对此还需要再作一些分析斟酌。

在各国行政当局的干预下，信贷周期的正常进程陷入停滞。因此，我们必须从他们的行为中寻找线索。当紧张局面来临时，他们齐心协力；而当危险退去，他们又都各奔东西。这就是所谓“走向边缘”现象的核心机制。贷款集团提供了这方面的一个范式，不过我们所引述的其他例证（汇率体制、预算赤字、欧佩克，甚至 1929 年的牛市市场）都属于这模式。只有在某次崩溃将会产生灾难性后果的时候，这一机制才开始发挥其作用，这就可以解释为什么直至 1982 年它才开始进入运作。有时它会在崩溃之前就发挥效力，比如汇率体制和“百年不遇牛市市场”两例，有时则在崩溃出现后生效，比如国际债务危机和欧佩克问题。

为什么行政当局的干预不能一劳永逸地扭转这一趋势呢？有两个因素在其中起了作用。第一，过去的过热现象并未消除，只是得到了遏制，因此它们还会继续作怪，第三世界债务问题即是如此。第二,一项中规中矩的修正措施不可能完全改变之前的偏向，例如，在 1982 年之后，银行继续沿扩张的道路发展；激发旺市的信心也很容易，特别是在美国，投资者信心所经受的打击并不严重，至于欧佩克的问题，还要看 1986 年的经验能否唤起足够的凝聚力以防止复发。

这两个因素的影响需要视具体情况而定。因此，我们并没有得到一个明确的周期性模式。而是得到了一种非决定性且易变的模式。虽然在该模式下，一些趋势确实被扭转了，一些趋势进入暂时缓解期，但有些趋势只是以不同的形式显现出来，并未得到解决。例如，1984 年银行管制加强时，许多风险就转移到了金融市场上。

最终的结局将会是什么样子的呢？从理论上说，我们可以无限地走向崩溃边缘。然而万物皆流，无物长驻，总有一天我们会摆脱这种不利局面。可能会有两种结果，偶然因素的介入导致系统的崩溃，或者我们可以摆脱所有的过度行为，不再走向崩溃边缘。当我们在危机之间来回颠簸的时候，的确有不少过热要素得到了修正。银行不再像 1982 年时那样冒进了，债务国家进行了许多结构调整；美国的贸易与预算赤字似乎也得到了控制，1929 年式的繁荣看来已告提前结束。另一方面，金融资产的累积速度仍然超过“真实”财富的创造，这仍然是一个亟待修正的畸变因素。

一个积极的解决方案需要更稳定的汇率，持续下降的实际利率，以及股票价格的升值，使“实际”资产投资的回报高于购入证券的所得。但只要联邦政府还在以现行速度大举借债，那就很难设想能够达成这一要求。消极的解决方案则不可避免地加剧金融不稳定、保护主义、世界范围内的衰退、金融资产向流动资产的转移。目前，我还无法预测哪一种结果的可能性更大一些。

可以看出，新模型的预言能力比繁荣 / 萧条模型还要差一些。繁荣 / 萧条模型至少还可以指明过程的方向和结果，而“边缘”模型甚至做不到这一点，因为到达顶峰后，趋势不一定会出现逆转，尽管如此，该模型倒还不乏解释能力。

实验开始时所提出的问题（即“最后的结果究竟怎样”）只好搁置不提了。从这个意义上讲，实验的第二阶段在一片抱怨中结束，毫无欣喜可言。但是另一个与此有关的问题则有明确得多的解答。下一个边缘将在哪里？正确的答案则有助于将投机活动从随机游走转为创利活动。

很明显，下一个边缘将是保护主义。既然议会由民主党控制，那么不可避免地会采取一些措施，并且措施的严格程度将在很大程度上受到经济活动速度的影响。如果过去 5 年的经验可以多少发挥一些作用，对保护主义压力将予以适当抵制，以免导致整个体系的崩溃。行政当局已经表明，它们愿意同国会合作以达到这一目标。在 1987 年里，将会滋长出保护主义同债务豁免的混合政策形态。

对该制度的最终挑战来自全球性衰退的威胁，1987 年的上半年将经受严峻的考验。由于 1986 年的税收改革法案，1986 年末季的一些经济活动是将 1987 年的活动提前进行。无疑，税制改革将有助于消除经济活动中的畸变，但是，只有在纠正过去的过度行为时，人们才能强烈地感受到它们的负面影响，令人寝食难安的消费支出紧缩可能终将来临。此外，日本经济疲弱，德国经济力量也正在削弱。世界性的萧条加上保护主义立法，完全有可能将我们冲出边缘。

萧条的概率有多大？有人认为萧条已经迫在眉睫，理由也很简单，自从上次萧条至今已经 4 年。我认为这种观点根本站不住脚。在扩张阶段，经济萧条是货币当局干预的结果，因为他们试图冷却过热的经济。但是现在并非扩张阶段，也不存在什么过热因素，如果我们目前正处于信贷缩紧阶段，除非该阶段受到积极的刺激，否则经济将会衰退，这种说法恐怕还要更有说服力。很难看出这种刺激从何而来，不过货币当局手中至少还握有最后一张王牌，即下一轮的减息。与此同时，美元的贬值终于开始对贸易平衡发生作用了，石油价格提高的前景将会鼓励库存的增加，说不定我们还可以再享受几年低水平的经济增长，而不至于陷入衰退与萧条。

至少应该承认，我的分析并非结论性的。1987 年金融市场将会发生哪些变化呢？这将是下一个即将开始的实时实验的主题。

附录：1986 年 12 月 29 日

自实验结束以来，发生了两宗重要的事件：博伊斯基事件与欧佩克协议，两者都对市场产生了积极的影响。对于投机过度的兼并潮来说，博伊斯基构成了一个戏剧性的转折点。同其他所谓转折点不同，它不会危及体系的安全，因此也就能够进行得比较彻底。同样地，它只会放缓企业重组的速度，但并不会使其陷入停滞状态。资金流入垃圾债券的趋势将会逆转，从而大大提高它们必须承担的风险溢价。总体效果将是减少信贷需求，隐晦地推进美联储放松货币政策，所有这些都将产生积极的影响。获益者将是政府债券，间接受惠的则还有蓝筹股。值得注意的是，债券市场对欧佩克的协议漠然置之。升高的石油价格将鼓励库存积累，缓和经济滑坡的压力，特别是在 1987 年的第一季度。

到了年终，我已经完全投资于债券和股票，并且打算不再变动，除非调低贴现率。现在，只剩美元贬值的问题了，它是天边唯一的一朵乌云。

又附：1987 年 2 月

显然，关于“百年不遇牛市市场”已经提前结束的断言为时过早。新年刚过，股票市场一扫颓靡之气，很快就攀上新的高度。所谓牛市市场的终结原来只是一个短暂的间断，原因是长期资本收益的税收优惠取消了，引发了抛售压力，一旦压力解除，市场便迅速反弹。

当前的涨势相应于自 1982 年 8 月以来牛市市场的第三浪，同 1985 年 10 月开始以来的第二浪颇有相似之处，只是更快更猛，这表明我们已经进入了一个新的阶段。例如，第一波买入高潮比上次来得更快，价位的浮动幅度也更大一些（S&P 指数期货上升 6%，而 1986 年那次只有 4.8%）。大家都已经注意到了目前的形势同 1929 年大崩溃之前那次牛市市场之间的相似，将此二者的道琼斯平均线图重叠起来，会显示出惊人的相似性（见图表）。罗伯特·普莱希特（Robert Prechter），一位以艾略特波浪理论为基础进行预测的技术分析家，已经成为我们时代的预言家，他的预测具有左右市场的力量——事实上，对于 1987 年 1 月 23 日的模式与 1928 年模式之间的偏差，此人作出了很大的贡献。

同样意义重大的事实是，日本股票市场也已从 1986 年 10 月的暴跌中复苏，并在近期创下新高。这些变化是否会影响我的结论的有效性与相关性呢？

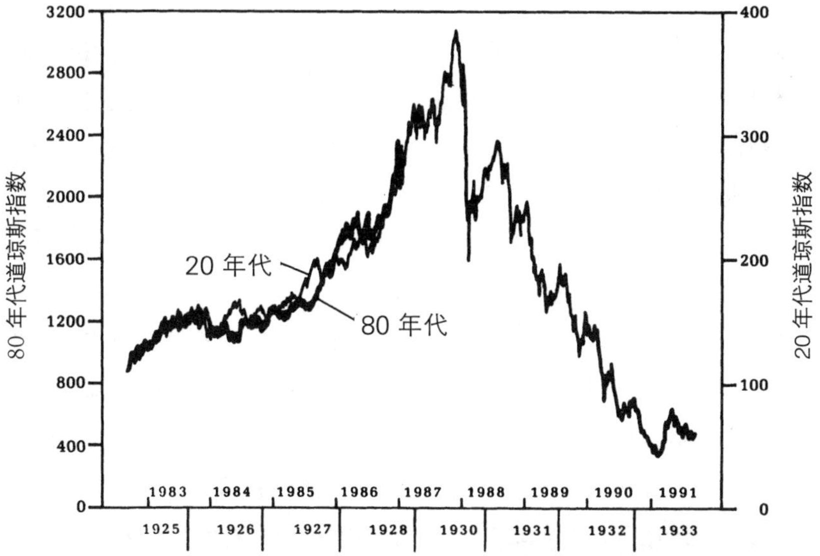

图 13–1　20 世纪 20 年代和 80 年代的道琼斯指数走势图

牛市的复苏与我在实验结束时建立的“边缘”模型非常吻合，该模型的一个显著的特点在于，可以反复逼近同样的边缘而不至于发生决定性的逆转。

该模型可以轻易地解释牛市市场的复苏，这就确证了我的判断，即它几乎没有什么预测价值。它只能提供了解这一过程的某种概念框架，具体的预测将取决于使用者，该模型只提供了一个关于市场预期的普遍性假设，也就是说，这些假设可能会破产。

使用者所做的预言也可能是错误的，能否修正也取决于他自己。作为金融市场的场内人士，强大的财务诱因将迫使他承认错误并勇于改过。但是对财务顾问、学者或者政客来说，掩盖自己的错误比坦白承认要有利得多，这些人也可以从该模型中发现可资利用的好处。的确，可能有人会质问自己，我是否试图通过创建“边缘”模型来掩盖自己无法预测事件发展这一事实。如果真是这样，那么我将为此付出沉重的代价，因为我是认真打算应用这一模型来分析眼前牛市市场的复兴的。也就是说，我的操作基于这样的假定，现在的市场行情又是一个1929年型的牛市市场的翻版，只是它会早早地夭折，不可能达到像1929年那样的高度。

显然，市场动力学——或者更准确地说，辩证法——在市场逆转的时机成熟之前，还有很长的一段路要走。如果说结果可能会稍有不同的话，那就是1986年下半年的修正再加上美元的进一步贬值，已经延展了此次繁荣的“自然”寿命。那么，如果它再度夭折，便是外部原因在作祟。关于这些外部原因，已经进行了充分的讨论。萧条，再加上保护主义，比之跳跃不定的经济更富于危险性。最后，货币当局将再也无法容忍飞涨的市场——不过，这一时刻似乎还很遥远，至少对于美国股市而言如此。

日本股票市场则不然。日本股票市场的定价早就已经脱离真实的基础了，即使与日本不断下降的低利率相比，价格/收益比还是过高了。此外，许多公司报告的收益被股票交易的利润人为地夸大了。由于企业的经营利润并不丰厚，各公司纷纷利用多余的现金在股票市场进行投机，为吸引公司投资者，设立了许多特殊的基金，他们曾非法地许诺保证不少于最低限度的收益。在1986年10月股票市场崩盘期间，政府对这些所谓“托金基金”（tokkin funds）

进行的调查引起了广泛的关注，尽管如此，市场还是恢复了涨势，并在 1987 年年初达到了新高。这场繁荣究竟还能持续多久？ 1986 年，意大利股票市场首当其冲，1987 年恐怕应该轮到日本了。

疲软经济与强劲日元相结合所产生的流动资金推动了股票市场的繁荣发展。当日本或非日本的美元持有者转向日元，这些日元中的一部分就进入了股票市场。这种趋向在中央银行抛售日元以努力遏制汇率上涨时表现得格外强烈。当中央银行退出之后，至少还会有日元抛售者抛出或停止购入日本股票以获取美元资产。

日本政府开始采取措施鼓励海外投资，从整体上看，这些措施十分成功。资本流出量持续超过贸易盈余，日元纯粹是靠着外国资本流入及国内投资者的套期交易而持续走强。而一旦场内人士确信趋势正在逆转，他们就会削减套期头寸，日元将回落到本身的水平，这也就是去年 10 月间实际发生的过程——尽管日元下跌发生在股票市场下跌之后。这一过程很可能还会重演，自去年年底以来日元升值的压力再度加强，股票市场的旺盛势头也就因此而获得了再续余生的机会。在压力减退之后，中央银行的被动抛售将由日元持有者的主动抛售所取代，流动资金将因此而泄漏。考虑到股票价格的膨胀水平，跌势将很快地演变为一场决堤式的崩溃。

值得注意的是，今天的日本和 20 世纪 20 年代的美国有一种相似性，即日本正在成为世界经济的领导力量；但是同成熟的经济相比，股票市场还很不成熟，因而相似也仅此为止了。日本当局素有干预的传统，并且对金融市场的从业者采取了严厉的管制措施。早在 1965 年股市崩盘之前，政府就成立了一家公司，用以购买并储存市场上那些不幸被股东抛售的股票。但即使是在日本，1929 年的事件也不会重演。

日本股票市场下跌对其他市场的初期影响将是非常积极的，因为看来似乎会有巨额资金回流各个市场。但是，一旦跌势演化为崩盘，整个世界将不寒而栗。

第 4 部分

评　述

第十四章 | Chapter 14

金融炼金术的视界：实验评判①

实时实验的结果同我的预期出入很大，此外，第三阶段的表现也同第一阶段大相径庭，我于 1986 年写的评估报告不得不根据之后发生的事情进行重新撰写。第一阶段显示了我的方法的成功，第二阶段则展示了不那么成功时的情景，这使得评判工作更为复杂，但同时也会令我们的判断更为完备。

要评判我的方法，就必须对获利于金融市场与预言未来过程这两种能力加以区分。这一必要的区分具有深远的意义，本章以及下一章将对此进行考察。

首先，就投资绩效而论，第一阶段成了基金最辉煌的时期。自实验开始直到对照实验阶段结束的 11 个月里，量子基金的股价上涨了 126%，其中 S&P 指数期货投资升值 27%，国库券投资升值 30%，德国马克投资升值 23%，日元投资升值 34%。应当承认，在这段时间里，绝大多数投资者都获利丰厚，即使是那些逆大势而行的人也是如此，但像我这样如此成功也的确极为罕见。杠杆操作只是一个方面，因为杠杆是双向的，只有选对方向才能获得成功。

即使把巧合的因素考虑进去，毫无疑问，提出和检验假说的过程，对于最终的结果都具有积极的影响。

与此相反，第二阶段以亏损而告终。从 1986 年 7 月 21 日到年终，量子基

① 写于 1986 年 6 月，修改于 1986 年 12 月。

金股票下跌了2%，其中，S&P指数期货投资升值2%，国库券投资亏损2%，日本政府债券期货投资升值1%，日本股票指数期货投资升值5%，德国马克投资升值10%，日元投资亏损2%，黄金投资升值14%，石油投资升值40%。综合整个表现来看，结果应该说还是令人满意的。

表 14–1

量子基金 A 股净值			
年　　份	每股资产净值	自去年变化 %	基金规模
1984 年 12 月 31 日	$3,057.79		$488,988,187
1985 年 12 月 31 日	$6,760.59	+121.1%	$1,003,502,000
1986 年 12 月 31 日	$9,699.41	+43.5%	$1,567,109,000*
1987 年 3 月 21 日	$12,554.16	+29.4%	$2,075,679,000*
年均复利增值 1969—1986：+35.4% 1984—1986：+78.1%			
* 数据未经审计。			

记录表明，即使在第一阶段，我的交易也并非毫无缺陷。我购入债券的时间太晚，却过早地抛售了——尽管我有勇气以高得多的价位重建头寸；在发现股票市场已经进入“百年不遇牛市市场”时我也落于人后，但我的外汇交易是极为出色的，我认为广场会议会降低风险水平，而这一洞见给我带来了极高的回报。

在第二阶段中，我始终受制于一个主要的错误：不愿意承认“百年不遇牛市市场”已经终结，尽管它确实还没有完成应有的表现。日本市场的挫折尤其惨痛，我卷入了一个典型的繁荣 / 萧条序列，居然未能及时脱身，大错一旦铸成，纠正起来是极为困难的，但至少这个框架让我意识到自己面临着怎样的形势。在顺境中表现出众，在逆境中又能够控制亏损，难道这还不是一个成功的方法吗？

我在投资上的成功同预测事件的能力形成了鲜明的对比。在这里，我们必须将金融市场中的事件同现实世界中的事件加以区分，金融市场中的事件关系到投资上的成功，现实中的事件则只与评估方法的科学价值有关。

即使在预测金融市场方面，我的记录也并无过人之处，唯一值得称赞的就是我的理论框架。尽管我的记录并非完美无瑕，但它能够帮助我在一个事件刚刚开始时就理解其重要性。人们也许期望一个成功的方法能够给出有力的预言，可是我的所有预言都完全是尝试性的，必须根据市场的发展时时进行修正。偶尔，我也会建立某种程度的信心，每当这种时候，报偿总是极其丰厚，但即使在这种情况下，也还是存在着潜在的风险，事件的进程可能并不吻合我的预期。关于“百年不遇牛市市场”的观念即是一例，在第一阶段中为我带来了极高的报偿，可是到了第二阶段，它就开始帮倒忙了。因此，这种方法不能给出有效的预言，但它有助于我修正错误的预测。

关于现实世界中的事件，我的记录非常糟糕。最为尴尬的就是我不断地作出从未实现过的预言。在实时实验中，我经常预报萧条即将来临，然而实际上却从未发生过。在实验开始时，我考虑了大循环逆转的可能性，然而五国集团达成的《广场协议》在最后一分钟里挽救了局势。再向前追溯，自 1981 年以来，我一直认为银行体系会崩溃。同样，我预计石油价格暴跌之后将对进口石油征税，可后来一直没有动静。平心而论，我确实预见到一些事态的发展，像石油价格的暴跌以及日本支持美国预算赤字的意愿。同时，尽管我未能预见五国集团的广场会议，但它却非常地吻合我的框架，并且我的反应也极为正确。

投资上的成功与预测中的失败，这两者怎么可能协调起来呢？这是我要在本章中阐明的问题。不过，首先应该说明一下这个问题的缘起。如果这是一项科学实验，那么我在财务上的成功将证明我的决定所依据的假设是正确的。然而这并不是一项科学实验，为了说明这一点，我只需要提出两点考虑，一个涉及个人，另一个则涉及主题。

我的决策程序深受个人因素的影响，诸如我当时是否在办公室之类，而实时实验本身也是一项重要的个人性因素。实验的财务结果可能会作为一种评判我本人观念是否有效的标准，这一压力迫令我勤奋工作，如履薄冰。有事实为证，在对照实验阶段，我对问题的理解同实验中的那种良好状态相比要模糊得多，并且对仓位的调动也更为频繁。市场理解中的模糊本来就是很平常的，值得注意的倒是我在实验过程中所表现出来的那种全神贯注的劲头。随时记录自己的思想令我受益匪浅。在读者眼里，我的议论也许组织得并不算好，但至少要比原始状态更加首尾一贯，这完全是得益于不辞辛苦地构思和记录。与此同时，将哲学思考与金融投机这两大生活中的兴趣结合在一起，让我兴奋不已，两者都可以从这种结合中获益：合为一体之后，我对它的迷恋比以往更深了。

另一重考虑则涉及外部过程。第一阶段恰好与历史上当局试图维护其领导地位的时刻不谋而合。它们先是携手压低美元汇率，又联合起来减息，而当时我所采用的理论框架极好地适应了这些进展。无论如何，市场与管理者之间的相互作用构成了管制与信贷循环过程的一个主要的课题，如果在其他时期，我的理论框架也许难以发挥那样大的作用。

例如，回顾 1981—1982 年，美联储曾试图控制货币供应量，并允许市场力量自行设定利率。政府债券市场就像是一个大赌场，股票市场与外汇市场也莫不如此，只不过程度尚浅。在那种情况下，我的构造假说并加以检验的方法似乎成事不足而败事有余，当我终于看清了市场趋向并形成了用以解释市场的假说时，潮流已经转向了，我不得不再行编撰一出新的假说。结果我总是跟在市场后面穷于应付，并且不断地上当受骗，除非我放弃这场毫无希望的战斗，离开政府债券期货这个大赌场。我找到了一位依靠计算机程序交易的投资者，维克多・尼德霍费尔（Victor Niederhofer），他将市场预设为赌场，从而开发了一个系统。他的操作一直很成功，直到 1982 年的国际债务危机改变了游戏的性质，在眼看就要把以前赚入的钱输净的时候，他以罕见的毅力结束了这一账户。能够清楚地给出其失效边界的方法应该说也不失为一种有效的方法，尽管如此，更为重要的还是要找出它的适用条件。

上面两条解释对于说明实验期间投资上的成功很有帮助，因此同样也可以看出这不是一项科学的实验。首先，无论实验与否，最后的结果应该不受影响，这个条件显然不能满足；其次，科学理论应该是普遍有效的，而不是时断时续地发挥作用。然而区别实际上还要深刻得多。我从未夸耀过自己的理论框架是具有科学性的，相反，我曾经指出，反身性的过程不可能用科学的方法来加以预言，实时实验只不过是寻求替代方法的一种审慎的尝试。为了更清楚地表明这一点，我甚至特意将后者命名为“炼金术”。科学方法试图理解事务本来的形态，而炼金术则试图带来一种期望的目标状态。换句话说，科学的基本目标是追求真理，而炼金术则追求操作上的成功。

在自然现象的领域中，两类目标并无区分。自然规律的运作与人们对它的理解无关，人类影响自然的唯一途径是理解并应用这些规律，这就是自然科学如日中天而炼金术却销声匿迹的原因。

然而社会现象却有所不同：介入其中的参与者能够进行思考，事件的进程也并不遵循那种独立于任何人思想的自然规律。相反，参与者的思想是客观研究对象所不可或缺的，这就为不见容于自然科学领域的炼金术打开了大门。即使不掌握科学的知识，也一样有可能取得操作上的成功。同样地，在改变自然界物质属性方面，自然科学力不从心，处理社会事件时也捉襟见肘，陷入窘境。有关社会科学中的预测问题将在下一章中进行讨论，在这里，问题只限于炼金术的视界。

实时实验表明，我的方法应用在金融市场，比在现实世界中要成功得多。原因很明显，金融市场本身作为现实世界运行机制的预测者，其功能并不完善。普遍的预期与事件的实际进程之间总是存在分歧。金融市场成功的原因在于，其具备能够预见到普遍预期心理的超凡能力，至于对现实世界的发展进行预测则并非必要。但是，还应该注意到，即使在分析金融市场的未来趋势时，我的方法也极少给出确定的预测结论，它只能在事件开展的过程中提供框架帮助理解。如果说多少有些效果的话，那只是因为理论框架符合金融市场的运行方式。可以这样理解，市场自身也在设计着各式各样的假定并将它们付诸实际过程的考验。那些通过了考验的假说得到了进一步的加强，而那些不合格的则淘汰出局。我的方法同市场之间的主要区别在于，市场致力于反复试验以寻求出路。大多数参与者们并未意识到这一点，而我则完全是有意为之，大概这也就是我能够比市场做得更好的原因。

如果上面的观点能够成立，金融市场变化过程同科学活动之间就出现了一种奇妙的类同，即两者都涉及对假说的检验。但恰恰在这一点上却潜伏着根本的差异。在科学中，检验的目的在于确立真理；而在金融市场中，唯一的标准就是操作上的成功。同自然科学中的情况截然不同，这两个标准此刻并不一致。为什么会这样呢？因为市场价格总是代表着一种普遍的倾向，而自然科学却建立在客观的标准之上。科学理论依事实而定，而金融决策是由参与者扭曲的观点决定的。金融市场拒绝了科学方法，却容纳了炼金术。

金融市场作为一个以炼金术的方式检验假说的机制，这一提法既新颖又富于挑战性。不仅如此，它甚至难以获得普遍的理解，市场怎么可能在参与者毫不知情的情况之下检验某些东西呢？答案就在它们所取得的成功中。尝试提出一个未精心构造的假设，只会引导你进行漫无目的的投资。相比之下，当你有意识地提出自己的假设时，只要你的具体预测没有偏离目标太远，你就能始终取得超出市场平均水平的成就。将市场看成检验假说的机制，这似乎是一个有效的假说，它所给出的结果比之随机游走还是要好一些。

这一结论意味着我的方法要优于严格的科学方法。如果我们严格地遵循科学的精神，那么只有随机漫步理论才符合这一要求。其他任何待检验的假说都应该置之不理，因为它们不是由事实构成的，最后，留下来的只是一堆偶然的价格波动的数据。另一方面，如果我们从市场内部来看，从参与者的角度来考察情况，我们将会发现一个不断试着摸索的过程。弄清这一过程并不容易，许多场内人士对于正在发生的一切只有模糊的认识，实话来说，我对随机游走并不陌生。我所构造的预测与猜度只能时断时续地发挥作用，很多时候分析无从下手，只有一片聒噪声，但是一旦成功地构造了一个确有价值的猜测，那么回报将是极为丰厚的，正如实验的第一阶段所表明的。即使我的感知有缺陷，就像我在实验的第二阶段里一样，但至少还可以有一个辨别是非的标准，即市场表现。

实时实验表明，我的决策过程在很大程度上受到市场行为的影响。粗看起来，这似乎有些自相矛盾，因为前面我曾提到，市场总是错的。但是，这一矛盾实际上只是表面现象。市场提供了鉴别投资决定的标准，此外，它们还影响着事件的因果联系。这些信息比现实世界中的事件更容易获取，因此，市场行为成为最便利的反馈机制，可以就此评价个人的预期。这一功能的发挥同市场是否永远正确的问题无关。事实上，如果你相信市场永远正确，那么这个反馈的机制将不会给你带来任何收益，因为超越市场平均水平已变成了一个单纯的概率问题。

我将在第 17 章中证明，古典经济学理论关于市场机制可以保证资源最优配置的主张是极其错误的，市场机制的真正价值在于，它提供了一种标准，参与者可以根据这一标准来认识到他们自身错误的观念。不过，同样重要的是要认识到市场提供了什么样的标准，因为它并不总是完全正确的，总是同流行着的偏见结合在一起，如果参与者们迷惑于市场的一贯正确性，那么他所接受的反馈必定是有误的。实际上，对市场能力的盲目信任将导致市场更加的不稳定，因为一旦参与者们认识到市场总是存在着偏差，修正过程的周期就会缩短。而人们越是信任市场，市场偏偏越是不能发挥效力。

金融市场在预言现实世界发展的方面表现如何？查看一下记录，令人震惊的是，我所预测的许多灾难实际上并未发生。金融市场想必亦感同身受，否则错误的预期不可能取得如此丰厚的报偿。这意味着一种有趣的可能性，也许我的一些预测被市场的预测所抢占，而市场做出的反应阻止了这些预测的发生。有一些例证似乎支持这种说法，譬如银行体系、美元，甚至“百年不遇牛市市场”的崩溃，本来都有可能演变为 1929 年式的大灾难。然而货币当局极其关注金融市场的过分活跃，最后他们拒绝供应超量的流动资金以免搅起投机的泡沫，他们不假思索的措施也缺乏一致性。在美国，沃尔克反对提供超量的流动资金，但是在公开市场业务委员会上受挫，不得不呼吁德国加入一轮共同的减息。而当贝克国务卿发起另一轮减息行动时，德国却又退缩了，由此引起的争吵几乎令五国集团的联合进程毁于一旦。日本人研究出了适合自己的措施，可是等到发挥作用的时候，投机的泡沫已经足以引发一场颇具规模的股市崩溃了，无怪乎当时我很难认识到“百年不遇牛市市场”已经提前结束。[①] 美国政府可能还会继续增发超量的流动资金，但我认为这不至于搅起投机的泡沫，因为市场信心已经严重动摇了，投资者很可能转向流动资产和黄金。在我最终意识到市场能够预先防范所预测的灾难时，我得出结论：我们生活在预言自我扼

① 写作时间早于 1987 年 1 月的牛市复苏。

杀的时代。

石油价格的崩溃似乎是个例外，因为这确实发生了，但是可能是因为我或者当局误判了它的可怕后果。我预期银行体系和经济所承受的压力将会过于沉重，从而无法避免征收进口税，然而后来一直没有征税，而我们似乎也过得不错。最后，问题留给欧佩克自己去解决，这反倒促进了它们之间的团结，当然，目前的制度性安排恐怕并不比五国集团的联盟更加可靠，好戏还在后头。

上面的论证开辟了一种颇具吸引力的前景。我可能不仅发现了一种合理有效的金融市场运作方式，而且还发现了一种金融市场在现实世界中运作的实际模式。目前广泛应用的模式基于一个错误的观念，以为市场只能兆示进程而不会构造过程，我的方法则揭示出，金融市场同样可以促进或抑制未来的进程。按照这种思路，在不提及其他各类金融灾难的情况下，我们很可能早已进入了螺旋式通货紧缩和美元暴跌的边缘。但是，只要金融市场能够不断地发出各种兆示危险的信号，我们就总是可以一再地绕过去。换句话说，金融市场不断地预测各种事件，既有积极的一面，也有消极的一面，但这些事件之所以没有发生，恰恰是因为它们已经被市场所预测。无怪乎以前曾有这样的情况，尽管市场预报反应激烈，结果却是一些近乎无害的事件！有一个老掉了牙的笑话，说前两次的萧条已经被市场预报过 7 遍了。现在我们已经可以理解事情为什么会这样了。出于同样的原因，金融崩溃总是在意想不到的时候突然降临。

最后这一条不应过分地强调。在人们所预计到的事件中，有许多后来确实发生了。例如，石油价格的暴跌，以及第二次世界大战的爆发。反潮流如今已经成为一种时髦，不过同公认的预期对着干绝非安全，试回忆一下，在繁荣/萧条模型中，各种事件的发生在大多数情况下倾向于加强普遍的预期，只有到了转折点时才会站到对立的立场上去，而众所周知，转折点极难把握。鉴于反潮流已经开始成为普遍的倾向，那我就要做一个顽固的反潮流者。

第十五章 | Chapter 15
社会科学的窘境

现在我们已经能够理解社会科学的窘境了。科学方法是建立在这样的假设下，即成功的实验应该用于证实假设的有效性。然而当对象涉及思维主体时，实验的成功并不能保证所测试内容的真实性和有效性。实时实验就是一个这样的例子，不确定的、经济上的成功有时甚至为错误的预测加冕。应该承认，实验远非是科学的。我竭力强调它的炼金术本质。但一方面，炼金术能取得成功这一事实又引发了人们对科学方法的质疑；另一方面，科学理论似乎未必能够取得更理想的成就，于是出现了尴尬的场面。对此，我的看法是，所谓的社会科学是一个错误的隐喻，只要摆脱这一隐喻，我们就可以走出困境。

科学家们只要掌握了用以检验其陈述有效性或真理性的客观标准，就可以充分发挥科学方法的作用。科学家们的理解从来就不是完美无缺的，但客观标准的存在令错误的理解得以纠正。科学的方法是一种人际过程，其中每一成员的贡献都要接受所有其他成员的批判性评价，只有当所有参与者都遵循同样的标准时，才可能经过批判的过程获得被称为知识的成果。在这里，客观的标准对于科学方法的成功是必不可少的。

一项客观的标准里充斥着各类事实，符合事实的陈述是正确的，那些不一致的则是错误的。不幸的是，事实并不像上面那个简单陈述中所暗示的那样可靠，只有当它们完全独立于有关的陈述时，它们才可能成为一项客观的标准，自然科学就是如此，不管别人怎么想，一个事实会接着另一个事实。

但是社会科学则不然，因为有关事件体现了参与者的偏好。应当强调的是，干扰不仅来自科学家，它们同样也来自参与者。实际上，如果参与者的思维不能在过程的实现中发挥作用，那么观察者的陈述也就同样毫无影响，这样一来，社会科学家和自然科学家的处境也就不会有什么不同，问题就出在参与者的思维上。

没有思维主体参与的过程，其结构是简单的：一个接一个的事实排列在无穷无尽的因果链条之上。思维主体的介入使这个结构大大地复杂化了，参与者的思维影响了事件的进程，而事件的进程又反过来影响参与者的思考。更糟的是，参与者之间还要相互影响。如果参与者的思维同事实之间存在着决定性的联系，那当然没有问题，科学的观察者可以忽略参与者的思维而集中注意于事实。然而这种联系不可能是精确的，原因很简单：参与者们的思维与事实无关，只同所参与的过程有关，而这些过程只有在参与者的思想对其发生影响之后才能成为事实。因此，因果链条并非从一项事实联系到另一项，而是从事实到认知，又从认知到事实，参与者之间有各种各样的额外联系，但这些联系并没有完全反映在事实之中。

这种复杂的结构是如何影响观察者作出有效陈述的能力的？显然，他的陈述必须更加精致。特别应该注意的是，它们必须考虑到过去事件与未来事件之间的根本性的差异：过去的事件只是记录，而未来的事件则在本质上是不可预测的。在这里，正如实时实验所表明的那样，解释比预测容易得多。概括适用于过去但不能约束未来，科学演绎模型（D-N）中优美的对称遭到了破坏。这同科学归纳的精神是格格不入的，后者应该是永远有效的。

也许有可能建立起一个普遍有效的归纳，就像我曾经提出的有关自由浮动汇率的归纳，但它们不能用来预测事件的进程。更糟糕的是，这些事实并不能作为用以判断归纳有效性的充分的标准，因为事件更多地取决于主观因素而不是事实。一个预言得到证实并不能证明该预言所依据的理论也是正确的，相反，一个有效的理论并不一定可以产生由事实加以检验的预言。

实际上，如果拘泥于事实，我们就不可能很好地理解社会过程的因果序列。参与者们的思维是他们所参与过程的一部分，将这种过程视为由单纯的事实所构成就会扰乱主题。我们在第一章中讨论过的科学方法的 D-N 模型，是建立在严格区分事实和陈述的基础上的，于是我们只能得出这样的结论：D-N 模型不适用于社会过程的研究。

将 D-N 模型等同于科学方法，这本身就是一个错误，甚至科学理论也承认其他的模型，像统计或概率模型以及经济学中同理想状态相关的一些规律。此外，科学的实践同理论之间存在着重大的区别，自 D-N 模型提出以来，这方面的研究已经大大地深化了关于科学的理论。尽管如此，D-N 模型体现了科学方法所追求的理想：普遍有效的归纳，可以同等有力地用于预测和解释且经得起检验。自然科学有许多值得荣耀的成就，无须理论模型提供信誉上的支持，便可以组织任何方向上的探索，而社会科学，正因为它不那么成功，所以更需要 D-N 模型来支撑自己的威信。放弃 D-N 模型意味着放弃科学活动中最有价值、最具说服力、最有吸引力的部分。

然而问题并未就此结束。如果承认事件的进程受到参与者偏见的影响，那么就意味着观察者可以在某种程度上摆布未来，在自然科学中这并不成立，这也正是我力图通过炼金术的形象化说法来加以证明的。由于炼金术不可能影响自然现象，因此社会科学与自然科学就失去了可比性。只有当参与者有共同目标时，作为科学基础的关键过程才能顺利进行。探求真理是公认的科学目标，但是在人力能够摆布对象时，参与者们感兴趣的将是如何影响事件的进程而不是怎样去理解它，由于他们可以给自己的观点披上科学的外衣从而加强其影响力，批判性的评价因此变得更加困难了。

科学方法如何保护自己免遭荼毒呢？首先应该承认这种威胁的存在，这就必须否定所谓“科学统一性”的观念。人们怀抱着不同的动机参与科学活动，就现时而论，我们可以从中区分出两重主要的目标：追求真理与追求所谓“操作上的成功”。在自然科学的领域中，这两个目标是一致的，正确的陈述比错误的陈述更为有效，然而在社会科学中，情况则不然，错误的观点也可能是有效的，只要它们能够影响人们的行为，反之，理论或预言的成功也不能完全证明其有效性。我本人的“百年不遇牛市市场”的假说可以归入第二类。

真理同操作或实验成功之间的歧异大大削弱了科学方法的力量。一方面，科学理论的效力大打折扣；另一方面，非科学的理论可以实现操作上的成功；更有甚者，炼金术理论竟然打着科学的旗号招摇过市。

我们不可能改变前两种局限性，因为它们是问题本身所蕴涵的，但我们可以抵制第三者的侵扰，我们所要做的就是认识到科学方法在处理社会问题时的局限性。我一再指出社会科学作为概念包含着错误的隐喻，其目的也正在于此。这意味着自然科学的方法并不适用于社会过程的研究。当然，这并不是说我们在研究社会事件时应该放弃对真理的追求。

试图争论动机将完全适得其反。对理论的任何评价都必须根据其价值来考虑，而不是根据其倾向性来考虑，否则，作为科学方法核心的批判性评价将因此而受到动摇。在那些坚持根据其源起（动机）而不是实际价值来评价理论的学派中，精神分析学派是佼佼者，它在颠覆科学方面也是最为成功的。

破除伪装的最好方法就是确立一项关于社会现象研究的特殊的公约，要求不再为追求科学性而一味地将社会科学理论纳入 D–N 模型，反之，凡是声称自己符合 D–N 模型的理论都应该被看成是社会炼金术的一种形式。这个公约并不能自动地判定某一自称为科学的理论、预言或解释，但却可以借此要求它们承担起相应的举证责任。它可以阻止滥用科学的名义从事炼金术的勾当，同时，像我所给出的那种没有任何约束条件的预言，则可以获得有效性的认可。这一公约之所以有必要，还因为如果不然的话，我就必须在各种不同的场合下重复我在这里所做的陈述，但这是不切实际的。试想一想，怎么可能向一个精神分析论者证明他所信仰的是伪科学呢？

我迷恋于追求真理，但我也同样充分地认识到，必须取得操作上的成功，只有这样，我的声音才可能达之于公众。正如我早先所承认的，这一考虑是实时实验背后的主要推动力量。我在股票市场上的成功鼓励我公开地谈论自己的思想。我的处境比较幸运，因为不必像科学家那样汲汲于操作性的成功，作为一名市场参与者，我早已得到了这种成功。

然而，学术界中人可就没有这么幸运了，他们不得不直接同自然科学家竞争地位与资金。自然科学已经证明它能够给出普遍有效的归纳与无条件的预言，由于没有相反的准则为其辩护，社会科学家们承受了极大的压力，他们被要求取得同自然科学家相当的成就，无怪乎会有那么多貌似科学的方案。公开宣布社会科学不过是一个错误的隐喻，我们就可以将他们从模仿自然科学的桎梏中解脱出来。

在学术界之外，还有许多其他领域，参与者将自己的观点伪装成科学观点来获取操作上的成功。金融预测只是其中的一个，政治则是又一个。在人类的观念史上，这样的例子比比皆是。自由放任主义（laissez-faire）的政策即是从完全竞争这一科学理论中取得力量源泉的，而弗洛伊德则坚决主张自己的理论在本质上是科学的。

我无意指责其他人的动机。毕竟，我只不过是希望人们能够接受我的观点，就像他们曾经接受别人的观点一样。我将组织一切可能的论据以支持我的观点，此外，作为一名证券分析家，我经常发表自己的见解，尽管明知它们将会受到其操作效果的扰动。因此，我并不比其他任何人更神圣。

问题并不在于动机而在于操作的效果。对社会事件的结构所进行的思考表明，所有的预言都取决于参与者的决策，然而对操作成功的渴望常常会驱使人们去追逐堪与自然科学相匹敌的无条件的预言。这种做法无疑损害了在社会现象研究中追求真理的信念。只要科学统一的观念还阴魂不散，在真理与操作成功之间就始终存在着直接的对立，只有彻底抛弃旧观念才能找到出路。

由于抛弃了科学统一的观念，我可以就此宣布退出这场追求 D–N 模型的激烈竞争，我甚至进一步断言，追求真理和无条件进行预测之间水火不容。这是否意味着我所提出的猜想是最好的呢？当然不是，实时实验只能说是一次业余的探索，它的提高还有待于专门技巧的进步。

第5部分

前　瞻

第十六章 | Chapter 16

自由市场与管制

进一步地批判均衡的概念几乎是多余的了。早在第一章里，我就已经断定这只是一个假定性的概念，它在同真实世界的切合性方面是很成问题的。而在此后的各章里，我考察了各种类型的金融市场与宏观经济的发展，结果表明，它们从未表现出均衡的趋向。实际上，断言市场倾向于走入过度的非均衡，恐怕会更有意义一些。这种不均衡迟早将发展到令人无法容忍的地步，最后不得不进行修正。

据说均衡可以保证资源的最佳配置，如果市场不能自动地向均衡方向发展，那么有利于市场机制的一个主要的观点就会丧失其有效性：我们没有理由再相信市场可以尽善尽美地安排好一切。

这听起来似乎是一个惊人的结论，但实际上也只不过是老生常谈。从参与者不可能获得完善知识的角度来看，最优化的观念同均衡一样都是违背现实的，正因为如此，两者都预设了完备知识的存在。由此看来，它们同现实世界之间毫无切合性是绝不会令人感到奇怪的。

还可以给出其他一些有利于市场机制的证据。事实上，在第十五章的讨论中就涉及了一项证明，当时我指出，金融市场的进展在某种程度上类似于科学方法的进展——这就是说，一个反复探索尝试的过程，实验终结时的市场价格就是检验实验的标准。但是这一标准并不符合科学方法的要求，因为市场价格不可能独立于参与者们的决策，而在自然科学的研究中，自然过程独立于自然科学家所作出的陈述。尽管如此，它们仍然是一项有用的标准，因为同自然现象一样，它是真实的并且可以接受科学观察的检验的。此外，对于市场参与者来说，它具有极其重要的意义，因此，市场机制的价值在于提供了一项客观的标准，尽管不是没有偏差的。

这项标准的价值有多大呢？试想一下，如果没有这项标准，情况将会怎样。为此，我们必须对中央计划经济进行考察：由于厌恶市场经济的缺陷，它们已经避免使用价格机制了，产出只能用物理量来计算，经济畸变较之市场机制下的过度表现有过之而无不及。

温斯顿·丘吉尔（Winston Churchill）曾经讲过，民主制度是除了别的政府组织形式之外最糟糕的制度。市场机制也是如此，它是除其他所有资源配置形式之外最糟糕的资源配置体系。实际上，在选举机制同市场机制之间存在着重要的相似性，很难说选举一定能够令国家的政治领导趋于最优化，吸引选票的技巧同候选人当选执政后治理国家所必须具备的素质之间也没有很大的关系，尽管如此，毕竟他还要通过竞选这一关，至少这样可以有力地遏制其他更加恶劣的丑行。

一项客观标准的价值也许可以在主观世界中得到最好的体会。我们都生活在幻想的世界里。出于对抽象观念的爱好，我可能比其他人更容易陷入一个自己营造的主观世界之中。而市场则总是时时帮助我保持对于现实世界的清醒感知。这听上去有些自相矛盾，对现实的感知居然根植于市场活动，而市场的活动又是如此的诡秘，常常被其他参与者视为非现实的。还应当进一步指出的是，作为市场参与者，我并不只限于意识到自己同现实世界之间的关联，实际上我是在用本能来感知它，在市场上，我就像丛林中的动物一样地警觉。例如，过去我之所以能够预测即将发生的不利事件，是因为到了这种时候我就会背痛。我当然不可能分辨出将会发生何种形式的不利事件，如果能够分辨出来，那我的背痛也就痊愈了。有一个时期我在市场上可谓如鱼得水——甚至损害了我的人际交往，后来我拉开了自己同市场之间的距离，市场感觉果然受到了损害。很多事件对于我来说就像聒噪声一样，无法从中体会出任何意义。例如，在实时实验中，市场进程的轮廓线十分清晰，而在对照实验阶段，则出现了毛边。

一个有趣的考察课题是，参与者的市场融入程度同构造抽象观念能力之间的相关性。一般认为，在市场中过分活跃将会阻碍写作的进行，然而情况恰恰相反，必须作出投资决策的纪律有助于约束我避免过分偏离现实。在撰写《意识的重负》（*The Burden of Consciousness*）一书的三年时间里，我丧失了从股票市场中赚钱的能力，最后迷失在自己的抽象里。又比如，在试图对国际债务问题的谜团进行破解的三年里，我眼看着自己在市场上的操作能力每况愈下，更为糟糕的是，我很清楚地感觉到自己对债务问题的分析正在愈益远离现实。与此恰成对照的是，实时实验则令我恢复了高水平的投资活动以及表述自己理论的能力。

之所以要提到这一点，是因为它也许已经超越了主观评价的范围。如果我是学者，我就会坚持自己对债务问题的分析是正确的，假使实际的发展过程未能确证预期的判断，我会归咎于新的进展以捍卫自己的分析。最后，也许会有几项预期真的能够实现，尽管在时间上要推迟几年，而作为面向市场的参与者，我认为这种延迟是不能容忍的，我将不得不努力搜索并且认清存在于论据之中的缺陷。但作为一名学者，我尽可以无关痛痒地发表一项声明来为自己辩护。同学术辩论相比，市场这个监工头当然要严厉得多。

然而，有的时候也很容易走到另一个极端，夸大了这种客观标准的价值。我们对客观标准有些过分倾心了，甚至赋予它们原本所不具备的价值。利润—净利—效益—本身成了最终的目标而不再是达到目标的手段，我们狂热地用金钱标准去衡量一切。艺术家的价值取决于其作品的售价，更糟的是，我们还常常指望能够从一些本该出于其他动机的活动中获利，政客们收取演讲费、兜售回忆录；白宫顾问成了院外活动家；负责采办的将军们竞相追逐企业里最赚钱的职位；为主管机构服务的律师们也莫不如此。利润动机无所不在，如果单纯的思想追求而不是利润成为动机，我们甚至感到难以接受。美国的老板发现很难理解他的英国雇员：因为他们不愿搬家，居然可以拒绝一份好得多的工作。南非的黑人宁愿毁掉自己的文明也不肯容忍种族隔离，这在我们的眼里纯粹是一种野蛮行径——更不必说伊斯兰原教旨主义者了，那绝对超出我们的理解力。那些能够驱动人类的各式各样的价值不可能充分地转化为客观的尺度。正因为个体价值标准如此混乱，我们才提出了以利润和物质财富作为标准的价值——甚至上升为某种超级的价值尺度。然则，很明显这只不过是一种过分的夸张。事实上，在缺乏完备知识的世界里，任何一种价值观都将在某种程度上被夸张或扭曲。在我们的文明里，利润的价值就是被夸大的一个，客观性也同样未能幸免。

让我们更仔细地考察一下作为标准的市场价格。我们在自然科学方法同炼金术之间所划下的界限在这里正好可以派上用场。我曾经指出，在社会现象研究中我们必须区分两类有效性：作为真理的有效性同作为操作效用的有效性。在自然科学中，界限消失了，只有真的理论才可能是有效的，炼金术也因此而破产。循此思路，我们可以证明市场价格只是判别效用的标准，而不是判别真理的标准。未来的市场价格将决定参与者的命运，但却无法判定他们对问题的理解是否正确，只有在市场价格走向均衡的条件下，两类标准之间的距离才可能弥合，那时的市场价格也就成为“正确”的价格。

现在我们可以体会到均衡概念的重要性了。它是架设在自然科学与社会科学之间的一座桥梁，它还可以消除真理与效用之间令人烦恼的分歧，后者是社会现象研究中的固有特性。不幸的是，这座桥梁却是靠不住的，面对认识的不完备本性，均衡的观念显得不合时宜。由于缺乏趋向均衡的内在动力，事件的进程不再接受科学方法的约束，炼金术却乘虚而入，狐假虎威。

将自然科学的方法与标准移入社会现象研究注定不会成功，它引发了许多无法实现的过分膨胀的预期，这些预期大大超越了科学知识的直接适用范围，并且影响到我们整个思维方式。自19世纪以来，有关“经济政策的目标应该是追求资源最佳配置”的观点盛极一时，支配了政治思想与政治行为，左派人士希望由联邦政府对此负责，右翼人士则诉诸市场机制。在马克思主义的影响下，最优化的企图导致世界上相当部分的地区甚至彻底放弃了市场机制，即使在市场取向的国家里，政府也在纠正市场机制的不完善性方面发挥着重要作用，逐渐地，政府干预的消极方面愈益显著，舆论又开始转而看好市场机制。

在评价马克思主义时，我们显得信心十足，但轮到自己时，却极不情愿承认自由竞争理论充满着谬误。两者都建立在存在完备知识的预设基础上，后者发明了市场均衡，前者则给出历史过程的无条件预言。应该指出，这两个理论都成形于 19 世纪，当时人们还没有意识到认识的局限性，科学家们正享受着至高无上的地位。

如果我们能够说服自己放弃最优化的幻想，那么在评价市场机制的价值与缺陷时就会公道得多。我无意卷入有关财富分配的问题——并不是这些问题不重要，只不过我的分析可能于事无补，我试图集中探讨市场机制中的某一特别薄弱的环节：内在的不稳定性。现在已经弄清了这一现象的原因，它导源于思想与现实之间那种被我称为反身性的双向联系，它并不是无条件地存在于任一时空下的任一市场中，可是只要它已经形成，认知与过程对所谓均衡态的偏离就将会是无止境的。

不稳定并非必然有害，实际上，如果将其描述为动态修正，听起来似乎还相当地积极。可是如果任其走向极端，就会导致突然的逆转，造成灾难性的后果。特别是在涉及信贷的场合下，因为附属担保品的清算将会导致市场价格的突然下跌，所以防止过度的不稳定就成为市场机制顺利运行的必要条件。市场本身非但无法满足这一条件的要求，甚至还要助纣为虐。我已经给出过证据，证明不受管制的金融市场倾向于不稳定。在外汇市场上，证据特别清晰。当然，信贷扩张与紧缩的循环也很有说服力。如果没有信贷的介入，股票市场是否也会表现出内在的不稳定性呢？这还很难说，因为股市的繁荣总是伴随着信贷的扩张，显然，只有某种形式的管制才能防止过度不稳定的发生。

怎样才算是过度的不稳定呢？这是一个判断问题，标准随时间的推移而不断改变。今天我们所能够容忍的——以诸如失业率之类的指标来衡量的——紊乱程度，在几十年前还是无法想象的，那时人们对大萧条记忆犹新，充分就业政策的弊端也还没有暴露出来，同样，有关公司改组的严厉限制也在 20 世纪 60 年代的集团合并和 70 年代的企业兼并热中大大地放宽了。

管制的烦恼在于，管制当局一样也是人，也可能会犯错误。为了避免独裁和滥用权力，必须预先规定周全的条例与规则，然而很难设计出具有充分弹性能够适应所有偶发事件的管制制度。此外，这种制度往往会倾向于刚性结构从而阻碍进一步的革新，不仅如此，这种刚性与畸变还具有累积效应，类似于在不受管制的市场中不稳定性的累积。所得税就是一个很好的例子，税率阶梯越是陡峭，持续时间越长，避税行为就越是普遍，而税法条款也越来越复杂。

我不打算继续这种讨论，因为过于一般化，很容易演变为空谈。在下一章里，我会提出一项政策建议。在这里，我将只限于指出一个普遍性的结论，无论是管制的还是放开的竞争，在走入极端时都可能是有害的。但是，一个极端的破产并不能成为转入另一个极端的理由，不应该把两个极端看成是互相转换的，而应该将它们当成界限，保持正确平衡所必须考虑的界限。这一任务是极端复杂的，因为我们有一种内在的倾向，忍不住地要从一种偏见转向另一种偏见。

在25年前撰写的《意识的重负》一书中，我循上述思路发挥，构造了一个相当精致的纲领。以变化速率作为关键变量，我断言：由于认识上的不完备性，人们注定要从两个方向上对它进行夸大。其中一个极端表现为传统的或教条式的思维模式，认为必须原封不动地接受既存现实，因为其他的形式是无法想象的；另一个极端则是彻底的批判和抛弃，主张在未被证伪之前，任何形式都应视为可行。每一种思维模式都对应着一种社会组织的形式，其不完善的程度则相应于构成成员认识的不完备性。于是，传统思维对应于部落社会，教条主义对应于极权主义社会，批判的模式则对应着开放的社会。显然，从中可以看出卡尔·波普尔的影响。我本人倾心于开放社会，但这种选择并非是毫无保留的。人们将会发现，每一种社会组织形式都缺少某些仅存于其对立面之中的品质。极权社会缺乏自由，开放社会缺乏稳定。由于我们内在的偏向性，介于两者之间的稳定均衡是不可能的，这正如自由市场经济中稳定均衡之不可能。人们的观点总是从一个极端跳到另一个极端。

在经历了长达半个世纪之久的管制制度之后，我们已经转向了过分的非管制化。只有尽早地认识到管制的必要性，才能充分保持我们所享有的近乎自由市场体制的优越性。

第十七章 | Chapter 17

走向国际性的中央银行

经过前面的探讨，我们已经可以肯定金融市场具有内在的不稳定性。那么，是否存在着某种可行的、一劳永逸的挽救方法呢？以我自己的能力恐怕很难给出精当的解答，我的长处在于鉴别体系的缺陷而不是设计新体系。长期以来，我一直幻想自己能够成为凯恩斯那样的经济改革家，但是，越是接近于获得陈述自己见解的机会，我就越发痛苦地意识到自己的局限性。我的特殊专长在于能够洞察任何体系的缺陷，但在涉及某一特定体系的问题时，我的见解同专家相比还要稍逊一筹，不仅证券分析如此，在金融与经济领域中也是一样的。如果要求我参加证券分析主管的考试，几乎任何一科我都通不过，在分析信贷与管制的循环时，我缺乏对货币理论的透彻研究，此外，读者还会发现，在实时实验中，我的最大弱点就是经济预测。在投资和写作的过程中，尽管没有真正掌握某一特殊领域内的技巧，但那时我至少还可以对付，可是如果我设计出一种新的金融体制，知识上的缺陷便成了致命的弱点。

尽管如此，我还是认为自己可以作出某种形式的贡献，尤其在目前这种情况下，普通的智慧几乎无用。凯恩斯主义（同凯恩斯本人不是一回事）已经在20世纪70年代的通货膨胀中名誉扫地，货币主义面对变动的汇率以及大规模的国际资本流动也渐感力不从心，供应学派经济学看来也只不过是将凯恩斯主义所强调的需求赋予一种双关的含义。总的来说，情况不能令人感到满意，可谁也说不清问题究竟在哪里。在这样的环境下，甚至我的那些含糊其辞的尝试性观念也可能是行之有效的。

首先，我们应当在经济政策与体制改革之间做一区分，尽管两者都是必要的并且不可或缺。很难设想两者中的任何一个可以完全自动地发挥其功能。经验表明，每一种制度——不论是金本位、布雷顿森林体系，还是自由浮动的汇率体制——在缺乏适当的经济政策配合时都不免归于失败。同样难以设想的是，如果没有制度上的配套改革，单凭经济政策就能够修正普遍性的非均衡。各个方面的非均衡具有内在的联系，不可能个别处理而互不涉及。

我们所面对的是一种非均衡与不稳定的参差不齐的排列组合。只需指出其中的一小部分就足够了：不稳定的汇率；国际债务问题；美国的长期预算与贸易赤字；日本的长期贸易顺差；全球范围内长期的农产品和矿产品的超额生产；不稳定的商品价格，特别是石油；不稳定的国际资本流动以及不稳定的国际金融市场。其中有些是不恰当的经济政策的产物，只要改变经济政策就可以纠正过来，另一些则根源于当前体制的固有缺陷，除了彻底改革这一体制本身，别无他途。

关于第一类的非均衡，可以举出一个例子：日本希望生产大于消费，而美国则显然希望消费大于生产。不加审察地看，这些倾向如果按照一定的程序发展下去，日本就会上升为世界上支配性的经济力量，而美国则将日渐衰弱下去，这种转变必将导致许多混乱和断裂，然而若要制止这一前景的出现，只要更改经济与金融政策就可以做到，因此无须改造金融体制。当然，前提条件是体制必须足够健康，能够容纳这些政策变化，否则也一样会走向崩溃，进而给各个成员国带来严重的危害。

第二类非均衡的例子是目前的汇率体制。我们知道，自由浮动汇率在积累着内在的不稳定性，行政当局也已经意识到了这个问题，并且在广场旅馆协议中赋予它们管理汇率的责任与权力，然而下一步究竟怎么走却迄无定论。管理汇率相应于合作的经济政策，如果能够达成自愿的合作，当然皆大欢喜，如果不能，那就只好另起炉灶，设计一种新的体制。

在这一章中，我将致力于探讨体制改革的可能性，有关经济政策的讨论将一带而过。

按照我的想法，体制改革的需求集中于三个主要的问题领域：汇率、商品价格（特别是石油）、国际债务问题。其中任何一个问题都牵涉众多方面，不可能进行单独的分析，只能作为整体的一个部分来加以考虑。第四个主要的问题至今还未被人们接受，即国际资本市场，它们反映、容纳并且协助生成各种其他形式的非平衡。它们的发展到处赢得喝彩，被视为值得欢迎的改革举措，并且成为市场有能力修正自己以适应变化需求的又一例证。回顾以往，我坚决认为国际资本市场的急剧扩张将发展成为又一种市场过热的形式，就像20世纪70年代国际银行贷款业务的急剧增长一样。我们都知道，国际贷款兴盛的基础极不牢靠。我相信，国际资本市场缺陷的暴露也只是时间的问题了。

目前，人们在处理问题时呈现出强烈的就事论事的倾向。比如说，大家一致同意不能再听任汇率继续自由飘移，必须采取干预措施，但同时大家又一致强调干预必须是渐进式的和尝试性的。辩论围绕目标区的问题展开：明示还是暗示？返回固定汇率的可能性或多或少被排除了。与此相似，国际债务问题的解决必须采取某种创新的形式。但是贝克计划所强调的仍然是坚持就事论事的方法，个中原因不难理解。针对个别国家的让步将很快地扩散到其他国家，因此任何有关体制改革的议论都会导致这个体系的突然解体。另一方面，只要问题涉及石油价格，就以为一定要靠欧佩克来解决，而石油消费国通力合作谋求稳定的思想，却从未得到认真的讨论。

比之里甘主持财政部时期的不干涉主义，贝克所鼓吹的那种步步为营的策略代表了一种重要的进步，它表明人们已经认识到不能允许市场自由发展，面对崩溃的威胁，当局必须采取某些指导措施。五国集团在广场会议上所表现出来的首创精神激发了全球范围内股票和债券市场的一次主要的上升浪潮，可是广场会议所产生的动力到现在已经烟消云散了，我们又一次陷入了危险的自由飘移。如果可以借助某种特别的方法重新获得动力，那当然再好不过了。可是，如果国际间不能采取有效的合作，保护主义、货币混乱以及偿债中断的危险将会愈益加强，从而相应地增大了体制改革的压力。

一旦转向体制改革，方法就截然不同了，不可能再孤立地处理个别问题，必须寻求集中的解决方案。那些个别看来难以解决的问题可以在一个范围更大的解决方案中找到出路。方案越复杂，则成功的机会也就越大。也许可以对我们在这里所涉及的三个或四个问题领域分别进行处理，但集中处理的效果无疑要好得多。我也知道，任何激进的变化都同现行体制格格不入，尤其是在国际合作领域，因为国际间利益将不得不让位于国家利益，但是也确有几次这样的机会，改革似乎不仅是必要的并且也是可能的，通常，这都是在危机时期。

接下去我就开始对各个主要问题领域分别进行探讨，在后文中提出的解决方法将可以把它们联系在一起，其中包括了一个创建国际性中央银行的设想。从历史上看，中央银行体系的确立，本来就是对各类危机所做出的反应。各个中央银行都是针对自己的问题而独立发展起来的，尽管某一金融中心的发展可能会影响到其他金融中心。目前的问题基本上是国际性的，因此，问题的解决也必须是国际性的，我们已经有了一个国际性中央银行的雏形：为应付德国的债务问题，1930 年成立了国际清算银行，1944 年，在布雷顿森林会议上成立了国际货币基金组织和世界银行。下一步的工作应该是扩张它们的职能或者建立一个新的机构。

汇 率

汇率的错乱是破坏世界经济的一个主要根源。它威胁着已完成投资的价值实现，破坏了长期投资的安全性，并且根植于美国国内的保护主义情绪之中。市场机制无法做到令各国货币回归有序的组合，相反，市场投机活动强化了货币的无序流动。正如我们所看到的，自由浮动的货币体系不断地累积着自身的不稳定性。

问题是从何处下手？有许多可能的方法：目标区，无论是公开的还是保密的，都是最温和并且议论频率最高的替代选择；我们还可以回到固定汇率体系，可以是金本位的，也可以不是；或者，最大胆的提法，我们可以发行一种国际货币。

不论最终作出那种选择，许多问题都还有待于解决。首要的问题就是国际资本流动。跨越国境的国际资本转移深受欢迎，应予鼓励，但投机资本的运动具有累积不稳定的危害，有必要建立一个令投机行为无利可图的体系。在理想的情况下，汇率浮动应当限于利差所允许的范围，但这样一来又多少有点固定汇率体系的味道。

目标区方案未必能够打击投机活动，相反，倒有可能为那些针对管制当局的投机活动大开方便之门，因为风险得到了控制。由于承诺了一系列的目标区，管理当局就被暴露在投机活动的攻击之下，时间与方向的主动权都掌握在投机者手中。历史经验表明，在这种情况下，赢家多半是投机者，因此可以断言，公开的目标区体系是所有可能方案中最糟糕的一个，它不仅容忍了体系内的投机活动，甚至还鼓励针对体系本身的投机性攻击。

保密的目标区可能要走运一些，它为投机者和管理当局安排了一场错综复杂的猫捉老鼠的游戏，在这个戏局中，如果管理当局协调一致并且有能力调动比投资者更多的资金，那么形势尚有可为，考虑到他们控制着最后的武器——印钞机，应该说成功还是有希望的。只要中央银行愿意无限制地提供供给，任何强势货币的升值都将难以为继。奇怪的是，中央银行似乎都缺乏尝试一下的胆量。

如果管理当局能够成功地稳定汇率，“热钱”就会在最终冷却下来，并转化为长期投资——这是建设一个健康的国际经济环境的前提条件。然而仅仅稳定主要货币的相对价值还是不够的，避免全球范围内的过度通货膨胀与紧缩的危害，还必须稳定货币总值。黄金在历史上一直是一个稳定力量，它可以以这样或那样的形式承担起这一任务，尽管以今天的眼光看来，它有一项重大的缺陷：新的产出主要来自两个极权国家——南非和苏联。无论如何，问题并不仅仅限于寻找一种合适的货币基础，考虑到信贷的反身性，建立在这种基础之上的信贷结构也要进行调整，有必要建立一个机构来协调世界范围内的信贷增长，这个机构也就是国际性的中央银行。关于这个题目，还应当从其他几个主要问题领域的角度进行考虑，包括国际债务和商品价格，特别是石油。

国际债务

积累起来的债务继续成为贷款双方的沉重负担，人们曾经希望这些问题能够自然解决，但是他们在计算中却忽略了债务清偿中抵押品的贬值因素。在为保持国际收支平衡而提供的贷款项目中，抵押物还包括出口商品。由于欠发达国家出口的主要是那些缺乏需求弹性的商品，因此如果增加出口，商品就会跌价。

有几个债务国幸运地进入了被我称为第二阶段的调整过程，其他的则似乎永久性地陷在了逆差的困境之中，提高传统出口商品产量的做法已经走进了死胡同。其他的增长途径则尚在探索之中，而出口复杂产品也许是一个可行的办法，但又要碰到保护主义的障碍，如此说来，经济复苏只有寄希望于国内的经济增长了。从政治上讲，这是很理想的，因为出口的回升有助于美国放松进口。此外，债务国国内舆论中要求坚持国内增长的呼声也在与日俱增。

贝克计划的初衷在于通过增加新贷款减轻重债务国家的负担。此项基金部分来自国际机构，主要是世界银行和泛美发展银行（Inter-American Development Bank），部分来自商业银行，要求商业银行在3年内注资200亿美元，贷款享有交叉违约请求权，比纯粹的商业贷款多一些保障，在世界银行资金来源枯竭以后，行政当局将转向国会要求追加资金。

这个计划在方向上无疑是正确的，不过却遗下两个未解决的问题：一个是在债务国无力满足偿债义务时借入的额外债务的积累；另一个则是商业银行账簿上可疑贷款的累积，这种贷款本来就已经够多的了。这个计划可以缓和第二个问题，因为很大一部分的新增贷款来自政府机构，但绝不是说，这样一来债务问题就可以一笔勾销了。此外，这种方式本身也可能被谴责为变相的担保，因此也就难以征得国会同意增加世界银行的资本金。

很清楚，计划还不够彻底，它未能解决遗留问题。如果没有政府的干预，积累债务的清偿恐怕早就演变为一场灾难了。一项干预政策要想取得成功，就必须能够顺次削减债务。

近几年来的经验表明，一旦债务的累积超越了某一临界点，常规的调节方法将无能为力。在大多数拉美国家里，调整已经达到了忍耐与消极资金转移的极限，甚至早已突破了最大值。尽管如此，外债仍在不断地增加，负债率几乎没有什么改善——如果说多少还有一点的话，更糟糕的是，内债也在以惊人的速度积累起来。

每一个发达国家都设立了特殊的立法程序处理严重的债务问题。破产程序可以保证坏账能够按次序进行清偿以免造成经济的过分破坏，现在我们迫切地需要某种国际债务的破产程序。

破产重组的原理十分简单，时钟停止在某一特定的时点上，所有现存的权益与负债都保持原封不动，分门别类以备冗长的诉讼程序之用，同时，只要还有可能，该企业仍应继续运作，续存企业的债务在清偿顺序上优于此前的债务，正是这一原则保证了破产企业仍然能够运转。

在国际贷款活动中至今还没有一个类似的坏账安排程序，以前也经常发生不能充分清偿的事例，通常，无力支付导致完全撕毁合约，双方关系往往须待几十年后才能恢复正常，到那时债主已经能够欣然接受百分之几的补偿了。最全面的债务重新安排活动，是分别于 1924 年和 1929 年由道斯（Dawes）和扬（Young）提出的德国偿债计划，他们成功地避免了完全的违约，可是其执行结果也并不能令人满意。

国内的破产程序并不直接适用于当前的情况，因为涉及的数额太大，即使只是暂时延期偿付也会导致债主的破产。但是，将以往的一切予以冻结，这一原则无疑还是站得住脚的。

目前，所有的有关人士都很清楚有待于解决的问题。外国的债主将承诺减少到最低程度，而国内资本则到海外寻求庇护。重债务国的经济继续衰弱，政治压力不断加强，应当设法扭转这些趋势。我们所面对的是一个反身性的过程，要想扭转整个趋势就必须引入一股新的风气，它的影响应该足以改变普遍的倾向。总之，只有一个全面的方案才有可能做到这一点。

我无意提出一套具体的行动计划，这样的计划将需要大量的准备和谈判，我所能做的只限于给出粗略的框架，它应当能够解决至少 5 个主要方面的问题：（1）既存债务的安排；（2）新信贷的供给；（3）银行体系的保存；（4）债务国家的经济政策；（5）逃逸资金的回流与吸引外国投资。1982年6月布莱德雷参议员（Senator Bradley）提出的计划已经包含了以上各点[①]，亨利·考夫曼在1986年12月4日提出的计划纲要[②]，同我本人的计划非常相似，这些贡献正在将讨论引向正确的方向。

可以考虑把以前的债务合并为可流通的债券，在利率方面则要做一些让步。这些债券可按其票面价值折扣发行，持有债券的银行将遭受重大的损失。为了保护它们，允许银行在几年时间里逐渐冲销债券的账面价值直至等同于市场价格。在这段时间里，可以用这些债券按其逐渐贬值的官方价格作为抵押品向中央银行的贴现窗口申请借款。这样就可以避免出现挤兑，尽管这些银行财务状况已经因债务重建而遭受损失，它们至少可以绕过陷阱继续运营。

仅仅满足于重新安排旧债务是远远不够的，还必须保证新信贷的持续注入使债务国的经济得以复苏。不能再指望商业银行提供用于平衡国际收支的信贷，这本来就不是它们的责任，它们吸取了教训，即使承诺其现有债权不会招致任何损失，它们也不想干。国际收支平衡贷款应该是国际贷款机构的职能，它具有足够的影响力要求债务国执行适当的经济政策。

目前，重债务国内部的主要问题就是通货膨胀。偿还外债的努力必然导致庞大的预算赤字，抑制通货膨胀的希望十分渺茫。但是，只要债务负担能够有所减轻，国内改革的成功概率就会大得多。如果通货膨胀率较低，那么实际利率便相对较高，有助于鼓励逃逸资本回流，甚至外国资本也可能再次被吸引过来。

为了保证充分的新信贷供应，世界银行（或其他专设机构）可能要筹集一大笔资金。目前，筹集资金的政治愿望正在消失，任何形式的国际金融机构职能的扩大都会给人留下担保的印象，无论是为银行、为债务国还是两者兼而有之。一个综合性的纲领应该能够克服这些阻力，让信贷供应和债务人双方都作出最大的努力，不能允许将新信贷再用于清偿旧债务，它们应当在

① 《关于汇率和合作的国际议会圆桌会议》，苏黎士，瑞士，1986年6月28日、29日、30日。

② 《美国国会首脑谈债务和贸易》，纽约，1986年12月3日、4日、5日。

旧债的压力已经减轻而经济又急需刺激的时候予以投放，从而推动全球经济的振兴。

石　油

有一个痛苦较少的方法可以帮助世界银行取得它所需要的资金。这是一个宏伟的纲领，把石油价格的稳定同国际债务问题联系在一起。第一次想到这个方案是在 1982 年，后来我又在一篇文章里勾勒出它的雏形，但是这篇文章遭到了严厉的批判，被拒绝并且从未印行。有关想法被认为是异想天开，直至今天恐怕还是如此。令人感兴趣的是，激发该文创作动机的问题迄今尚未获得解决。因此，文章还同几年前写作时一样地适合目前的形势。当然，读者可以自行评价，我在这里几乎是原文照录。

国际性石油缓冲库存计划①

本文试图扼要指出，在国际间合作的气氛下可以取得怎样的成就，当然，可能性不胜枚举，我所考虑的只是其中具有可行性的、意在表明行之有效的解决方法并非不可想象，这将有助于激发实现目标的热情。

最佳的解决方式将要求主要的石油进口国与出口国达成一项协议。建立一个能够将卡特尔的基本特性——价格固定与产量配额——与国际石油缓冲库存结合起来的国际组织，以取代欧佩克。

没有必要甚至并不希望所有的消费国与生产国都加入进去。不错，工业化国家同欧佩克组织中“温和派”成员国的合作是必不可少的，但是有些国家，像伊朗、利比亚、阿尔及利亚等，不一定非要发展进来。

方案将按以下模式运行：首先要确定生产与消费配额，配额总计可以超出目前的消费水平，超出的部分就转化为缓冲库存。由于储存成本

① 写于 1982 年。

昂贵，缓冲库存将主要停留在纸面上，而石油则储存于地下。

款项不必直接支付给产油国，而是进入国际货币基金组织专设部门的封闭账户中。基金对由于销售问题未能达到生产配额的产油国实行优惠，未完成消费配额的国家将按配额要求实行支付（差额），其未消费已付款的缓冲库存则由库存管理当局记在相应国家的名下。缓冲库存管理当局的义务就是将石油储存于地下，直至需求回升。显然，缓冲库存管理当局必须有能力保证地下石油储藏的安全。

消费国应该对进口石油征税。参加了这一方案的产油国可以享受部分减免的优惠，非成员产油国则足额征税以示惩戒。减免税额同样也要存入国际货币基金组织专设部门的封闭账户中，封闭账户只支付极低的利息率，例如1%。

负债累累的产油国，像墨西哥、委内瑞拉、尼日利亚以及印度尼西亚等，可以使用封闭账户来偿还外债；盈余国家，像沙特阿拉伯和科威特，则可以建立贷方余额。

欠发达国家应该免于加入缓冲库存的义务。这样做的好处是可以获得比工业化国家价格更低廉的石油，它们的缺席不至于威胁整个方案的可行性。

为了说明的方便，假设基准价格维持在34美元，赋税相当高，例如可以高达17美元，其中的一半，8.50美元返还产油国。固定配额将定在一个较高的水平上，从而缓冲库存得以按每天300万桶的速度累积。如果工业化国家进口石油的需求量是每天1500万桶，80%来自成员石油生产国。这样，工业化国家每年就可以获得558亿美元税收，其中有280亿美元支付给缓冲库存，余下的就可以用于减少预算赤字。从而各工业化国家就有能力为膨胀的世界银行提供必要的股本。国际货币基金组织的专设部门每年可以收入650亿美元，全部用于产油国的信贷账户。其中372亿美元来自税款返还，280亿美元来自缓冲库存。同1980年和1981年的信贷高潮相比，国际贷款净增额度为600亿美元。

石油的市场价格动向如何？因为封闭账户只支付1%的利率，于是就会出现追求实际销售而不是缓冲库存的倾向，缓冲库存的支付价格因此成为价格的上限，自由市场价格将停留在基准水平以下的某处，低于减免税后的部分，即低于25.50美元。对于工业化国家的消费者和生产者来说，价格当然还要包括赋税，一旦价格超过基准水平，即表明需求强劲，应该提高生产配额。

配额与价格的修正涉及许多棘手的问题，大多数的市场管制之所以漏洞百出，就是因为缺乏适当的修正机制。甚至国际货币体系也不例外，布雷顿森林体系的崩溃就是因为黄金价格毫无弹性余地。一个方案，如果依赖价格作为调节机制的成分越多，持续生存的机会就越大。认清这一点，缓冲库存的用途也就可以确定：为价格机制提供完成使命所必要的时间，这意味着库存稳定建立之后，一旦库存额开始减少，就应该采取上升的修正，先是提高产量，继而提高价格。同时，在缓冲库存开始增加之后，就应该开始削减生产配额直至初期所确定的最低限度。

生产配额的分配又是一个棘手的问题。最初的配额可以用有关国家最低限度的财政需要为基础。随着全球产量的提高，增加份额的分配应当主要考虑被约束的生产能力、储量，以及储量的增加或减少。比如说，沙特阿拉伯的配额增长就应该比阿尔及利亚或委内瑞拉快一些。即使做出某些规定，在这个问题的判断上仍然存在着很大的随意性。

最后，在生产能力已经得到了更充分的利用之后，个别生产者将不愿再增加生产配额，可以利用这种心理作为提高价格的触发机制。当然，下一步又要涉及判断的问题。

消费配额的分配相对来说可能要简单得多，实际消费可以作为估测的基础。

为行使自主性的权力，就必须成立一个权威的机构，而有关机构组成与表决权的分配又是一个令人头痛的问题，除了进行一场艰苦的讨价还价的谈判之外，别无他途，结果取决于谈判各方的实力和谈判技巧。

无疑，很大一部分权力将从产油国手中转移到工业化国家那里。这种安排只有在欧佩克濒临解体时才可能发生。我坚决认为，欧佩克的破产将导致灾难性的后果，必须采取措施予以补救。在主张实施我的综合方案的理由中，最动听的一条是它不会妨碍工业化国家从中获得最大限度的好处，在这一点上，它同其他可能的方案并无歧异，能够抢到多少，还要看他们的技巧、勇气和内聚力。至少，采取这一方案要比重新拼凑修补欧佩克好得多。

这一方案的最终价值还要取决于如何使用那笔积累在国际货币基金组织专设部门中的基金。所涉及的款项数额巨大，比国际债务危机登峰造极时的数额还要大；即使缓冲库存不再增长，它们仍将维持巨大的数额。基金的规模应当足以从财政上支持全球性的主权国家债务计划。

可以将国际货币基金组织专设部门的封闭基金借给世界银行用于向重债务国提供信贷，也可以将其用于折扣买进他们的未清偿债务，从这些借款中获得的现金收入可用于解冻这个封闭账户。

该方案的参加者将各自承担哪些义务呢？在很大程度上，这将取决于谈判所达成的条款，尽管如此，主要框架还是清晰的。

工业化国家必须放弃短期内低价石油的利益，以换取诸如长期价格稳定、缓冲库存累积、国际债务问题的某种形式的解决以及政府收入的重大增长等。如果本国就有能源和石油工业，那它们还可以从保护性政策中获得额外的收益。

产油国将因此而获得一个容量远远超出目前水平的市场，价格可能会低一些，但想必会比欧佩克一旦垮台后的情况要好得多。有两个强大的诱因可以吸引它们：石油税的减免和出售缓冲库存。尽管这两者的收入都将归于国际货币基金组织专设部门的封闭账户，但负债的石油生产国可以以偿还债务的名义动用这个账户，那些顺差盈余国家只不过多等一段时间，届时它们也能解冻自己的基金。

不产油的欠发达国家可以趁此机会大大减轻压力，它们购入石油的价格比工业化国家要低一些。此外，不论产油国还是消费国都可以从全球性债务重新安排方案中获得好处。

本文并不讨论将如何实施这一综合方案的问题——任何事情都不可能一蹴而就，也许一次严重的危机才能够将有关各方召集到一起。

当然，上述方案还应该根据形势的变化不断地进行调整，基准价格和税收指标实际上必须降低许多，这反映了自那时以来欧佩克垄断利润所遭受的侵害。

我不打算再花费精力去修改这个计划，因为只要偏见仍然盛行，它就始终是不现实的。任何有关缓冲库存的方案都将被视为可笑的奇谈怪论，以往这类方案都未被采纳，并进一步成为驳回的理由。但是人们的偏见不是不可以扭转的，市场机制是不是就会更好一些呢？我们不妨考察一下石油生产的历史，只有在市场超量供应以及卡特尔式协定的情况下才有可能实现价格的稳定。历史上曾经有过三次短暂的黄金时期：第一次是由标准石油公司建立的垄断体制，第二次是由得克萨斯铁路委员会支配的生产配额，第三次就是欧佩克，每一个阶段在其发展中都充满了纷扰和喧嚣，如果必须提出某种稳定方案的话，为什么一定要由生产商出面呢？为什么消费国就不可以在其中助上一臂之力呢？毕竟事关他们自己的根本利益。什么时候人们参透了这个道理，才会把这份计划从抽屉中取出来。

世界货币

在人们接受了石油缓冲库存方案的构思之后，创立一种稳定的世界货币相对来说就容易多了。记账单位以石油为基础，缓冲库存方案可以将石油价格稳住。如果需求超出了供给，那么它同其他商品与服务的比价将逐步上升。换句话说，各国货币相对于世界货币逐渐贬值。

新创立的国际贷款机构以石油作为记账单位，由于这种贷款可以抵御通货膨胀，因此它的利率可以比较低，比如说，3%。利息收入（3%）与利息支出之间的差额可以用来解冻该封闭账户。到封闭账户解冻的时候，贷款机构已经建成了自己的资本储备。

可以将通常隶属于中央银行的权力职能赋予这个贷款机构，它可以通过发售自己的短期或长期债务来管理世界范围内的通货供应，并且在规定各国货币同记账单位之间的比价时发挥有力的作用。它还可以施行各种各样目前归属中央银行的管理职能，由此它的记账单位就构成为一种世界货币。

商业贷款也可以用世界货币进行计算，最后，以石油为本位的货币在各种国际金融交易中取代了美元和其他各国货币，转变必须谨慎地安排，制度框架的确立也要步步为营。在这里，我还不可能设计出一个综合的方案，因为天时地利人和无一具备。很显然，这样的一种石油本位货币将消除国际资本转移所带来的投机性的影响。

最关键的问题在于，各国是否接受这样一种货币形式。特别是美国，如果美元不再是国际货币，那么美国将遭受极为严重的损失。首先，当储备货币的母国向其他国家提供金融服务的时候，它本身就处在一个有利的位置上。更重要的是，美国是世界上唯一一个可以以本币进行无限额举债的国家。如果美元被世界货币取代，美国仍然可以借债，但是它将不得不准备全额偿付。而现在的情况是，美国政府有能力操纵自己负债的价值水平。因为几乎在事先就可以得出结论，债务在偿还时的价值甚至比发行时的价值还要低。其他国家对美国预算赤字进行财政支持的耐心是有限的，现在我们可能已经接近于这些边限了。但是，唯有日本，尽管它很清楚永远也别指望美国会彻底清偿，仍然毫不介怀，继续从财政上支持美国，这是因为唯有如此，日本才能成为世界“第一”。日本早已取代美国成为其他国家的主要资本供给者，日元取代美元成为主要的储备货币也只是时间的问题了，转变将伴随着许多混乱与躁动，就像第二次世界大战期间由英镑向美元过渡时那样。

世界货币的引入可以避免扰动，不仅如此，它还有助于制止已经开始的美国经济力量的衰退。我们恐怕不会再享有优惠积聚债务的特权了。因此必须把自己的事情管好。问题在于政府是否有足够的远见、人民是否有足够的心理承受能力，来承受应用国际货币所要求的纪律。只有当我们下决心减少借款的时候，舍弃优惠的信贷条件才是有意义的。这意味着必须削减预算和贸易赤字，在这里，体制改革同经济政策的问题结合起来了。

关于贸易，有两种替代的选择：一是借助保护主义措施排斥进口，另一个则是努力增加出口。保护主义是一个令人反胃的处方。它会导致重债务国突然之间完全丧失其清偿能力，从而导致国际金融体系的解体，即使不出现金融灾难，因此而失去的许多有利条件也会导致全球范围内生活水平的下降。另一方面，在没有配套体制改革的情况下，显著地增加出口也不那么容易。债务改革将会加强债务国的清偿能力，货币改革可以提供稳定的因素，这对于美国成功地完成经济修正过程是必不可少的。

可以断言，过分的金融不稳定正在严重地危害美国经济的结构。真实资产不可能像金融资产那样对宏观经济变动作出灵活的反应，因此，始终存在着由真实资产转向金融资产的强大动因，而这一转化本身就是削弱“真实”经济的一个主要因素。在对金融资产的使用方向进行考察之后，我们就可以理解这种破坏已经达到何种程度。大部分的资产被用于联邦预算赤字、重债务国贷款以及杠杆操作之中，“真实”资本形成实际上正在下降。当然，如果我们能够指望来自海外的稳定收入，情况也许不会这样糟。问题是，我们的贸易逆差一部分是由欠发达国家的债务偿还来弥补的，这至少应该说是极不稳定的；另一部分则依靠资本输入，而这终究也是要偿还的。因此可以毫不夸张地说，为了挽救“金融经济”正在牺牲“真实”经济。

为减少对外来资本的依赖，预算赤字必须予以遏制。在我看来，最令人心仪的前景是同苏联达成有利的裁军协议。里根总统执政期间巨额的防务支出可以看成是一场报酬丰厚的巨赌：大循环将让位于一种更稳定的构形，在新的构形中，预算与贸易将会接近于平衡。

日本人当然可以继续保持超过自身消费的产出。只要他们愿意储蓄并输出资本，就没有任何人能够阻止他们成为世界上头号经济力量。但是日本的崛起并不必然以美国的衰退为代价，在世界货币的帮助下，两个经济领导力量可以并存。

第十八章 | Chapter 18
全面改革的悖论

在前边的讨论中，我不仅给出了一种可行的国际金融体系的轮廓，同时也给出了一项可行的美国经济政策的轮廓。当然，这些还只能说是框架或视角，但只要稍加修葺，它们也一样可以覆盖那些我们尚未涉及的领域。

还有两个最基础的问题，一个是抽象问题，另一个是个人问题。抽象的问题关涉所有有关体制改革的尝试，由于认识所固有的不完备性，全面改革是否存在着悖论？我们真的有希望搞成一个具有内在一致性的体系吗？个人问题关涉我对官僚主义的厌恶，而国际央行恐怕无论如何也不可能避免官僚主义。

我相信，全面改革的悖论只是一个假象，不过还是应该认真对待。除非我们能够获得永久和完善的解决方案，否则就很难证明它的有效性。问题在于，认识的不完备性否定了永久的和完美的解决方案的现实性。生命是短暂的，唯有死亡是永恒的。生活方式的选择将给人们的生活面貌带来根本性的差异，暂时的解决方案总比一无所有要好得多。

所谓一劳永逸的解决方案是极富诱惑力的。要理解这一点，我们必须考虑死亡与生命的含义。对死亡的恐惧是人类情感中体验最深的部分之一。我们总觉得死亡的想法是完全无法接受的，我们抓住每一根稻草试图逃避死亡。追求永恒与完美只不过是逃避死亡的一种方式，但结果证明这是一场骗局。我们非但未能躲开死亡，反而挺身拥抱了死亡，永恒和完美也就意味着死亡。

很久以来，我一直在苦苦思索生活与死亡的含义，并且终于悟出了自认为满意的破解，我将在这里予以总结，尽管我知道这对其他人来说可能没有什么意义。问题的关键在于区分作为事实的死亡与作为观念的死亡，作为事实的死亡同作为事实的生活联系在一起，作为观念的死亡则同作为观念的意识并到一处，意识与死亡水火不容，但生活与死亡却不然。换言之，死亡作为事实并不像作为观念那样可怕。

作为观念的死亡具有压倒一切的力量，在死亡面前，生活以及与之相联系的一切都失去了重要性。但是作为观念的死亡只不过是一种观念，并且事实与观念之间的联系也是很不清晰的。将事实与观念同样看待，这恐怕是一个错误。只要还能谈论事实，那么最直接和清楚的事实就是我们还活着，作为事实的死亡尚隐然于天际。但是，当我们真实地走到生命尽头的时候，作为事实的死亡却又把我们同作为观念的死亡体认截然分开了。换句话说，当这一刻真的到来时，我们对死亡的恐惧反而无从体会。

在思索生存与死亡的问题时，我们必须作出选择：生存或死亡，哪一个是出发点呢？两者并非相互排斥，但却都是无法回避的——作为思想和作为事实。但是我们所接受的观点却总不免带有倾向性，这种倾向性于存在及思维之中无所不在。有些文明，如埃及，献身于死亡崇拜；另一些，如希腊，则似乎连神灵也渴望尘世的生活。在大多数情况下，这两种立场相互龃龉，它们之间的斗争构成了人类的历史。基督教史上神灵与世俗的对立就是很好的例证。同样的场景如今又在苏联重演，在那里，共产主义的意识形态的要求难以同军事力量与经济效率的要求协调起来。

这些偏见相互之间的碰撞有可能以许多相当隐晦的形式表现出来。比如，关于经济管制，我们可以有各种不同的态度。一种立场认为管制毫无效用，因为它扰乱了本来的秩序，最终将导致体系的崩溃。而关于市场机制自然倾向于均衡的断言也有力地支持了这种观点。对立观点则认为完美乃不可企及之境界，无论是市场还是管制。市场太不稳定，管制又过分僵化。市场必须管制，但管制缺乏灵活与主动，必须不断地修正。不存在完善体系这一事实并不能成为反对体系完善化努力的有效证据。以布雷顿森林体系为例：最终的崩溃并不能抹杀辉煌的历史，因为它奠定了长达四分之一世纪的繁荣。

如果要在两种态度之间作出选择，那么我将旗帜鲜明地选择生活，选择我们在其中所创造的短暂而不完备的结构。尽管我拥护对金融体系进行综合性的改革，但我绝不会臆想新体制比旧的那个更完美或更持久。相反，我很清楚对永恒和完美的追求只不过是一种幻想。一个功能齐全的体系将令我们落入自鸣得意的陷阱中，布雷顿森林体系即是其中的一例。如果下一个体系被设计得过分完美，那么它的命运也会是一样的。

于是讨论就进入了第二个问题。体系必须由官僚来运作，而我则本能地反感官僚主义。由于对加强管制采取赞同的立场，这似乎在表明我所期望的正是我所厌恶的。

问题是真实存在的，任何一个官僚机构都具备追求永久化的鲜明特征。但障碍并不是不可以克服的，当官僚试图管理市场的时候，市场的表现将迫使他们随时保持警惕。经验表明，中央银行属于最富于灵活性、革新精神以及最有效率的官僚机构之列。其原因就在于市场提供了一种标准，可以判断决策的成效。同其他人一样，他们也可能会受制于错误的观念体系，但是如果一项决策不能发挥效力，除了正视这一事实之外，他们别无选择。例如，美联储在 1979 年接受了货币主义的立场，但到了 1982 年 8 月又放弃了。与此类似，国际货币基金组织在同重债务国打交道时一向奉行某种极为僵化的传统，但是逐渐地它被迫放弃了这种不合时宜的工作方法。中央银行经常因为政策失误而受到抨击，正因为这些失误公之于众而无可遁逃，才会产生强有力的约束。此外，中央银行在危机处理中也表现出了惊人的革新精神。1974 年，英格兰银行发明了“救生船”，在 1982 年的国际债务危机中，美联储又将这一模式推广到全球范围。特别是沃尔克，他在危机关头脱颖而出，尽展才华，由沃尔克这样的杰出人才来执掌中央银行，这一事实不应该被看作是一种偶然[1]。

总之，创建国际央行并不是一劳永逸的解决方案。实际上，对永久性解决方案的追求本身就在为下一次危机播下种子。

① 应该说，同其他官僚机构相比，中央银行为害最浅。

第十九章 | Chapter 19
1987 年大崩盘

1987 年股票市场大崩盘是一件具有历史意义的事件。我们必须回溯到 1929 年、1907 年，甚至 1893 年的崩盘，才能找到可供比较者。就许多方面来说，最有关联并且最广为人知的就是 1929 年了。但在做比较时，我们必须注意不要将崩盘本身与其后果相混淆。

在 1929 年崩盘时，纽约股票市场大约跌了 36%，这项数字与 1987 年崩盘的跌幅大致相同。随后，股价回升到其跌幅的一半，接下来从 1930 年到 1932 年的漫长空头市场中，股价下挫了 80%。空头行情配合着经济大萧条，令人不堪回首。正因为有过这段无法磨灭的噩梦，我们可以确信历史将不会重演。政府对崩盘所做的迅即反应支持了这项见解。1929 年时，货币当局犯了严重错误，没有提供充分的流动资金；而今天它们犯了另一种错误。以它们的最初反应判断，这次的危险在于，为了避免经济陷入衰退而破坏了美元的稳定，至少在大选年是如此。

就技术分析面来说，1987 年的崩盘与 1929 年的崩盘，其间存在着明显的类似。下跌的形式与幅度，甚至于每天的价格波动都非常接近。主要差别在于 1929 年的第一波卖压高潮出现后，几天之内又出现了第二波卖压，将股价带到新低点。在 1987 年，第二次卖压并未出现，即使行情在未来再创新低，其形态也不同了。这种差别证实主管当局决心避免重蹈 1929 年覆辙的决心。在崩盘之初，里根总统和胡佛总统的说法十分类似，但在 10 月 22 日星期四举行的记者招待会上，他已经审慎地避免了这种类似。

如同 1929 年的崩盘，1987 年的崩盘也同样出乎意料。虽然大家都同意全球性的经济繁荣并不稳健而且无法维系，但几乎没有人能够掌握正确的时机，我也不例外。我认为股票市场崩盘会从日本开始，后来我为这一错误付出了高昂的代价。

事后回顾，我们很容易重建导致崩盘的事件序列。股票市场繁荣是流动资本促成的，而流动性不足却是崩盘的先决条件。就这一方面来说，1987 年与 1929 年的情况十分类似：回想一下，1929 年崩盘之前，短期货币市场利率曾经走高。

流动资本不足究竟如何在 1987 年发生，这是棘手问题，要提出明确的答案，必须做深入的研究。但是，有一点非常明显：支撑美元的协议扮演着关键角色。在 1987 年 2 月达成卢夫尔协定（Louvre Accord）后的最初几个月，美元受到封闭式干预（sterilized intervention）；亦即，国内利率不许受影响。当各国中央银行发现需要吸纳的美元数量超过其所能承受的程度时，他们改变了战术。在日本首相中曾根康弘于 1987 年 4 月 29 日到 5 月 2 日访问华盛顿后，他们容许利率差距扩大到足以吸引民间机构愿意持有美元的水平。事实上，他们把该项干预“私有化”了。

截至目前，我们仍不清楚究竟是封闭的还是非封闭的干预导致了流动性不足。封闭性干预使大量美元流入各国中央银行的账户，而美联储可能没有向国内货币市场注入等量的资金。如果情况如此，其效果在几个月之后便显现出来了。另外，也可能是因为日本与德国的货币主管当局对封闭干预的通货膨胀后果感到担心，为了控制国内的货币供给而致使全球利率上扬。

我偏向后一种解释，虽然我不排除前者也是可能的影响因素。德国以强烈的反通货膨胀偏向而驰名。日本则比较务实，在中曾根康弘返回东京之后，它实际上准许利率下跌。但是，它发现宽松的货币政策助长了金融资产与土地交易的不健全的投机行为，于是开始另做考虑。日本尝试减缓银行放款与国内货币供给的增长，但是投机行为在当时已经失控了。即使在日本央行紧缩货币供给之后，债券市场仍继续上扬。债券市场于 9 月份崩盘前，指标债券 #89 之收益率于 5 月份才下跌到 2.6%。

在 1987 年崩盘的历史年鉴中，日本债券市场崩盘可居于各事件序列之首。9 月份债券期货有相当大量的投机多头头寸无法平仓。套期交易使 12 月份期货随之崩跌，#89 债券的收益率在触底之前，曾经上涨超越 6%。我认为债券市场崩跌会蔓延到股票市场，因为股票市场的高估比债券市场更严重，但是我错了。投机资金涌向股票市场在此弥补其所蒙受的亏损。结果，日本股票市场在 10 月份又创新高。

上述情况对世界其他各国产生了严重的影响。美国的公债市场依赖日本的买盘，当日本人转成卖方，即使数量相当小，我们的债券市场便会应声下跌，其跌幅无法用经济基本面来解释。毫无疑问，我们的经济比预期更显得强劲，但动力存在于工业生产而非消费需求。商品价格呈现涨势，鼓励了存货的累积，招来了通货膨胀的阴影。对通货膨胀的恐惧只能作为债券下跌合理解释，却非根本原因。尽管如此，它仍增强了债券市场中的下跌趋势。

债券疲弱扩大了债券与股票价格间的差距，这是 1986 年底以来的情况。这种差距可以无限地持续下去，20 世纪 60 年代的情况便是如此。但是，差距的扩大将创造出最终反转的先决条件。反转的实际时机取决于其他事件的凑合。以本案例来说，政治考虑扮演了主要角色：里根总统已经失去魅力，大选又逐渐迫近。决定因素则是美元新的贬值压力，股票市场内部的不稳定会将跌势转化为崩盘。

崩盘的第一声爆裂来自于著名且有广大追随者的“大师”普雷克特（Robert Prechter），他在 10 月 6 日开盘前发出空头信号，市场也应声下跌了 90 点。这是根本性弱势的迹象，1986 年也出现类似情况，却未引发灾难式的后果。美元开始走软时，情况便逐渐恶化。在 10 月 13 日星期二，美联储主席格林斯潘（Alan Greenspan）宣布贸易平衡账户呈现“深远的结构性改善”。但是，10 月 14 日星期三所公布的数据却令人大失所望。美元承受了严重卖压。由于日本和德国已经调高利率，因此依据非封闭干预的原则，美国利率需要有更大的调幅。美国当局不愿意紧缩，而且在周四之前，当股市持续下跌时，据说财政部长贝克向德国施压，迫使其调降利率，以免美元进一步贬值。接着，新闻报导众议院筹款委员会（House Ways and Means Committee）将对为融资购并交易所发行的垃圾债券设定抵税的上限，于是股票市场持续加速下跌。虽然上述条款于星期五被否决，但是由于“公司事件”预期而被拉抬到高价位的股票出现了相当大的跌幅，致使用保证金从事交易的专业套利者被迫斩仓。

星期天，《纽约时报》刊载了一篇煽动性的头条文章，报导财政部官员公开倡导美元贬值，并责备德国先让股票市场下跌，而这些评论进一步导致了股价下跌。由于内部的不稳定，10 月 19 日星期一，市场势必出现卖压；《纽约时报》的文章则产生了戏剧效果，使原本所累积的不稳定更加恶化。结果是出现了有史以来的最大单日跌幅：道琼斯指数下挫了 508 点，相当于股票总市值的 22%。

从理论上说，证券组合保险（Portfolio insurance）、期权出售和其他顺势操作的设计，原则上可以使个别参与者以增加系统不稳定为代价来限制个人的风险。然而，覆巢之下岂有完卵。市场陷入混乱，恐慌弥漫，抵押品被迫清算，进一步地打压了市场价值。

纽约股市崩盘引起了海外的回响，其他市场的崩跌又回过头来影响纽约股市。伦敦市场比纽约更脆弱，一向以稳定著称的瑞士市场甚至受到更大的打击。最糟糕的是香港，一群期货市场投机商想操纵股市，在一周的其余时间停止交易，以迫使期货合约能以人为价格结算。计划失败了，投机商被一扫而空，政府被迫干预以挽救期货市场。就在这一周，香港市场停止交易，香港的卖压扩散到澳大利亚与伦敦市场。卖压在黑色星期一之后又延续了近两周的时间。其他股市不断创出新低，而纽约在起初的卖压狂潮后却未再创新低。

唯一能够幸免于崩盘的股票市场是日本市场。在黑色星期一的翌日，日本出现单日恐慌性卖压，股价锁住跌停板，成交量薄弱（在日本，每天的价格涨跌幅度受到管制）。次日早盘，日本股票在伦敦市场出现很高的价格折让。但是，在日本市场再度开盘时，大藏省拨了几个电话，卖单便奇迹般地消失了，大型机构进场积极护盘。因此，市场收复了前一天大部分的跌幅。在恐慌性卖压消退之后，股市继续缓慢下挫，适逢巨型股日本电话电报公司（Nippon Telephone Telehraph）公开筹措 370 亿美元的资金，于是股市再度下挫，市场似乎又陷入崩盘的绝境。但主管当局再次干预，它们准许日本四大券商以自己的账户进场操作——事实上，无异于准许四大券商操控股市。

1987 年大崩盘具有两项显著的特点：纽约市场未出现第二波卖压，东京市场相当稳定。这两项特点值得进一步探索，因为它们可以为研究崩盘的后果提供线索。

1929 年崩盘的历史性意义源于它触发了经济大萧条。它发生于经济与金融权力从欧洲移转到美国的期间。权力移转导致汇率的极度不稳定，最后结果是美元取代英镑而成为国际储备货币。但是，1929 年崩盘本身在此过程中所扮演的角色并不明确。

相对地，1987 年大崩盘的历史意义在于它使经济与金融权力从美国转移到日本。在过去，日本的生产一直大于消费，美国的消费则高于生产。日本不断累积海外资产，美国则不断累积债务。在里根执政期间所采取的减税和增加国防开支（就此而言，军备也是一种消费形态）计划，使上述过程得到进一步的推动且从此之后便不断地增强。双方都不愿意承认这一点：里根总统希望国民以身为美国人为荣，并追求军事强权的幻想，其代价却是丧失了美国在全球经济中的主导地位，日本则希望尽可能在美国的庇护下发展。

1987 年大崩盘显示了日本的力量，并使得经济与金融权力的转移清晰可见。日本债券市场的崩跌促使美国的债券市场下挫，并导致美国股票市场的崩盘。然而，日本却能独善其身，免于其股票市场的崩跌。最重要的是，美国的主管当局只要放弃美元保值政策就能避免第二波卖压。这便是我要求各位特别留意崩盘两项特色的意义所在。事实上，日本已经成为世界银行家——接受世界其他国家的存款，投资与放款给世界其他国家。美元不再享有国际储备货币的资格。是否可以建立新的国际货币体系而不至于引发经济大萧条，这是仍有待观察的问题。

事件的预测远比事件的解释更困难。谁能预测尚未做成的决定？虽然如此，对于已经做成的决定，我们却能评估其内涵。

1987 年大崩盘使我们的政府面临一项问题：避免经济衰退与维护美元币值，两者之间何者比较重要？大家的见解并不一致。在黑色星期一之后的第二个星期，便出现放手听任美元下跌的倾向，而财政部长贝克更在这周末做了正式的宣布。美元应声下挫，股市的第二波卖压没有出现。避免了 1929 年的错误，但我们却犯下了另一种错误。放任美元贬值的决策使我们痛苦地回忆起 20 世纪 30 年代的竞争性贬值，饮鸩止渴的后果是可以想象的。

美国看来有希望免于严重经济衰退，至少在短期内如此。在崩盘前，消费者支出已经减少，而崩盘势必使消费者更加谨慎。但是，美元贬值令工业生产受益匪浅，工业的就业情况也十分强劲。预算赤字的删减幅度过小，因此不会有实际的作用。如果美国企业减少资本开支，外国企业在美国的扩张将填补空缺。所以，消费支出的下降顶多使 1988 年第一季度或上半年的经济走平。德国与日本很可能会刺激其本身的经济。结果将使世界经济自 1983 年以来的低速增长得以延续。股票市场震荡对实质经济的直接影响很可能小得令人惊讶。

问题是，导致 1987 年大崩盘的不平衡因素并未获得解决，美国的预算赤字与贸易赤字都不可能消除。崩盘的余波可能会带来短暂的平静，但美元最后还是要承受压力——或许是因为我们的经济十分强劲而贸易持续出现赤字，或许是因为我们的经济十分疲弱而需要以低利率政策刺激它。

英国在发现北海油田之前也处于类似情况。结果是“滞胀”与一连串“走走停停”的政策。我们目前的情况也是如此。主要的差别在于，美国是全球最大的经济实体，其货币仍为国际上的交易媒介。只要其币值继续不稳定，则国际金融市场便随时会发生意外。我们必须注意：虽然崩盘的先行条件是卢夫尔协定创造的，但崩盘的导火线却是美元实际上的下跌。

如果美元继续贬值，则流动资产将被迫逃到别处避难。一旦蓄积了相当的动能，即使调高利率也无法遏阻，因为美元的贬值速度将超过对其有利的利率差。最后，调高利率将导致政府当局所不愿见到严重的经济衰退。

这种现象过去曾经发生。在卡特执政的最后两年，投机资本不断流向德国与瑞士，即使资金必须支付溢价才能被接受也是如此。自从卡特总统于 1979 年被迫销售以强势货币计值的债券以来，美元贬值的压力从来没有像现在这样大。

崩盘以来，只要美元贬值，全球股市便趋软，反之亦然。信息十分清楚：美元进一步贬值将造成不利后果。政府当局似乎已经了解此项信息：所有美元贬值的议论一概停止，既然预算达成了某种妥协，于是着手重建卢夫尔协定的准备工作。这大致上取决于努力会有多成功。不幸的是，政府当局放到台面上的筹码不多：参议员派克·伍德（Pack Wood）形容预算删减“微不足道”。另外，1987 年大崩盘中实施的对策表明，政府当局对避免经济衰退的关切程度超过了稳定美元。支撑美元的重担基本上落在我们的贸易伙伴身上。

日本保护其出口市场的最佳方法是将其生产设备移往美元区，这一趋势在崩盘前便开始。许多日本企业，以汽车制造业为主，正在美国与墨西哥兴建其附属制造厂。由于股市崩盘和美元贬值，两者都使得美国资产的购置成本降低，而从海外供应美国市场则变得无利可图，因此上述过程加速进行。贸易赤字的最后解决之道将是由日本制造业从事进口替代。第二次世界大战后，欧洲出现的无法矫治的“美元缺口”（dollar gap）也是如此解决。当时，许多美国企业成为“跨国的”企业，由此美国巩固了世界经济霸权的地位。同样地，在日本跻身为世界银行家与经济领导国的同时，日本的跨国企业也诞生了。

大规模的日本投资也使日本在美国取得了相当的政治权力。美国的各州几乎都在日本设立了贸易促进机构。如果代表各州的国会议员高度支持保护主义措施，则这些机构便难有作为。无论如何，保护主义恐怕已经不再是可行的政策方案。几年之后，当日本建好了工厂，它们自己也将成为最热切的保护主义分子——防止来自韩国与中国台湾的竞争。

在历史的发展过程中，曾经有许多经济与金融，最后则是政治与军事领导权，从一个国家移转到另一个国家的例子。最近的一次发生在两次大战期间，美国取代了英国。虽然如此，日本成为世界主要金融强权的前景仍令人忐忑不安，不仅从美国的观点来看是如此，从整个西方文明的观点来说也一样。

从狭隘的美国人立场来说，伤害非常明显而且令人担忧。丧失主导地位势必引发国家认同的危机。尽管依靠投入庞大的资金取得了军事优势，但这些资金都是从国外借来的，而我们仍未准备好接受已经丧失经济优势的事实。相对于英国，我们传统的国家认同感比较薄弱，因此危机势必更严峻。不论就国内或国际层面来说，其政治后果将难以估量。

这对我们文明的影响也同样深远，只是不那么明显。国际贸易制度是开放式的制度；其成员国均为主权国家，彼此之间的往来必须基于平等相互对待的原则。如果日本取得领导权，也不会有所改变。相反的，在必要的情况下，日本人会比美国人更为谨慎。

问题十分复杂。美国与英国有相同的文化背景，美国与日本则不然。日本虽然展现了其学习与成长的可观能力，但其所生存的社会与我们的社会存在基本的差异。日本人的思想充满了主从分畛。这与人人生而平等的观念形成对比，而两种文化的差异将成为问题的焦点。

美国与英国都属于开放的社会：就内部来说，人民享有相当程度的自由；就外部来说，商品、人民、资本与观念可以在不同的程度上跨越国界。日本大致上仍是封闭式的社会。其开放社会的特色，如民主政府，系战败而由占领国强加的。但是，日本社会所弥漫的价值体系仍为封闭式的：个人利益从属于整个社会利益。

从属并非依靠强制而实现：日本与专制国家毫无类似之处。它只是一个具有强烈国家使命感与社会凝聚力的国家。日本人希望成为争取第一之群体中的一分子，而这个群体可以是他们的企业或国家。在追求目标的过程中，他们愿意付出可观的牺牲。我们不应该责怪他们拥有这样的价值观；事实上，我们更应该批评美国人不愿意为了共同利益而承受任何的个人的不便。日本是成长中的国家，而我们已垂垂老矣。

问题是，全球其他国家，尤其是美国，是否愿意接受具有强烈国家认同感的异国社会的领导？问题不仅困扰着我们，也困扰着日本人。有一个影响很大的学派认为，日本应该更开放，以使它更能够被世界其他国家所接受。但是，它也存在着对传统价值的强烈认同与几乎是病态的恐惧，尤其是老一辈的人更是如此，他们担心日本在跃居世界第一之前便丧失了动力。日本是转型中的社会，在它承担领导角色时，更有理由要成为非常开放的社会。有许多内部的紧张与冲突会破坏社会凝聚力与阶级的价值，其程度取决于社会转型的速度。相对于近来的表现，如果美国能够表现得更有生命力，则开放社会的价值体系对日本人也会变得更有魅力。

日本社会的封闭性表现在许多方面。形式上虽然民主，但从引进目前的宪法之后，日本便由单一政党执政；首相的更替则由私下协商来决定。国内市场形式上虽然是开放的，但外国公司如果没有国内的结盟便无法打入市场。但是，西方制度的开放与日本的封闭之间的最大差异莫过于金融市场。

西方世界准许金融市场在没有政府管制的情况下运作已经尝到苦头。这是悲惨的错误，如同 1987 年大崩盘所显示的。金融市场根本上就不稳定，稳定唯有在成为公共政策的目标时才能维持。不稳定是累积的。如同我在本书其他章节所显示的，市场在没有管制的情况下发展愈久，就变得愈不稳定，最后将导致崩盘。

日本人对金融市场的态度则完全不同。日本人将金融市场视为达成目标的工具，并依此操纵它们。主管当局与机构玩家以微妙的共同责任制度连接起来。

最近的事件提供了制度运作方式的深入见解。第一个是市场在黑色星期一之后濒临崩盘边缘，但是大藏省的几个电话便足以推动金融机构进场拉抬行情。第二次，当日本电话电报公司公开发行股票时，金融机构的反应比较冷淡，或许是因为大藏省在第一次电话沟通时已经用尽筹码。现在它必须依赖生存直接受到威胁的证券商。在准许证券商操纵行情的情况下，主管当局得以避免一场灾难。

股票市场崩盘是否能无限期地避免，这是当代金融中最吸引人的问题之一。我们仍在等待答案。主管当局已经默许东京房地产与股票市场发展成投机泡沫，其规模在历史上鲜有类似的案例。比方说，日本电话电报公司的股票以 270 倍的市盈率上市，而美国电话电报公司（AT&T）的市盈率只有 18 倍。如果是自由市场，它早就崩盘了。如此规模的泡沫能够井然有序地逐渐萎缩，不会突然泄气，在历史上尚无前例。主管当局未能防止日本债券市场的崩盘，却能在股票市场上获致成功。日元所展现的持续强劲走势对它们相当有利。如果它们能成功，则在历史上成为创举。这标志着新时代的来临，即金融市场可以为公众利益而加以操纵。

崩盘对日本股市的效果乃是将它推进封闭的系统。在危机之初，外国人持有日本股票的比率不足 5%，但在危机发生时与此后，他们大量抛售持股。有趣的是，抛出筹码的大部分并非被日本法人机构吸收，而是被日本大众所承接，他们受经纪商的鼓励而融资买进。事实上，日本券商确实表示在危机时买进股票是爱国行为，其成就将使日本有别于世界其他国家。融资余额创下了历史新纪录。如何降低融资余额，而不致触动融资账户的斩仓，问题正考验着主管当局。

日本主管当局最初为什么会准许投机泡沫发展？这是有趣的问题，但我们只能推测。当时外部虽然存在压力——美国不断要求日本调低利率，但是这项政策若非适合当时的情况，日本也绝不会屈服。

首先，金融资产价格膨胀使得主管当局能够卸下它们对商业银行的责任，因为实质经济当时已深陷困境。如果没有房地产与股票市场的繁荣，商业银行对产业界的贷款将出现许多坏账，盈余也会受损。土地与股票市场的投机行情促使商业银行能够对看似良好的抵押品扩张其贷款组合，而产业界也因此能利用“财技”（zaitech）——即金融操作——赚取营业外收益，弥补利润不足。土地价格飙涨尚有另一个目的：尽管日元升值，它有助于维持国内的高储蓄率与有利的贸易顺差。房价上涨的速度超过薪资，日本的工薪阶层有强烈诱因增加其所得中储蓄的比率。由于国内经济衰退，储蓄可供海外投资之用。这是累积全球财富与权力的理想处方，即使海外投资贬值也是如此。我怀疑至少有一部分的日本权力精英十分乐于见到投资者亏损：在日本成为强权之前，这可以防止日本人沉迷于安逸。否则，我们如何解释民主政府竟然愿意以明显高估的价格出售股票给其选民？

但是土地与股票价格的上涨，很快就开始表现出了不利的后果。高储蓄率带来来自海外的额外压力，要求日本刺激其国内经济，政府当局终于妥协了。此外，土地所有者和非土地所有者之间的财富差距不断扩大，威胁到社会凝聚力。一旦国内经济开始复苏，便无须允许银行融通投机交易。相反的，应该将资源引导到实质经济，对银行贷款与货币供给的控制触发了我先前所描述的一连串事件。

富于讽刺意味的是，日本人应该比西方世界更了解金融市场的反身性特点。然而，令人遗憾的是，他们竟利用它来确保封闭系统的成功。如果我们不满意所发生的一切，那么我们应该采取步骤发展可行的替代方案。

股票市场的繁荣分散了我们对美国金融地位根本性恶化的注意力。由于金融市场上的疯狂行为，以及快速获利的引诱，我们至少可以假装里根政府所追求的政策是有效的。1987 年大崩盘成为苦涩的醒脑剂。巨额利润化成一场空，疯狂行为很快地将被死寂取代，前景一片暗淡。无论如何，我们面临生活水准降低的危险。下一步发展取决于我们的选择。

最可能的途径是我先前所描述的，我们将步英国的后尘。就美国而言，结果也可能十分类似。由于美元的重要性，它对全球经济的影响可能非常消极。

保护主义政策也是一项诱惑，但根据我先前所提出的理由，它不再是可行的方案。虽然如此，它仍然可能作祟。

最后，我们仍可能重掌我们过去所未施展的领导权，这不仅需要整顿我们的内部，同时要建立适合于新环境的国际金融新秩序。

缺乏稳定的国际货币，国际经济便无法顺利运行。在 1985 年 10 月的广场协定中，货币主管当局便认识了这一事实，并且在 1987 年 2 月的卢夫尔协定中再度确认它。不幸的是，它们所采取的步骤不够彻底，而卢夫尔协定也在 1987 年大崩盘中瓦解。既然稳定美元的决定将为此次崩盘负责，无论如何，卢夫尔协定修补的可能性便非常低。如果事先达成的协定一遇到危机便被舍弃，则将来不论达成何种协定，其可信度都会大大降低。卢夫尔协定是否应该加以修补，这是非常令人怀疑的——毕竟它导致了 1987 年的大崩盘。

试图在无法维系的水准上支撑货币，这将使国家陷入漫长的经济衰退中。1926 年的英国便是如此，当时它企图回归战前的金本位制。

我们可以主张美元的合理价位为 1 美元兑 1.65 德国马克与 132 日元。这种见解所以正确，是因为美元进一步贬值在近期内将无助于贸易逆差的大幅改善，还因为美元在该价位 10% 以上时，情况已经如此了。调整过程需要时间，而货币贬值会产生立即的负面冲击（著名的 J 曲线效应）。此外，汇率愈不稳定，则人们愈不愿意从事投资并做必要的调整。

这项论证只证明美元并没有合理的汇率水准使它能够继续扮演准国际储备货币的角色：在任何价位美元都是不稳健的。金融资产会寻求最佳的价值储存媒介，美元已经不再具备这种条件。一个拥有庞大预算赤字与贸易赤字的国家，不能期待外国人接受其不断增加的货币流量。但是，国际金融体系若缺乏稳定的货币为基础，便无法发挥功能。这便是 1987 年大崩盘所浮现的中心课题。

我们亟须不以美元为基础的国际货币。但是，日元目前尚无法充当国际储备货币——一方面是因为日本的金融市场尚未充分开放，另一方面则是世界其他国家还不能接受日本的霸主地位。最理想的解决之道是创造真正的国际货币，由真正的国际银行发行与控制。以国际收支平衡为目的的国际贷款将以该货币计值，该货币的价值将钉住黄金或一篮子商品，以确保债务能全额清偿。唯有美元丧失了特权地位，美国才会停止将美元充斥全世界。我们愈快从事转型，抑制美国经济衰败的机会便愈大。

不幸的是，我们尚未准备好接受大崩盘的重要教训。目前普遍的看法仍然认为，市场会自我修正而汇率应该任由市场决定其均衡的水准。1987 年的大崩盘，如果提供了任何教训，便是增强了这种看法。因此，我们预料金融市场将有一段陷于混乱的时期，虽然其焦点将由股票市场转移到外汇市场和债券市场，最后则转移到贵金属市场。

国际货币与国际中央银行的概念鲜有支持者。颇有讽刺意味的是，它在日本所得到的热烈回应远超过美国。在日本，有许多人希望他们的国家能够发展成更开放的社会。日本人对在第二次世界大战中所表现的独断独行记忆犹新。他们更希望在全球贸易与金融体系中成长，而不愿从事闭门造车的不可能的任务。作为新进者，他们愿意接受未充分反应其目前实力的安排。

国际货币制度改革的最大受益者莫过于美国。它使我们得以巩固我们在世界上的地位，否则我们将有丧失这种地位的危险。我们仍有足够的优势，尤其是以军事力量而言，从事有利的交易。更重要的是，我们能够维持开放的制度，日本会在这一过程中逐步开放，成为开放社会的领导成员。本方案提出的时间与 20 世纪 30 年代有类似的情形：金融混乱，向邻国乞讨的政策导致全球经济衰退，甚至可能爆发战争。

结束语
Conclusion

反身性的概念是贯穿本书首尾的主题。我的阐述主要集中于社会科学的一般和金融市场的特殊，其他领域我几乎没有涉及。下面我将简略地述及这些方面，尽管有关思想还不成熟，详尽的论述将构成下一本书的内容。不过我担心也许不会再有机会涉足写作，特别是因为我将一直留在金融市场里。

首先是价值问题。经济理论将价值作为一种给定，尽管有证据表明它们是由反身性过程支配的。今天，绝大多数价值可以还原为经济关系——最近一期诺贝尔经济学奖的获奖成就就是一种将政治解释为经济过程的理论：参与者追求个体利益的最大值，但并非到处都是如此，即使在今天，世界上仍有许多地区，利益追求被置于其他动机之后。对宗教与传统进行的经济分析步履维艰，相比之下，在物欲横流的文化中对政治进行经济分析当然要容易得多。我们恐怕很难理解像伊斯兰原教旨主义运动之类的现象，在标尺的另一端，我们素来倾心仰慕的主张——团结，也同样有悖于我们自己的思维方式。

经济价值之所以能够在西方以及西方化社会中占据支配地位，这本身就是我们经济成功的结果。价值的演化也遵循反身性的模式，经济活动已经产生积极结果这一事实，加强了我们眼中经济价值的分量。科学方法也是如此，自然科学的胜利把科学方法的形象抬高到难以理喻的高度。与此相反，在同我们相差不远的文化形态中，各种艺术形式仍然颇为活跃，这是因为在艺术活动中取得成就比在经济活动中取得成就要容易一些。即使在今天，诗歌在东欧仍然大行其道，同样的情况也出现在苏联，这在西方是很难理解的。我毫不怀疑我们对物质价值、利润和效率的重视已经走向过分的极端了。

反身性过程必然导致过度失衡。但要定义什么是过度的界限却是不可能的，因为在涉及价值问题时根本就无所谓标准，也许接受价值主题的最好方法就是干脆将价值的非现实性作为讨论的出发点。由此则可以发现，任何一种价值体系都包含缺陷。接下来我们就可以去发掘每一特定价值体系的不现实因素，以及这些因素同现实因素之间的相互作用。除此之外，任何其他方法都不可避免地引入带有我们自己价值体系缺陷的偏见。

在价值同自我的观念——一个反身性观念——之间存在着密切的联系。思维较之存在更直接地影响着我们的生活方式。在“我们是什么”同“我们自以为是什么”之间不存在一致性，但在这两类概念之间却存在着双方的相互作用。在我们展开自己的现实生活的同时，关于自我的意识也在发展起来。“我们自以为是什么”同“实际上我们究竟是什么”，此二者之间的联系是能否获得幸福的关键，换句话说，它规定了生活的主观意义。

我完全可以给出一份关于个人发展历程的反身性说明，但我并不打算这样做，因为这将会过分地暴露自己，更不必说将会牵涉他人了。尽管如此，如果我坦白承认自己一直怀有过分夸张自我重要性的想法，读者诸君恐怕也不会觉得意外——直截了当地讲，我幻想自己是神灵或经济改革家，就像凯恩斯（作为一般理论的创立者），或者更好一些，仿佛爱因斯坦那样的科学家（反身性听起来同相对性有些类似[①]）。我的现实感足以说服我承认这些期望是过分奢侈的，因此我将它们深藏在心底，仿佛某种犯罪意识一样。成人之后，这成了我郁郁寡欢的主要原因。随着我在事业上的成功，现实同幻想之间的距离拉近了，至少面对自己我已经敢于承认这个秘密了。诚然，能够幸运地实现某种幻想的念头令我喜不自禁——特别是这本书，它给了我极大的满足与成就感。读者当然知道，现实同期望之间的反差仍然很大，不过我却可以不必怀有负罪感了。本书的写作，特别是现在这几行，以我此前从

① 反身性，reflexivity；相对性，relativity。——译注

未敢于尝试过的方式暴露了我自己，但我并不因此而感到紧张。事业上的成就为我提供了屏障，我可以毫无顾忌地对自己的能力进行极限考验。因为我不知道极限在哪里，批评恰好有助于我的这种努力。唯一可能对我构成伤害的是，成功的陶醉所诱发的幼年时那种自以为万能的幻想的重新抬头——不过，只要我还留在金融市场，这种情况出现的可能性就极小，因为市场会时刻提醒我意识到自己的局限。就我的个性而论，我的职业选择诚为幸事，不过这并不是一种选择，而是一个反身性的过程，是我的职业同我的自我意识协力发展的结果。本来，关于这一方面我还可以提供更多的解释，但鉴于我仍然置身市场这一事实，我不得求助于第五修正案。在我的性格中存在着某种缺陷，有可能把自我展示转变为危害性的过程，对此我还缺乏足够的警惕，这就是自我表现的冲动。就在一分钟前，我还谈到害怕暴露自己，显然，那有些言过其实。

关于生命意义的客观性的一面，我也同样可以给出自己的见地——如果在这里使用“客观性”一词并非自相矛盾的话。我的出发点是，任何一种人类行为都是有缺陷的。如果坚持因为有缺陷而抛弃每一种选择，我们将一无所有。因此，唯一的办法就是尽人力之所及，否则就只好拥抱死亡。这绝非耸人听闻，死亡的拥抱并不限于一种方式，在各种名义下追求完美和不朽的徒劳努力，都无异于放弃生活选择死亡。逻辑的结论是，生活的意义包含了思想上的以及在实践思想时的各种缺憾，生活本身就是荒谬的沃土。

到目前为止，我的讨论还只限于人性的问题，但个人并不是孤立的存在物，他所固有的认识上的不完备性迫使他更加依赖所从属的社会。在这里，最终推出了反身性概念的那种分析思路，同样有助于理解个人与社会之间的关系。事实上，并不存在两个对等的实体，所谓的关系只是部分与整体之间的关系。显然，这种关系形态给我们带来了认识上的困难，不可能独立地定义个人与社会而不涉及对方。考虑到我们的语言结构，认识此二者关系在逻辑上的非必然性（contigent nature）的确是极其困难的，从历史上看，绝大多数总是取其一端。作为这些倾向性的两个极端的，就是阿格里帕（Agrippa）的将社会比作有机体的缩影以及卢梭的社会契约论。

要避免这些蕴含在极端中的固有偏见，就必须确立一套新的议论范畴。在计算机科学与经济分析学中，一种合用的语言已经开始出现。[1] 即使我们学会了处理反身性与递归性的关系，我们仍然面对一个存在主义式的选择，应当采取一种预设的社会形式，还是应当允许社会成员自己决定他们的社会形态？前者即波普尔所说的封闭社会，后者即开放社会。

我刚刚从中国回来，在那里，这一区别是至关重要的。我惊喜地发现，反身性观念在那里引起了异乎寻常的兴趣。正如我曾经指出过的，反身性也可以被描述为辩证法，但因为这个名词负载着沉重的智力文化的积淀，所以我尽量避免使用这个词。但恰恰是这一层含义强烈地吸引了中国人，因为这可以帮助他们完善马克思主义的意识形态。黑格尔提出了“观念”的辩证法，马克思去掉前面的观念二字，换成了辩证唯物主义，现在又出现了一种新的辩证法，将参与者的思维同所参与的过程联系起来，也就是说，在观念与物质之间发挥作用。如果说黑格尔是正题，马克思主义是反题，那么反身性就是合题。

但是，新辩证法同马克思主义之间有一种根本性的差别。马克思认为，一个理论要想成为科学的，就必须能够正确预见历史发展的未来进程。新辩证法显然是非决定论的。由于社会形态不可能“科学地”确定，因此只能由参与者们自己选择组织形式，又因为任何人都不享有真理的垄断权，最好的安排应该能够容纳一个批判性的程序，各种相互矛盾的观点可以自由辩论，并且最后由现实来判决。民主选举在政治上提供了一个满足要求的论坛，市场经济则在经济领域中发挥着类似的作用。市场也好，选举也好，都不是客观的标准，它们只能反映流行的偏见。但是，在一个不完美的世界里，这已经要算是最好的选择了。于是，反身性的观念直接通向开放社会的概念——这就是它在当代中国的“魅力”。至此，在几个主要要素之间已经完成了一个或许会被霍夫斯塔特称为“递归环”的结合体，它们构成了我平生的追求：反身性观念、金融市场，以及献身于开放社会的理想。

① 有两本书令我十分着迷，巴特森的《迈向思维生态学》和霍夫斯塔特的《GEB：一条永恒的金带》。

全球投资者都在阅读的经典
成功的投资者总是有着不同寻常的思想和视野
传奇难以复制，思想可以共享

在我们看来，金融投资类著作只有两种：《金融炼金术》和其他。

——《华盛顿邮报》

一部伟大的著作，你可以从中了解当代最成功的投资家是如何进行投资决策的。精彩绝伦！

——《华尔街日报》

《金融炼金术》是自《股票作手回忆录》之后又一部具有永恒价值的投资指南。

——都铎基金创始人 保罗·琼斯

令人激动不已，索罗斯是大师中的大师……披露了近年来金融市场的游戏规则……只有索罗斯才能对如此复杂的事态做出透彻的分析。

——《时尚先生》

一部讲座形式的投资读物……应该逐句、逐段、逐页地阅读，反复咀嚼其中的每一个概念……索罗斯是有史以来最出色的职业投资家……很可能还是当代最杰出的市场分析家。

——巴顿·M.比格斯·迪雷克托

如果你想把投资当做毕生的事业的话，这本书看到60岁都没问题。

——知乎网读者

上架建议◎投资理财
ISBN 978-7-5443-6500-0
定价：55.00元